华侨大学政管学院丛书 汤兆云 主编 ■ 双文元 著

# 基于感知价值的闽南沿海经济发达地区农村宅基地流转研究：以泉州市为例

中国国际广播出版社

## 图书在版编目（CIP）数据

基于感知价值的闽南沿海经济发达地区农村宅基地流转研究：以泉州市为例／双文元著. —北京：中国国际广播出版社，2021.8
ISBN 978-7-5078-4981-3

Ⅰ.①基… Ⅱ.①双… Ⅲ.①农村—住宅建设—土地制度—研究—泉州 Ⅳ.①F321.1

中国版本图书馆 CIP 数据核字（2021）第 182294 号

## 基于感知价值的闽南沿海经济发达地区农村宅基地流转研究：以泉州市为例

| 著　　者 | 双文元 |
|---|---|
| 责任编辑 | 张娟平 |
| 校　　对 | 有　森 |
| 装帧设计 | 人文在线 |

| 出版发行 | 中国国际广播出版社有限公司　［010-89508207（传真）］ |
|---|---|
| 社　　址 | 北京市丰台区榴乡路 88 号石榴中心 2 号楼 1701 |
| | 邮编：100079 |
| 印　　刷 | 天津雅泽印刷有限公司 |

| 开　　本 | 710×1000　1/16 |
|---|---|
| 字　　数 | 290 千字 |
| 印　　张 | 18.25 |
| 版　　次 | 2022 年 1 月　北京第一版 |
| 印　　次 | 2022 年 1 月　第一次印刷 |
| 定　　价 | 78.00 元 |

版权所有　盗版必究

# 目 录

## 第一章 绪 论 ......... 1

### 第一节 研究背景和意义 ......... 1
一、课题提出的背景 ......... 1
二、研究的理论和实际应用价值 ......... 7

### 第二节 国内外研究现状 ......... 8
一、国外研究的现状和趋势 ......... 8
二、国内研究进展 ......... 16
三、研究述评 ......... 23

### 第三节 研究内容 ......... 24
一、研究对象 ......... 24
二、研究内容 ......... 25
三、总体框架 ......... 26
四、拟突破的重点和难点 ......... 26
五、研究目标 ......... 27

### 第四节 研究的基本思路、方法、技术路线和研究计划 ......... 28
一、研究思路 ......... 28
二、研究方法 ......... 28
三、技术路线 ......... 31
四、研究计划 ......... 32

### 第五节 创新之处 ......... 32
一、在研究视角方面的特色和创新 ......... 32
二、在学术思想、学术观点方面的特色和创新 ......... 32

## 第二章 相关概念、理论 ......... 33

### 第一节 研究的相关概念 ......... 33

- 一、农村宅基地 ………………………………………………… 33
- 二、农村宅基地流转 …………………………………………… 37

第二节 相关理论 ……………………………………………………… 42
- 一、感知价值理论 ……………………………………………… 42
- 二、感知风险理论 ……………………………………………… 48
- 三、人地关系理论 ……………………………………………… 54

## 第三章 研究区简介及数据处理 …………………………………… 58

第一节 研究区概况 …………………………………………………… 58
- 一、自然地理介绍 ……………………………………………… 58
- 二、社会经济发展 ……………………………………………… 60
- 三、土地利用状况 ……………………………………………… 61

第二节 研究的数据及处理 …………………………………………… 64
- 一、数据来源 …………………………………………………… 64
- 二、数据处理 …………………………………………………… 64

## 第四章 闽南沿海经济发达地区农村宅基地流转现状 …………… 66

第一节 闽南沿海经济发达地区农村宅基地流转情况 ……………… 66
- 一、总体情况 …………………………………………………… 66
- 二、具体情况 …………………………………………………… 67

第二节 闽南沿海经济发达地区农村宅基地流转类型 ……………… 70
- 一、难挡诱惑的农村宅基地流转 ……………………………… 70
- 二、农村宅基地流转的合理性分析 …………………………… 71
- 三、从国内来看流转类型概况 ………………………………… 73

第三节 泉州市农村宅基地流转情况 ………………………………… 75
- 一、宅基地流转典型样本 ……………………………………… 75
- 二、宅基地流转具体情况 ……………………………………… 79

## 第五章 农村宅基地流转中的农民需求分析 ……………………… 85

第一节 农村宅基地流转需求的设计 ………………………………… 85
- 一、农村宅基地流转需求调查目的 …………………………… 85
- 二、调研方案设计 ……………………………………………… 85

第二节 农村宅基地的多元性需求分析 ……………………………… 86

  一、理论分析 ……………………………………………………… 86
  二、基于农民基本特征的宅基地流转的多元需求实证分析 …… 99
 第三节　农村宅基地流转的优先序需求分析……………………… 135
  一、农民基本特征对于农村宅基地流转的优先序需求………… 136
  二、不同的所处区域对于农村宅基地流转的优先序需求……… 142

第六章　农村宅基地流转的感知利益与感知风险权衡的感知价值
   维度构建 ………………………………………………………… 151
 第一节　农村宅基地流转中农民感知价值分析…………………… 151
 第二节　农民宅基地退出感知价值维度…………………………… 152
  一、构建感知价值维度…………………………………………… 152
  二、感知维度的测量……………………………………………… 154
  三、维度的回归总结……………………………………………… 157

第七章　泉州市农户宅基地退出感知价值的影响因素实证分析……… 159
 第一节　调查数据来源与特征分析………………………………… 159
  一、调查数据来源………………………………………………… 159
  二、调查数据特征………………………………………………… 161
 第二节　模型设定与结果分析……………………………………… 164

第八章　基于感知价值闽南沿海经济发达地区农村宅基地流转潜在
   意愿研究 ………………………………………………………… 170
 第一节　理论研究…………………………………………………… 170
  一、研究理论分析及假设………………………………………… 170
  二、变量设置及数据来源………………………………………… 181
 第二节　研究结果…………………………………………………… 183
 第三节　研究结论及展望…………………………………………… 185

第九章　基于感知价值的农村宅基地流转效益研究…………………… 186
 第一节　农村宅基地流转前后效益的理论分析…………………… 186
  一、效益与福利…………………………………………………… 186
  二、农村宅基地流转效益与福利………………………………… 187
 第二节　基于阿马蒂亚·森的可行能力理论的闽南经济发达地区
   农村宅基地流转前后农民福利变化研究………………… 189

一、阿马蒂亚·森的可行能力框架理论（Sen's theory of capacity）
　　　　……………………………………………………………………… 189
　　二、功能性活动及相关指标……………………………………… 197
　　三、农民福利变化的模糊评价方法……………………………… 200
　　四、基于经济发展程度的农村宅基地流转家庭福利变化研究…… 210

第十章　闽南沿海经济发达地区农户宅基地退出感知价值权衡模型…… 223
　第一节　研究假设及研究方法…………………………………… 223
　　一、研究假设……………………………………………………… 223
　　二、研究方法……………………………………………………… 225
　第二节　数据信度和效度检验…………………………………… 227
　　一、信度检验……………………………………………………… 227
　　二、效度检验……………………………………………………… 228
　第三节　SEM模型（结构方程模型）分析……………………… 229

第十一章　经济发达地区农村宅基地流转引导建议与流转设计……… 235
　第一节　概　述…………………………………………………… 235
　第二节　实践应用………………………………………………… 236

第十二章　研究结论与展望……………………………………………… 245
　第一节　研究结论………………………………………………… 245
　第二节　研究展望………………………………………………… 251

参考文献……………………………………………………………………… 253
附　录……………………………………………………………………… 268

# 第一章 绪 论

## 第一节 研究背景和意义

### 一、课题提出的背景

随着城镇化和工业化进程的加快,中国 2015 年—2019 年城镇化率分别为 56.1%、57.35%、58.52%、59.58% 和 60.60%(图 1-1)。目前中国处于城镇化中期,2033 年开始进入后期(图 1-2)。新型城镇化建设是社会经济发展的必然要求,2017 年中国实现 1300 多万人进城落户,2018 年又实现近 1400 万人进城落户,常住人口城镇化率稳步提升。据统计数据显示,

| | 2010年 | 2011年 | 2012年 | 2013年 | 2014年 | 2015年 | 2016年 | 2017年 | 2018年 | 2019年 |
|---|---|---|---|---|---|---|---|---|---|---|
| 城镇化率(%) | 49.95 | 51.27 | 52.57 | 53.73 | 54.77 | 56.1 | 57.35 | 58.52 | 59.58 | 60.6 |

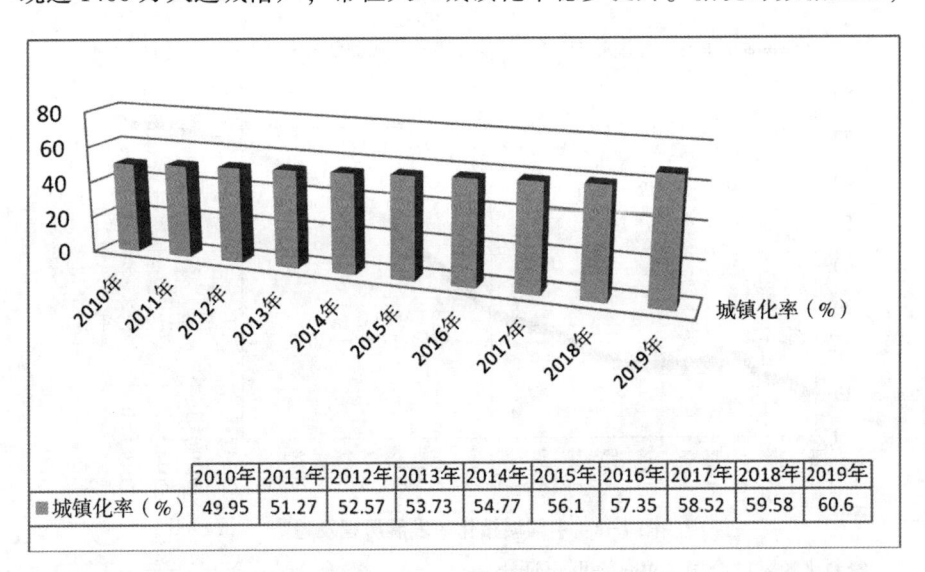

图 1-1 中国历年城镇化率(2010 年—2019 年)

资料来源:作者整理

2019年中国城镇常住人口84843万人，比上年末增加1706万人；乡村常住人口55162万人，比上年末减少1239万人（图1-3），人口增长率比2018年减少了2.19%。大量农村人员涌入城市，农村人口下降，而村庄2019年现状用地为1301.5万公顷，比2018年增长了0.71%，人均住房面积为34.15m$^2$，比2018年增长了0.41%（图1-4），呈现出人减地增的逆向现象，使得农村土地利用问题凸显。一是大量耕地被转为建设用地。中国进行城镇化的核心要素是土地。一方面城镇化要改变以前土地的利用方式，优化土地利用结构；另一方面，在工业化的背景下，土地作为一种重要的要素资产，同样可以主动用于城镇化进程，在工业化、城镇化的进程中，城市不断向外围农村扩展，大量的耕地被转为建设用地。城镇"摊大饼"式的发展使被侵占的耕地大量的闲置、浪费，同时又挤占了农村发展的资源与机会。根据相关数据分析，全国22个省、5个自治区、4个直辖市（不含港澳台）从1997年至2005年，各地9年间建设占用耕地数量为20.3×104hm$^2$，其中年均建设占用耕地数量最多的是山东省，达到22653hm$^2$，最少的是西藏，为242hm$^2$，总体呈现为东部地区远远高于西部地区，两者相差十几到几十倍，尤其江苏、山东和浙江3省的建设占用耕地数量就占到全国总量的

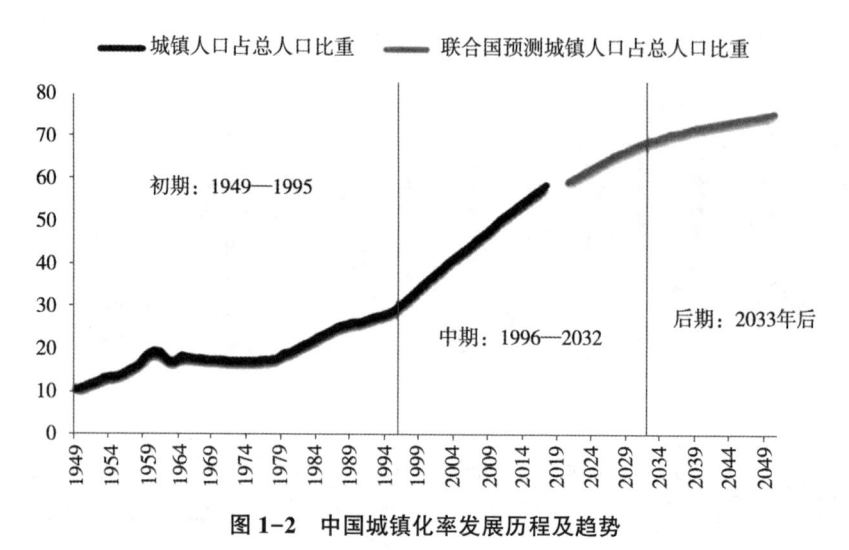

**图1-2 中国城镇化率发展历程及趋势**

资料来源：联合国，Wind，联讯证券

30.1%。2013年—2017年，近五年来，全国建设占用耕地1560万亩[①]（表1-1）。2018年我国城市征用土地面积为2003.66km²（图1-5）。

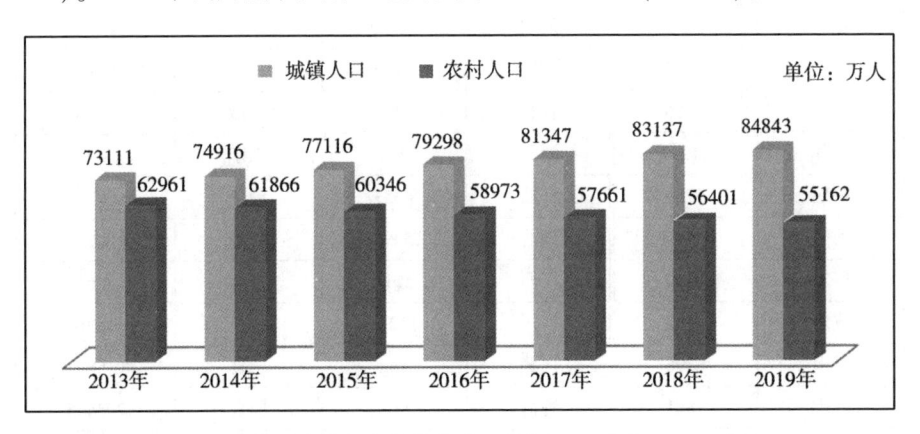

**图1-3　中国城镇和乡村常住人口数据（2013年—2019年）**
资料来源：作者整理

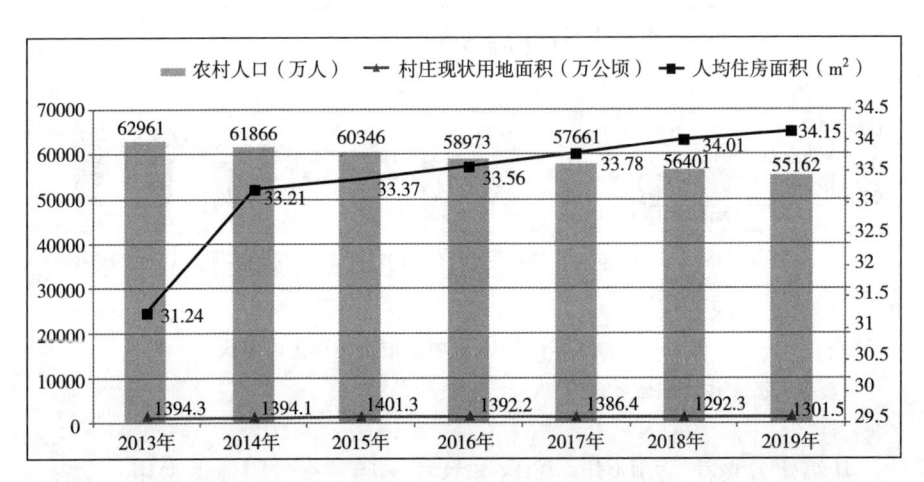

**图1-4　中国农村人口、村庄现状用地面积和农村人均住房面积（2013年—2019年）**
资料来源：中国城市乡村建设统计年鉴相应年份

---

① 曹卫星. 五年来全国建设占用耕地1560万亩　实现占补有余［EB/OL］. http：//finance. people.com.cn/n1/2017/1114/c1004-29644750.html，2017年11月14日.

表1-1 各地区年均建设占用耕地数量（1997年—2005年）

| 地区 | 平均值 | 地区 | 平均值 | 地区 | 平均值 |
| --- | --- | --- | --- | --- | --- |
| 北京 | 4756 | 河北 | 10945 | 辽宁 | 6496 |
| 上海 | 7242 | 内蒙古 | 4177 | 黑龙江 | 5595 |
| 天津 | 3556 | 吉林 | 2339 | 安徽 | 7848 |
| 江苏 | 21217 | 浙江 | 17343 | 山东 | 22653 |
| 福建 | 5789 | 江西 | 4353 | 湖南 | 3974 |
| 河南 | 11764 | 湖北 | 5096 | 海南 | 420 |
| 广东 | 8390 | 广西 | 5014 | 贵州 | 4067 |
| 重庆 | 5238 | 四川 | 11228 | 陕西 | 4836 |
| 云南 | 6396 | 西藏 | 242 | 宁夏 | 1589 |
| 甘肃 | 1861 | 青海 | 902 | 全国合计 | 203455 |
| 新疆 | 2742 | 山西 | 5389 |  |  |

资料来源：原国土资源部统计公报（1997年—2005年），单位：公顷

图1-5 2008年—2018年中国城市征用土地面积

数据来源：住房和城乡建设部

从福建省来看，2014年—2018年这5年间，全省因建设占用、灾害损毁及农业结构调整减少耕地28730.95hm$^2$，通过土地开发复垦整理、农业结构调整及其他补充耕地为26456.44hm$^2$，两者相差2274.51hm$^2$（图1-6）。作为最宝贵和稀缺的耕地资源，在我国是人多地少，这就要求必须保护好耕地。城市要发展，耕地要保护，"吃饭"和"建设"给耕地带来了沉重的压力，因此，必须要解决耕地保护与经济社会发展存在的矛盾，既能保护维持我们粮食安全的耕地资源，又能为经济发展提供一定量的建设用地，从而实现我国可持续发展，使得城镇化建设与保护耕地之间的矛盾得到缓

和，乃至解决。

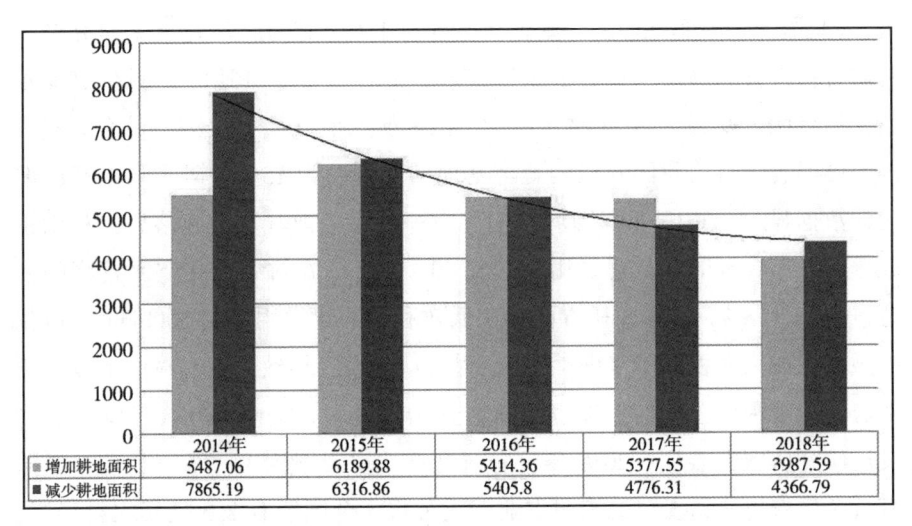

| | 2014年 | 2015年 | 2016年 | 2017年 | 2018年 |
|---|---|---|---|---|---|
| ■增加耕地面积 | 5487.06 | 6189.88 | 5414.36 | 5377.55 | 3987.59 |
| ■减少耕地面积 | 7865.19 | 6316.86 | 5405.8 | 4776.31 | 4366.79 |

**图 1-6　福建省 2014 年—2018 年耕地面积增减变化**

资料来源：福建省自然资源厅统计数据，单位：公顷

二是农村土地粗放利用，使得土地利用效益不高。目前关于全国农村闲置宅基地的统计并没有官方数据，一些学者在自己调研的基础上形成了各自地方性判断。就闲置宅基地的规模来讲，各地的闲置比例都不一样。比如文益龙对湖南省临武县进行研究，得出该县农村宅基地闲置比例约为27%[1]；李剑阁等对全国2749个村庄进行调查，认为10.4%的宅基地存在闲置[2]，而张正河等专家认为闲置比例约为10%~15%[3]。苗清等学者在调查中发现许多村庄闲置和荒废的宅基地占村庄宅基地总量的20%左右[4][5][6]。中国土地勘测规划院的政研究中心2004年对四川省双流县中和镇新民、朝

---

[1] 文益龙. 临武县农村宅基地闲置问题研究［D］. 长沙：湖南大学，2018.
[2] 李剑阁，韩俊，秦中春. 2749个村庄调查［J］. 农村金融研究，2007，（08）：10-23.
[3] 张正河. 准城市化下"空心村"解决思路［J］. 中国土地，2009（8）：29-31.
[4] 张怡然，邱道持，李艳，等. 基于效用函数的农村宅基地用地标准研究：以渝东北11区县为例［J］. 资源科学，2011，33（1）：120-126.
[5] 杨亚楠，陈利根，龙开胜. 中西部地区农村宅基地闲置的影响因素分析：基于河南、甘肃的实证研究［J］. 经济体制改革，2014（2）：84-88.
[6] 苗清. 关于农村宅基地集约利用的思考［J］. 国土资源通讯，2006，（1）：42-43.

阳、化龙三个村的调查发现闲置宅基地占宅基地总面积的14%。吴春岐认为："我国2亿宅基地中处于闲置状态的有12%~15%。"[1] 还有从研究者在甘肃省古浪县和静宁县调查的情况来看，前者闲置宅基地的比例在10%左右，后者闲置率高达20.43%，高于全国一般水平10%~20%[2]。综合上述数据，可以看出目前我国农村闲置宅基地的比例约为15%。据原国土资源部统计数据显示，2019年我国城镇中存在一些布局散乱、设施落后、利用粗放、用途不合理的存量建设用地达到40%以上，农村中存在空闲荒废的住宅占10%~15%，城镇工矿方面存在低效利用的建设用地约5000km$^2$，占我国城市建成区面积的11%[3]。大量农村人口进城，导致了空心村的形成，原本农村用来种植庄稼的土地也渐渐地开始荒废。另据中国社会科学院农村发展研究所数据表明，2018年，农村宅基地空置率为10.7%。目前，全国有近8亿农村户籍人口，按照农业普查公报，全国约有2.3亿套农村房屋，按照10.7%的空置率计算，接近2500万套住房空置。村庄宅基地的闲置率呈现东部最高、西部次之、东北第三、中部最低的格局。根据上述数据测算，全国约有360万亩农村宅基地空置[4]。另外据全国政协经济委员会副主任杨伟民透露，2018年农村空置宅基地有3000万亩，相当于目前所有城市建设用地的37%，比城市目前所有的住宅用地的总量还多。

在城镇化过程中，农村土地问题越来越突出。随着城镇化的快速推进，农村大量青壮年劳动力进城务工和安家落户，导致农村人口老龄化、村庄"空心化"、"三留守"等问题日益严重。从农村人口老龄化看，转移到城镇就业和生活的农民工以青壮年劳动力为主。2019年全国农民工平均年龄40.8岁，从年龄结构看，40岁及以下农民工所占比重为50.6%，50岁以上农民工所占的比重为24.6%，农村呈现出"年轻子女进城务工，年老父母留村务农"的代际分工模式，导致农村人口老龄化日趋严重。农村人口尤

---

[1] 吴春岐. 中国土地法体系构建与制度创新研究 [M]. 北京：经济管理出版社，2012：55.
[2] 刘小慧. 闲置宅基地：概念内涵、形成机理及治理路径 [D]. 兰州：甘肃农业大学，2019.
[3] 国土资源部. 节约集约利用土地规定（国土资发〔2014〕119号）[Z]. 2014-5-22.
[4] 中国社会科学院农村发展研究所. 农村绿皮书：中国农村经济形势分析与预测（2018—2019）[R]. 北京：社会科学文献出版社，2019.

其是青壮年人口大量进城还带来了村庄"空心化"问题，集中体现为农村大量住宅长期闲置、宅基地浪费严重。2019年与2000年相比，全国农村人口减少了2亿~3亿人，但以宅基地为主的农村建设用地反而增加了3000万亩~4000万亩。根据刘彦随等研究，全国"空心村"闲置宅基地的综合整治潜力约为1.14亿亩。目前北京农村近八成村庄有闲置农宅，共约7.5万套，其中六成左右为整院落闲置，个别山区村庄闲置率高到15%以上[①]。根据2019年中国社会科学院农村发展研究所调查数据可知，从村庄宅基地闲置率的分布来看，42%的村庄宅基地闲置率在5%以内，另外有5%的村庄宅基地闲置率高于30%；从分布区域来看，按照东部、中部、西部、东北部四大区域统计分析，东部、中部、西部、东北部村庄宅基地的闲置率分别为13.5%、7.7%、11.4%和11.1%，呈现出东部最高、西部次之、东北第三、中部最低的格局；从闲置原因来看，调查结果显示，在经济社会发展程度最高的东部地区，在城镇有其他住房是农村宅基地闲置的最主要原因，比例高达30.8%，其次为家庭成员长期外出务工，比例达27.3%。中部地区，城镇有其他住房同样是中部地区农村有空房的最主要原因，比例为27.6%，但不同的是，中部地区房屋损毁无法居住造成宅基地闲置比例高达27.3%。西部地区，38.0%的宅基地因家庭成员长期外出务工闲置，27.0%的宅基地因村内有其他住房而闲置，只有20.5%的宅基地因农户在城镇有其他住房而闲置。因此必须加强农村宅基地管理和研究，采用有效的方法和途径，使得闲置的农村宅基地能够得到充分利用，唤醒和发挥其沉睡的价值和功能。

## 二、研究的理论和实际应用价值

### （一）理论价值

宅基地作为我国农村土地制度安排下的一种产物，使得农户获得无偿的、无期限的宅基地，给农民提供了一种社会保障，也在一定程度上满足了农民的安全需求。但随着城镇化、工业化的快速推进，在经济较为活跃和区位好的农村，宅基地流转或者即将要流转都在暗地一直进行着。这时

---

① 中国社会科学院农村发展研究所. 中国农村发展报告（2017）[R]. 北京：社会科学文献出版社，2018.

人们会对宅基地进行总体评价所形成的感知所得与所失不一样，其感知价值也就不一样。在城镇化发展过程中，实现农村稀缺、宝贵的土地资源优化利用就必然要求实施以尊重农户家庭利益，以农户家庭感知价值为取向的宅基地流转，进而实现农村宅基地资产变现。本书基于农民对宅基地流转的"感知利益"和"感知风险"权衡下的感知价值开展研究，为研究搭建了一个全新平台和视角，应用感知价值理论探讨闽南沿海经济发达地区经过多年的宅基地流转情况如何，流转前后其感知价值及效益怎样等内容，具有重要的意义，其可为下一步的宅基地流转提供指导作用。

**（二）实际应用价值**

东南沿海经济发达地区是我国改革开放和现代化建设的先行地区。在持续十几、二十几年的经济快速发展过程中，该地区产业结构进一步优化，经济实力迅速提高，已经形成城乡一体化、城市连绵化的格局，为我国综合实力的增强做出了巨大贡献。随着经济全球化、一体化的发展，该地区将继续担负我国国际竞争力提升和国内经济发展示范的重要作用。而该区域耕地资源与建设用地之间矛盾更为凸出，农村闲置宅基地大量存在，通过引导农民将闲置的宅基地流转释放出来，应用到城市建设中，能够更好地引导农村经济的社会发展，促进区域经济社会发展，实现城乡一体化发展。另外，农户作为生产经营决策主体，他们的意愿和行为是诱发农地制度改革的重要微观基础，科学研究并合理引导农户宅基地流转的意愿和行为选择对建立科学、有序的农地流转机制，合理配置农地资源，从而实现农村发展的全面振兴具有重要意义。

# 第二节 国内外研究现状

## 一、国外研究的现状和趋势

**（一）乡村住宅宅基地研究**

国外将乡村住宅分为公共住宅和私有住宅。公共住宅主要是由政府或非营利组织建造，出租给低收入家庭或老年人、独居者等收入低的人群，这些人享有住房的使用权，房屋所有权归国家或非营利组织。由于国外的土地产权边界明晰，主要受市场调节进行流转，所以土地买卖和出租是自由的。土地流转方式有租佃制、自寻出租或通过中介出租等，政府也运用政策、法律鼓励引导家庭农场扩大经营规模，因此乡村住宅类的土地流转主要依靠市场进行调节。政府方面对小规模土地经营者赋予确定、清晰的土地所有权，颁发正式授权的土地证书，充分发挥土地市场的作用，强化土地市场在土地流转中的主导作用，推进土地快速流转。在土地流转过程中，积极发挥中介服务机构的桥梁和媒介作用，在微观层面上促进农民合作，在宏观层面上加快土地流转的速度，保障农业生产规模化。如法国在20世纪20年代制定了土地改革政策，建立了由国家代表进行监督的土地整治与农村安置公司和土地事务所；1970年，日本对《土地法》进行了两次修订，允许土地租借与转让，促使中介服务扩大，日本政府也培育和扶持了一系列的中介机构，如农业协同组合、农业委员会、地区农业集团等组织，并给予一定的税收优惠和资金支持等。

在土地金融服务方面，美国在20世纪初成立了12家合作社性质的土地银行，美国联邦土地银行是农业信贷体系的主要组成部分，通过合作社等中介机构为家庭农场提供中长期贷款，促进土地流转和农业生产。法国也设立了土地银行，先购买土地再出租给农民，从而促使土地规模化经营。

国外对于宅基地流转的关注并不多，体现在乡村住房流转上，主要是公共住宅用地的出租或互换等，其中包括村内居民宅基地互换或转租，农民对异地居民出租房屋、临时租借和长期出售房屋等形式。国外乡村宅基地流转是城市住宅市场的组成部分，主要涉及农户流转行为、房屋（宅基地）区位影响或选择、土地流转与逆城市化对乡村带来的影响等。国外对土地（宅基地）方面的很多研究偏重于定性描述，集中表现在土地（宅基地）供应政策分析、对土地价格及影响因素的分析。如Cobb（1984）对乡村住房的区位因素进行了研究[1]，Brown（1980）探讨了乡村的邻里环境，Ridker（1967）研究了乡村的环境因素，并对空气污染进行了分析[2]，Dia-

---

[1] Cobb S. The impact of site characteristics on housing costestimates [J]. Journal of Urban Economics, 1984, 15 (1): 26-45.

[2] Ridker G R, Henning J A. The determinants of residential property values with special reference to air pollution [J]. Review of Economics and Statistics, 1967, 49: 246-257.

mond（1980）对乡村住房舒适度进行了研究①，Worley（1981）对乡村的外部性因素进行了研究。

农民住宅的土地流转行为包括土地转出和转入，其研究的内容包括影响主体行为的因素。对转入者的影响因素包括住房的舒适度、生活成本、工作的方便度、房产资产的投资等，对转出者行为的影响因素有户外休闲、经济发展程度、转出者的自身因素，如年龄、教育程度等。

区位因素是农民住宅用地流转主要考虑的因素之一。国外研究者关注大城市边缘地区的农户住宅用地的主要区位。Healy（1981）认为社会经济因素促使城乡交界处的农户将宅基地细碎化，这样就更容易把乡村房屋出租给城市居民，因此经济社会因素和区位成为农村住宅用地流转的主要影响因素②。Chaney（2000）③和 Dueker（1983）④认为空间距离是影响农村住宅流转的主要因素，如果乡村住宅离城市较近，其更容易被城市居民租住。相关研究表明，在20世纪70年代乡村房屋流转主要集中在同一社区或教区内，而80年代后农村社区内部的房屋或土地流转逐渐减少，距离远的地方也会吸引城市居民进行交易。Cloke（1997）对英国乡村房屋的土地流转进行研究，发现英国大城市可达性较高的乡村房屋流转要高于偏远的地方，说明道路通达度对乡村房屋或土地流转会产生重要影响⑤。

随着城市的发展，在欧美等国出现了逆城市化现象，而这种现象直接影响到乡村土地和房屋的流转。一方面，城市居民对于生活环境和生活空间的追求，在远郊区购买住房寻求生活空间的反差，离开水泥、森林、高楼大厦，去郊区和农村的绿色生态中过周末、度假，已经成为都市居民的生活时尚。所以，住房的郊区化和消费升级以及需求变化，也推动了地产

---

① Diamond D B, Jr. The relationship between amenities and urban land prices [J]. Land Economics, 1980, 56 (1): 21-32.
② Healy, Robert G., and James L. Short. The Market for Rural Land: Trends, Issues, and Policies [R]. Washington DC: The Conservation Foundation, 1981, xviii + 306.
③ Chaney P, Sherwood K. The resale of right to buy dwellings: A case study of migration and social changein rural England [J]. Journal of Rural Studies, 2000, 16 (1): 79-94.
④ Dueker K J, Strathman J G, Levin I P, et al. Rural residential development within metropolitan area [J]. Computers, Environment and Urban Systems, 1983, 8 (2): 121-129.
⑤ Cloke P. Country backwater to virtual village? Rural studies and the cultural turn [J]. Journal of Rural Studies, 1997, 13 (4): 367-375.

的郊区化。另一方面，随着城市人口密度急剧升高，人们意识到工业会带来环境污染、噪声污染，这些工厂便会逐渐向郊区转移，这样由于工业发展，城市承接的大量外来农村人口，他们的居住和消费因城市成本高，只能向成本较低的近郊区和远郊区迁移。逆城市化给乡村房屋和土地带来了直接的影响，表现在对乡村社会、经济、环境、就业等方面。Keeble 等人（1983）对乡村房屋和土地流转进行了调查，认为从城市来的移民的涌入不仅促进了乡村人口结构的变化和乡村环境的改变，还对当地农民的就业结构产生了影响[①]。Chaney（2000）认为乡村内的居民将宅基地或住房推向市场，出租或出售给外来移民，将会对本土农村社会与人口结构重组产生影响[②]。Shucksmith 等人（1981）在研究乡村宅基地流转过程中发现本土居民与外来移民的租用或购买宅基地之间存在竞争关系，外来移民的强势介入会对本土居民住宅供应造成很大压力[③]。Cloke（1986）[④]、Hawke（1985）通过对乡村土地或房屋转入和转出者的行为研究，认为外来移民的介入，使乡村住宅空间的竞争和乡村阶层的多极分化加剧了乡村居民之间的碰撞和矛盾。

（二）感知价值方面的研究

综观已有的研究可知，应用感知价值理论来探讨农村宅基地流转的研究较少。从已有的感知价值研究看，主要围绕其概念与内容、驱动因素、建构的研究方法、理论模型等方面展开了研究。感知价值（Perceived Value，PV）理论，起初应用是在商品等实体方面，从顾客角度出发来寻求竞争优势，后来开始转向企业外部的市场——顾客或消费者，或转向其他研究领域。

第一，顾客感知价值的概念研究

针对其概念，以 Zeithaml（1988）为代表的"权衡说"，是从顾客感知

---

[①] Keeble D E, Owens P L, Thompson C. The urban-rural manufacturing shift in the European community [J]. Urban Studies, 1983, 20: 405-418.

[②] Chaney P, Sherwood K. The resale of right to buy dwellings: A case study of migration and social changein rural England [J]. Journal of Rural Studies, 2000, 16 (1): 79-94.

[③] Shucksmith M. No Homes for Locals [M]. Gower: Farnborough, 1981.

[④] Cloke P J, Edwards G. Rurality in England and Wales 1981: A replication of the 1971 index [J]. Regional Studies, 1986, 20 (4): 289-306.

的角度来研究感知价值的基本内涵。Monroe（1991）认为感知价值是感知利得与感知利失的比值[1]。Parasurarma、Berry（1991）又提出了感知价值是在消费者消费产品时，基于对产品效用的总体评估形成的感知所得与感知所失的主观认知[2]。以 Woodruff（1996）为代表的综合评价说，认为感知价值是一个包括使用消费结果、产品属性、性能和某些属性综合表现的一个层次性结构，其测量方法可包括定量和定性研究[3]。Parasuraman[4]、Grewal[5]（2000）提出感知价值不仅是一个静态概念内涵，更是消费者不断感知经验积累的动态累积概念。以 Sweeney 和 Soutar（2001）为代表的多因素说，部分学者从内容角度把感知价值界定于情景价值、社会性价值、情感性价值、认知价值和功能性价值等五种[6]形式。Grönroos（1996）提出了一个集成框架，用于定制产品信息、交易处理、产品属性和销售服务，对感知价值进行研究[7]。

第二，顾客感知价值的驱动因素研究

在感知价值的驱动因素研究方面，目前学者研究普遍把其看作是感知价值的源动力。Lapierre（2000）和 Uaga（2001）认为驱动因素是感知价值

---

[1] Monroe, K. B. pricing: Making profitable decisions [M]. New York: McGraw-Hill, 1979: xv+286.

[2] Parasuraman, A., Berry, L. and Zeithaml, V. Perceived service quality as acustomer-focused performance measure: an empirical examination of organizational barriers using and extended service quality model [J]. Human Resource Management, 1991, 30 (3): 335-364.

[3] Woodruff, R. B. Customer value: The next source for competitive advantage [J]. Journal of the Academy of Marketing Science, 1997, 25 (2): 139-153.

[4] Parasuraman, A. Reflections on gaining competitive advantage through customer value [J]. Journal of the Academy of Marketing Science, 1997, 25 (2): 154-161.

[5] Grewal, R. and Tansuhaj, P. Building organizational capabilities for managing economic crisis: the role of market orientation and strategic fexilty [J]. Journal of Marketing, 2001, 4 (65): 67-80.

[6] Sweeney, J. C. and Soutar, G. N. Consumer Perceived Value: Multiple Item Scale [J]. Consumer Research, 2001, 77: 203-220.

[7] Ravald, A. and Grönroos, Christian. The Value Concept and Relationship Marketing [J]. European Journal of Marketing, 1996, 30: 19-30.

构成的要素内容和组成维度[1]。Wolfang（2001）等人的实证研究认为顾客价值的驱动因素包括产品的一致性、特征、范围等组成的产品相关特性，供应的可靠性与敏捷性、技术信息等组成的服务相关特性，以及产品形象、上游整合等组成的与促销相关的三大类特性。Teas and Agarwal（1993）认为感知质量与绩效风险成反比，相反，价格与财务风险和感知质量成正比[2]。学者 Kolter（1991）基于感知利得与感知利失两方面权衡视角来分析感知价值的驱动因素[3]。Sweeney, J. C. and Soutar, G. N（1999）在其研究中显示了感知风险在耐用品的质量和价值关系上扮演着重要的作用[4]。

第三，对感知价值进行建构的研究方法

对感知价值进行建构有两种主要的研究方法。第一种方法是 Grewal, D., Monroen, K. B., and Krisshran（1998）、Cronin, J. J, Brady M. K., and Hult, G. T. M（2000）将感知价值界定为一个两维度的模型，即消费者所获得的利益（包括经济、社会、关系等方面）和付出的代价（包括价格、时间、努力、风险和不便利性）[5]；而 Zeithaml（1988）则认为感知价值来自消费者对个人利得与利失间的比较。第二种方法则将感知价值视为在多元维度概念的基础之上[6]。Sheth（1991）进一步识别了感知价值结构的五个维度（社会、情感、功能、地位和认知）[7]。Sweeney 和 Soutar（2001）则

---

[1] Lapierre, J. Customer Perceived Value in Industrial Contexts [J]. Journal of Business &Industrial Marketing, 2000, 15 (2/3): 122-140.

[2] Teas, RK. Expectations, Performance Evaluation, and Consumers' perceptions of Quality [J]. Journal of Marketing, 1993, 57 (4): 18-34.

[3] Kotler, P. and Barich, H. A Framework for Marketing Image Management [J]. Sloan Management Review, 1991, 32 (2): 94-104.

[4] Sweeney, J. C. and Soutar, G. N. Consumer Perceived Value: The Development of A Multiple Item Scale [J]. Journal of Retailing, 2001, 77 (2): 203-220.

[5] Cronin Jr., J. J., Brady, M. K. and Hult, G. T. M. Assessing the Effects of Quality, Value, and Customer Satisfaction on Consumer Behavioral Intentions in Service Environments [J]. Journal of Retailing, 2000, 76 (2): 193-218.

[6] Zeithaml V. Consumer Perceptions of Price, Quality and Value: A Means-End Model and Synthesis of Evidence [J]. Journal of Marketing, 1988, 52 (3): 2-22.

[7] Sheth, J. N., Bruce, I., Newman, B. and Gross, L. Why we buy what we buy: A theory of consumption values [J]. Journal of Business Research, 1991, 22 (2): 159-170.

提出感知价值结构包括功能价值、社会价值和情感价值，并由此设计了衡量量表①。Chen and Dubinsky（2003）开发了一套基于电子商务情境下的感知价值的衡量模型。

第四，感知价值理论模型研究

国外主要形成了 Zeithaml（1988）的感知价值理论模型，Grönroos（1994）的过程理论模型，Woodruff（1996）的层次模型，Kolter（1996）的让渡价值理论模型，Weingand（1997）的顾客层次模型，Jeanke、Ron、Onno 的顾客价值模型等。其中，Zeithaml 在感知价值理论模型中提出消费者对产品进行使用，评价产品质量，从而形成产品的认知质量，进而判断产品完整价值。Woodruff（伍德鲁夫）从信息处理的认知逻辑，提出顾客价值层次模型。该模型认为顾客在不同层次水平上会对产品形成自我的感知，从而形成不同的价值层次，其包括属性层、结果层和目的层三个层次，其中属性层是基于属性的满意，结果层是基于结果的满意，目的层是基于目标的满意。该模型对于顾客的价值判断具有清晰的层次性，并且这个层次是有顺序的。该模型通过途径—目标的方式形成顾客对于产品的一种期望价值。具体来看，顾客价值层次模型，从最底层来看，顾客对于某一具体产品的购买或使用，首先考虑的是该产品的具体属性和属性效能，并根据这些属性来判断该产品是否能实现顾客本身的预期结果，从而形成对该产品的某种期望。从最高层来看，依据自己的目标，顾客会确定购买或使用该产品在不同的使用情景下获得使用结果的分值。对于在不同情景下获得的结果，使得产品属性与实效是变化的。顾客价值层次模型的实质是关注顾客购买的产品或使用过程中不同的感受，顾客对产品价值的评价评判中会形成不同层次和认识。当产品的使用情景发生改变，该产品的属性、实效与顾客的目标间关系也随之变化。另外，该模型还认为，顾客会对不同层次上产品购买或使用前的期望价值和使用后的实受价值进行对比，从而得到不同层面上的感知结果②。

Grönroos（1984）从利得与利失关系方面来探讨顾客价值的影响。首

---

① Sweeney, J. C. and Soutar, G. N. Consumer Perceived Value: The Development of A Multiple Item Scale [J]. Journal of Retailing, 2001, 77 (2): 203.

② Woodruff, R. B. Customer value: The next source for competitive advantage [J]. Journal of the Academy of Marketing Science, 1997, 25 (2): 139-153.

先，Grönroos 认为顾客价值是在购买或使用某产品的整个过程的价值，包括在某个单个情景购买或使用某产品感知的利得加上顾客对该产品目标间关系的感知利得之和，再除以在这个单个情景购买或使用某产品感知的利失加上顾客对该产品目标间关系的感知利失之和，用公式来表示就是：顾客在购买或使用某产品整个过程的价值 = $\frac{单个情景的感知利得+关系的感知利得}{单个情景的感知利失+关系的感知利失}$；其次，Grönroos 认为对于某产品的顾客价值的感知利得和感知利失之间的权衡不局限在产品购买或使用的单个情景（episode）上，而是衡量在整个关系持续过程的价值（total episode value）方面[①]。Kotler（1973）从顾客让渡价值角度提出产品的顾客价值，顾客总是从那些他们认为提供最高认知价值的公司购买产品，并使用这些产品。他认为顾客价值包括顾客让渡价值和顾客满意两方面。首先，所谓顾客让渡价值，是指顾客对于某产品或服务的感知总价值与顾客感知总成本之差。顾客感知总价值就是顾客从某一产品或服务中获得的一系列利益，它包括使用该产品获得的价值、服务价值、人员价值和形象价值等。顾客感知总成本是指顾客为了购买产品或服务而付出的一系列成本，包括购买或使用某产品花费的货币成本、时间成本、精神成本和体力成本等。在商品经济中，顾客是理性人，其追求的是价值最大化，在购买或使用产品时，总希望利用最低的成本来获得最大的商品收益，从而使自己的需要得到最大限度的满足[②]。Weingand 也提出顾客层次模型，该模型是在图书馆研究中提出的。他把顾客价值划分为基本的价值、期望的价值、需求的价值和未预期的价值四个层次，这四个层次都对应不同的顾客价值。Weingand 的顾客层次模型认为基本的价值是最底层的，其次是期望的价值，再是需求的价值，最顶层是未预期的价值。另外，Jeanke、Onno、Ron 的顾客价值模型是从供应商和顾客两个角度来描述顾客价值的发展过程。首先，供应商的依据是他所感觉到的顾客需求，从其企业本身的战略、能力和资源形成对某产品"想提供的价值"的概念；其次，顾客的主观性价值感知，是顾客对某产品的"期望价值"与设计价值间的

---

[①] Grönroos, Christian. A Service Quality Model and Its Marketing Implications [J]. European Journal of Marketing, 1984, 18 (4): 36-44.

[②] Kotler, Phillip. Atmospherics as a Marketing Tool [J]. Journal of Retailing, 1973, 49 (4): 48-64.

"感知差距"。当顾客使用该产品后会得到"满意差距",即所"得到的价值"与期望价值之间的差距。因此,在实践过程中,通过缩小"设计差距""折衷差距"等各个差距,企业可以为顾客提供真正为顾客所需的产品价值①。

## 二、国内研究进展

### (一)农村宅基地流转方面

在长达近半个世纪里,宅基地流转一直是中国农民的奢望。由于我国现行法律和政策的约束,阻碍了农民对于宅基地的流转,但是宅基地一直都在非公开和非正式地流转着。在城市的城中村和城乡结合部等区域,由于受到市场经济的辐射,区位优越的地方,宅基地的资产价值最先被农民或相关利益者发现。我国城镇化和工业化的快速推进,改变了原有的土地区位和条件等,导致农村土地的经济价值得到极大提升,土地价格发生了巨大变化,这种巨大的经济利益直接驱动着农民进行宅基地流转;另外,由于城市房价快速上升且能较快、较好、较为稳定地获得较高的投资回报率,大大刺激了有些农民将宅基地进行商品房建设,促进了宅基地的流转市场活跃。而我国农村宅基地量大面广,在流转方面还受到现行法律和政策的约束,没有合规的市场和方式进行,导致宅基地流转处于自发、无序、非公开的状态,容易引发相关的交易风险,使得农民拥有的宅基地权利处于不确定状态,从而产生一些重大社会问题,这也就使得宅基地的流转越来越成为实践和研究方面的热点、焦点。

目前,调查问卷、访谈是众多研究者对于农村宅基地流转实证研究的主要方式,研究主要涉及其流转的模式、意愿、影响因素、地区差异、机制/退出机制、存在的问题、流转的路径、流转过程中农户等的态度等方面。

宅基地流转概念界定。不同研究者对于宅基地流转定义提出不同的观点,很多学者认为宅基地流转其实就是宅基地使用权流转,是指农户将自己拥有宅基地使用权转让给其他农户或经济组织,但只限定于转给本集体的人。张梦琳认为农村宅基地流转包括农村宅基地使用权流转或将农村宅

---

① Jeanke W, van der Haar, Ron G M Kemp, Onno (S. W. F.) Omta. Creating Value that Cannot Be Copied [J]. Industrial Marketing Management, 2001 (30): 627-636.

基地复垦为耕地后,可用于建设的用地指标的交易①。通过上述分析,宅基地流转实际上是农村居民宅基地使用权的流转,是农民主动按照一定的市场售价把自己拥有的宅基地使用权转让给本村集体居民或经济组织,不能转让给城镇居民。

宅基地流转模式。由于农村区域广大,目前农村宅基地呈现出政府规管型、村民自治型和无序放任型三种管理模式②。从宅基地流转模式来看,张梦琳归纳出宏观方面有实物流转模式和指标流转模式两种,实物流转模式包括广东、北京等经济发达地区的农民自发流转模式,浙江"联众模式",天津滨海新区"宅基地换房"模式,河南新乡、山东诸城等地以"挂钩"政策的新型"农村社区"模式;指标流转模式有成都的"指标捆绑挂钩"模式、重庆的"地票"交易模式这两种模式。实物流转交易机制主要是市场主导,而指标流转模式是政府主导③。薛珂、陈利根等学者从农民福利视角分析,认为总体上我国农村宅基地流转模式存在政府主导模式、集体推动模式与农民自发模式三种,并对三种模式的基本特征、农民福利进行了比较分析④⑤。刘卫柏、贺海波总结出我国农村宅基地流转模式主要有村集体经济组织内部转让、外部转让、农户自由转让、地方政府主导转让等几种类型⑥。李金兵对重庆"地票"交易、惠州确权上市、成都宅基地换"市民"、天津东丽宅基地换"房"、南京高淳合作社与常州武进盘活宅基地资产等 6 种改革试点模式进行了比较,认为由于法规、流转范围与农户意愿等方面存在障碍,进一步深化和推广这些模式还受到制约⑦。何丹、冯春林等对政府引导型、农户自发型、集体组织型、市场主导型的农村宅基地流转模式进行了比较,认为市场引导型政策的制定存在针对性不足;农户自

---

① 张梦琳. 农村宅基地流转模式比较分析 [J]. 现代经济探讨, 2014 (4): 43-46.
② 宋立华. 农村宅基地流转模式分析 [J]. 法制博览, 2018 (01): 211.
③ 张梦琳. 农村宅基地流转模式比较分析 [J]. 现代经济探讨, 2014 (4): 43-46.
④ 薛珂. 农村宅基地流转模式比较分析与路径选择研究——基于农民福利视角的实证分析 [J]. 世界农业, 2016 (8): 197-203.
⑤ 陈利根, 成程. 基于农民福利的宅基地流转模式比较与路径选择 [A]. 2012 年中国土地科学论坛——社会管理创新与土地资源管理方式转变论文集, 2012: 419-426.
⑥ 刘卫柏, 贺海波. 农村宅基地流转的模式与路径研究 [J]. 经济地理, 2012, 32 (2): 127-132.
⑦ 李金兵. 宅基地流转模式比较及建议 [J]. 新财经, 2019 (10): 11-15.

发型面积较小常处于劣势,且经验不足;集体组织型需要注重村组织具体负责人选举工作,避免其能力不足导致项目失败;市场主导型,缺乏政府与村组织之间的沟通①。

　　流转影响因素方面。由于影响宅基地流转的因素非常多,一些学者对此进行了研究。王焕军认为宅基地流转影响因素分为外部影响因素和内部影响因素,其中外部影响因素主要包括交通区位因素、文化传统因素、社会保障因素、经济发展与城市化因素和制度因素。外部影响因素为宅基地流转提供了可能的同时,也阻碍了宅基地流转。影响农户宅基地流转的内部因素主要包括户主个体特征、农户人口特征、农户经济特征、农户宅基地特征。内部影响因素的不同或使农户流出宅基地,或使农户流入宅基地,形成了农村宅基地流转市场的交易双方。但在宏观的外部影响因素下,这些内部影响作用也可能导致宅基地流出需求大于宅基地流入需求,产生宅基地供需矛盾②。赵国玲、杨钢桥在对湖北武汉市江夏区和黄石市的农户宅基地流转意愿进行抽样调查时,采用 Logistic 回归模型,按作用程度排序,得出影响农户宅基地流转意愿的因素依次为非农收入占总收入的比重、距县城距离、对政策了解程度、户主年龄、户主学龄;其中,距县城距离和户主年龄的影响方向为负,其他因素的作用方向为正。从区域角度来看,经济较发达地区农户非农收入已占据主导地位,农户的流动性较强,愿意流转的农户所占比例高于社会经济欠发达地区的比例。而影响农户宅基地流转意愿的因素及其作用程度也存在一定的区域差异③。陈白淼以湖北省罗田县为例进行实证研究,采用问卷调查和实地访问的形式对影响农户宅基地流转意愿的影响因素进行了调查,并利用 Logistic 模型对采集的数据进行定量分析,认为户主文化程度对宅基地流转影响最大,文化程度越高,其流转意愿越强烈。家庭非农人口所占比例、房屋使用年限、家庭拥有房屋数量、距县城中心距离、宅基地距主干道距离等也是其显著影响因素④。田

---

① 何丹,冯春林,刘玉林等.农村宅基地使用权流转模式及其比较研究[J].中国集体经济,2020,17(6):5-6.
② 王焕军.农村宅基地使用权流转影响因素研究[D].广州:华南理工大学,2015.
③ 赵国玲,杨钢桥.农户宅基地流转意愿的影响因素分析——基于湖北二县市的农户调查研究[J].长江流域资源与环境,2009,18(12):1121-1124.
④ 陈白淼.农户宅基地流转意愿影响因素实证分析[D].武汉:华中农业大学,2010.

迎晓基于产权角度，从农户及家庭基本特征、宅基地基本特征、农户主观意愿情况三方面来分析宅基地流转影响因素，并采用 Logistic 回归模型对其进行了分析，认为农业收入比重、村庄距城市距离、城镇住房意愿、基础设施满意度等是影响农村宅基地流转意愿的较大因素[①]。郭贯成、李金景以河北省张家口市为例，探讨了经济欠发达地区的宅基地流转，认为远郊与户主的受教育年限、家庭支出、社会保障以及房屋数量呈正相关关系，与职业呈负相关；近郊地区与受教育年限、家庭支出以及房屋数量呈正相关，与家庭人数、职业类型以及治安状况呈负相关。与远郊相比，近郊剔除了社会保障方面的影响，增加了社会治安和家庭人口数量的影响[②]。吴郁玲、杜越天、冯忠垒等基于对湖北省 361 份农户的调查，探讨了宅基地使用权确权对不同区域农户宅基地流转意愿的影响，认为其一是确权前、后农户宅基地使用权流转意愿有明显变化。近郊农村、远郊纯农村和远郊风景秀丽农村愿意进行流转的农户比例分别从确权前的 54.2%、58.74% 和 41.38% 提高到确权后的 91.6%、67.83% 和 59.77%。其二是农户的经济收益预期、住房保障预期及确权政策对其宅基地流转意愿具有显著的正向影响，但在近郊农村、远郊纯农村和远郊风景秀丽农村三类农村中的显著性水平差异明显。其三是农户的非农就业状况和宅基地拥有状况对三类农村农户宅基地流转意愿的影响也具有差别性。其四是地方政府的有序组织和企业的参与在近郊农村和远郊纯农村对增强农户宅基地流转意愿具有积极的现实意义[③]。

宅基地流转意愿方面。王静、朱琳基于农户可持续生计视角的宅基地流转意愿研究，认为农户整体宅基地的流转意愿较高，达到 69.84%，但资产缺乏型农户的流转意愿非常低，仅有 37.93%；农户家庭生计资产总值、农民的非农迁移意愿、宅基地功能这三方面对宅基地流转具有显著影响，

---

[①] 田迎晓. 产权制度视角下的农村宅基地流转研究 [D]. 北京：中国地质大学，2015 年.
[②] 郭贯成，李金景. 经济欠发达地区农村宅基地流转的地域差异研究——以河北省张家口市为例 [J]. 资源科学，2014，36 (06)：1229-1234.
[③] 吴郁玲，杜越天，冯忠垒，王梅. 宅基地使用权确权对不同区域农户宅基地流转意愿的影响研究——基于湖北省 361 份农户的调查 [J]. 中国土地科学，2017，31 (09)：52-61.

而年龄、专业技能、住房的满意度、宅基地面积、非农收入比例、非农就业状况6个因素对不同类型农户的影响出现差异①。张梦琳、舒帮荣通过对江苏省常州市249个农户进行问卷调查，运用交叉表和Logistic回归模型对农民分化、福利认同差异和宅基地流转意愿的关系进行分析。研究发现，在农民分化各维度下，相对以农就业、低层次收入和无城镇住房的农民，非农就业、高层次收入和有城镇住房的农民对宅基地福利认同度偏低，且更偏向于选择宅基地流转②。朱新华从现行的户籍制度出发，认为户籍制度改革对实验地区农户宅基地退出意愿产生了显著的影响，使得愿意退出宅基地的农户比例增加了37%；而且在户籍改革力度较大的地区，农户宅基地退出意愿相对较大。另外，"人均住房面积、小康村、城镇郊区村"与农户宅基地退出意愿呈显著负相关关系，而"家庭人均非农就业收入、补偿标准"与农户宅基地退出意愿呈显著正相关关系③。孙雪峰、朱新华等认为在南京、盐城等不同经济发展地区，显著影响着农户宅基地退出意愿的因素有户主年龄、户主受教育程度、家庭参保人数、非农收入、人均宅基地面积、人均住房面积以及对政府行为的评价等。具体从地域差异来看，相对于经济发达的南京农户组，经济欠发达的盐城农户组中的户主受教育程度、非农收入和人均宅基地面积三个因素对农户宅基地退出意愿的影响并不显著④。

其他方面。田迎晓应用博弈论来探讨模糊产权制度下，中央政府、地方政府、农户三大利益主体对宅基地流转的行为倾向，研究结果显示，从国家层面来看，首先要改革和完善现行的宅基地产权制度，对农村宅基地各项物权能进行明确，才能保障农民对于宅基地依法流转，从而符合中央政府、地方政府、农户三方博弈的利益和结果，使得宅基地的市场价值在

---

① 王静，朱琳. 基于农户可持续生计视角的宅基地流转意愿研究[A]. 2016年中国土地学会学术年会论文集，2016：136-142.
② 张梦琳，舒帮荣. 农民分化、福利认同与宅基地流转意愿[J]. 经济体制改革，2017（03）：95-100.
③ 朱新华. 户籍制度对农户宅基地退出意愿的影响[J]. 中国人口·资源与环境，2014（10）：129-134.
④ 孙雪峰，朱新华，陈利根. 不同经济发展水平地区农户宅基地退出意愿及其影响机制研究[J]. 江苏社会科学，2016（02）：56-63.

城镇化进程中得以彰显,有效配置区域土地资源①。覃杏花分析了我国农村宅基地流转制度缺陷,认为必须结合《物权法》实质精神,完善宅基地流转法律制度路径②。朱凤凯、张凤荣基于产权管制和租值消散理论,分析宅基地功能和资源价值转变下,集体土地制度对宅基地的产权管制所造成的"公共领域"和"非专有收入",并以北京市城中村为例解释农户降低租值消散的宅基地利用行为③。高欣、张安录、李超采用农户调查法、统计分析法、Logistic 回归分析法,认为上海市郊区愿意将宅基地退出的农户所占比例高达 66.91%;根据其作用程度,对宅基地退出决策行为具有显著影响的变量是有无城镇住宅、有无城镇保障、非农收入预期、补偿合理程度、安置区基础设施状况、宅基地区位状况及农民受教育程度,进而得出在上海市等经济发达地区,宅基地退出时机较为成熟,在退出宅基地后农户可以获得稳定的社会保障和非农收入,保障其家庭生活,因此,该区域农民的宅基地退出意愿较高④。

对于流转的态度,越来越多的人倾向于分区域、有差别、按步骤地推进农村宅基地上市流转,如成都、重庆的"地票"模式,天津以宅基地换房等。另外一些学者针对宅基地流转的法律、制度、政策、管理等进行探讨。还有学者从流转的不同参与主体,如农户/农民、政府、市场等视角来进行研究。

(二)感知价值研究方面

国内研究感知价值起步较晚,大部分研究者对感知价值理论或相关模型的研究多借鉴国外研究,并在实践和研究中不断完善。在感知价值概念方面,白长虹认为顾客感知价值是顾客依据其感知所得和付出而对产品或

---

① 田迎晓. 产权制度视角下的农村宅基地流转研究 [D]. 北京:中国地质大学,2015年.
② 覃杏花. 我国农村宅基地流转制度缺陷及其完善路径分析 [J]. 改革与开放,2019 (15):51-55.
③ 朱凤凯,张凤荣. 城市化背景下宅基地利用的租值消散与农户行为研究——以北京市朝阳区下辛堡村为例 [J]. 自然资源学报,2016,31 (06):936-947.
④ 高欣,张安录,李超. 社会保障、非农收入预期与宅基地退出决策行为——基于上海市金山区、松江区等经济发达地区的实证分析 [J]. 中国土地科学,2016,30 (06):89-97.

服务效用做出的总体评价[①]；武永红、范秀成认为感知是对各种利益做出的付出进行权衡比较后形成的总体评价[②]；成海清认为感知价值是顾客的正面价值和负面价值两个层面的统一。在顾客价值的驱动因素等方面，王海洲认为顾客价值体现在市场价值、规模价值、品牌价值、信息价值和网络化价值五个方面[③]；董大海教授借鉴质量功能基于质量屋的构建思想，形成以列和行排列的顾客价值要素的目的和手段[④]；李静、张新圣、李先国基于社区认同和顾客感知支持的作用，研究了虚拟品牌社区感知价值对消费者再购意愿的影响机制[⑤]。从模型方面来看，王永贵提出了金融行业的感知价值构成的主要内容维度模型[⑥]；魏修建研究了感知价值的供应链利益分配思路与框架等[⑦]。在实证方面，李智慧、沈志锋、焦媛媛基于同侪影响和感知价值的多重中介效应研究社交支持对早期用户的新产品采纳意愿影响[⑧]；魏彬、段成民、杨浩雄基于感知价值的乘客搭乘网约车行为进行实证研究[⑨]；左秀平、朱长春基于消费者感知价值的移动电商企业定价进行策略研究[⑩]；张辉、陈雅清通过实证检验展会服务场景对参展商感知价值、满意度及行

---

[①] 白长虹，廖伟．基于顾客感知价值的顾客满意研究［J］．南开学报，2001（06）：14-20．

[②] 武永红，范秀成．顾客价值导向的企业竞争力及其提升策略［J］．中国流通经济，2004，18（11）：52-55．

[③] 王海洲．客户资源价值与管理［J］．IT经理世界，2001（8）：82-82．

[④] 董大海，张涛．顾客价值屋模型：一种分析顾客价值要素的新方法［J］．价值工程，2004，23（4）：24-27．

[⑤] 李静，张新圣，李先国．虚拟品牌社区感知价值对消费者再购意愿的影响机制研究——基于社区认同和顾客感知支持的作用［J］．中国物价，2019（02）：93-100．

[⑥] 杨龙，王永贵．顾客价值及其驱动因素剖析［J］．管理世界，2002（02）：146-147．

[⑦] 魏修建．供应链利益分配研究——资源与贡献率的分配思路与框架［J］．南开管理评论，2005，8（2）：78-83．

[⑧] 李智慧，沈志锋，焦媛媛．社交支持对早期用户的新产品采纳意愿影响研究——基于同侪影响和感知价值的多重中介效应［J］．科学学与科学技术管理，2019，40（11）：82-97．

[⑨] 魏彬，段成民，杨浩雄．基于感知价值的乘客搭乘网约车行为实证研究［J］．价格月刊，2018（05）：80-85．

[⑩] 左秀平，朱长春．基于消费者感知价值的移动电商企业定价策略研究［J］．广西社会科学，2018（04）：92-96．

为意向的影响[1]；翟运开、刘新然、赵杰应用感知价值对远程医疗患者满意度和忠诚度的影响进行研究[2]；刘炼、冯火红、王斌等研究了我国竞猜型体育彩民感知价值的结构与特征[3]；杨晓东、李景怡、杨朝强研究了基于用户体验与感知的嵌入式学科服务价值测评体系建构[4]。

总体来看，目前，我国对于感知价值的应用研究主要集中在城市化差异、新农村合作医疗、旅游、新农村建设、数字资源利用、商业银行网点选址、房地产、图书馆等各个领域，既包括产品领域，也包括服务领域。

### 三、研究述评

从顾客价值理论研究来看，顾客价值的研究具有动态性特征，不同时期的顾客价值内容、特征等都不同，顾客对产品或服务的感知价值是随着时间等外在因素的变化而变化的。顾客对于产品的感知价值的差异不仅存在于不同顾客之间，而且同一顾客在不同的时间内，受到不同因素影响也存在着差异。产品的价值在顾客使用前、使用中和使用后都会存在差异。这一方面反映顾客价值是一个动态概念，其对产品的价值感知认识是不同的；另一方面，在不同顾客眼中，其产品价值在理论上也就存在不同，如Zeithaml提出的感知价值理论模型、Grönroos的过程理论模型、Woodruff的层次模型、Kolter的让渡价值理论模型、Weingand的顾客层次模型和Jeanke、Ron、Onno的顾客价值模型。总之，虽然众多学者都认同顾客价值具有动态性这一观点，也对顾客感知价值在不同领域有很多相关的理论研究或在实践应用中阐述，但很少对顾客价值怎样变化、变化过程以及变化的原因进行深入或重点研究，在实证研究方面还较为缺乏。从现有的研究来看，由于感知价值是主观与客观相结合的，其还存在缺陷，如研究的样

---

[1] 张辉，陈雅清. 展会服务场景对参展商感知价值、满意度和行为意向的影响 [J]. 旅游学刊，2020，35（7）：86-98.
[2] 翟运开，刘新然，赵杰. 感知价值对远程医疗患者满意度和忠诚度的影响研究 [J]. 中国医院管理，2019，35（8）：678-682.
[3] 刘炼，冯火红，王斌等. 我国竞猜型体育彩民感知价值结构与特征研究 [J]. 沈阳体育学院学报，2019（6）：62-68.
[4] 杨晓东，李景怡，杨朝强. 基于用户体验与感知的嵌入式学科服务价值测评体系构建 [J]. 图书馆工作与研究，2019，1（12）：55-60.

本量较少，研究背景或对象较窄，多局限于社会生活中某个具体的行业，如纯粹的商品，而对于虚拟的产品，如土地、宅基地等的研究较少，在研究的广度和深度上缺少普遍性。

综观已有的农村宅基地流转相关研究，偏重于现实的静态评价和现状描述的较多，能够实现时间变化的动态评价和预测的较为少见。本书正是针对以上情况，选择以宅基地流转的感知价值为研究对象，在理论研究及方法改进的基础上，探索宅基地流转的方法并给出一些有实践意义的建议。实证分析的结果可为农村土地流转管理工作提供一定的科学参考，建立的新的评价方法体系可作为对现有宅基地流转评价方法、模型的补充和完善，同时也是经济管理学知识在理论研究和实际应用中的一次有益尝试，具备相当的理论价值和现实意义。

## 第三节　研究内容

### 一、研究对象

本文以闽南沿海经济发达地区泉州市农村宅基地流转为研究对象，采用感知价值理论来研究闽南经济发达地区农村宅基地流转情况，深入研究农民对于宅基地流转的态度和其影响因素等，从而针对性提出促进农村土地利用的贴合实际的对策，助推城乡融合发展。

**（一）闽南沿海经济发达地区——泉州市农村宅基地流转现状与特征分析**

由于经济发展程度影响，经济发达地区对于宅基地流转的影响作用更为明显，因此本书先分析研究闽南沿海经济发达地区农村特征、区域中农村宅基地流转的现状，总结研究区域中农村宅基地流转的特征等。

**（二）农村宅基地流转感知利益维度与感知风险维度构建**

在已有文献分析的基础上，通过对农村宅基地流转中流转主体感知利益、感知成本、感知风险的概念、内涵的界定与分析，从感知利得、感知风险两大方面进行界定。

**（三）农村宅基地流转的感知利益与感知风险权衡的感知价值模型构建**

在构建农民对于宅基地感知利益维度与感知风险维度的基础上，结合经济发达地区宅基地流转特征，构建基于感知利益与感知风险权衡的感知价值模型，并分析权衡后的因素，开发维度测量表。

#### （四）影响宅基地流转因素分析

探讨研究区域中农民对于宅基地流转影响因素的看法。摸清农民对宅基地流转的感知利益和感知风险权衡因素，从而研究农民对于宅基地流转的感知利益和感知风险权衡因素。

#### （五）基于感知价值的农村宅基地流转意愿研究

在感知价值分析的基础上，从感知利益维度、感知风险维度、感知价值角度，开展农村宅基地流转意愿研究。分别从宅基地流出、流入主体开展研究，并进行对比分析。

#### （六）基于感知价值的农村宅基地流转效益研究

在感知价值分析的基础上，从感知利益维度、感知风险维度、感知价值角度，开展农村宅基地流转效益研究。分别从宅基地流出、流入主体，宅基地流转的不同规模层次开展研究，并进行对比分析。

#### （七）农村宅基地流转主体感知价值权衡因素与行为机制识别

在农村宅基地流转效益评估的基础上，进一步探讨影响宅基地流转效益的显著维度，并识别宅基地流转主体的行为特征，对宅基地流转的机制进行剖析，探索和分析不同农民群体分布特征、不同农民群体感知价值水平以及可能的行为趋向。

#### （八）经济发达地区农村宅基地流转引导建议与流转设计

在以上分析的基础上，结合宅基地流出、流入主体的行为趋向，提出促进经济发达地区宅基地流转的引导建议与宅基地流转设计思路。

## 二、研究内容

在分析闽南沿海经济发达地区农村宅基地流转现状与特征的基础上，以泉州市的农村宅基地为研究对象，将基于"感知利益"和"感知风险"权衡的感知价值相关理论作为研究基础，从宅基地流转过程中农民主体感知价值视角，对农村宅基地流转影响因素与行为机制展开研究。本书运用结构方程建模方法，深入探讨在"感知利益"和"感知风险"权衡下，闽南经济发达地区宅基地流转中农民的感知价值与其流转需求的影响驱动关系和内在机理，构建宅基地流转主体对宅基地流转感知利益和感知风险权衡因素模型、流转主体对宅基地流转权衡因素与需求意愿模型以及基于感知利益和感知风险权衡的流转主体识别模型；并基于"感知利益"和"感知风险"权衡的不同农民感知价值水平差异，对闽南经济发达地区农村宅基地流转需求进行识别和划分为不同类型需求意愿群体，深入探讨不同类型流转主体需求意愿和群体"感知利益"和"感知风险"影响作用，分析构成不同维度影响程度的显著差异以及不同类型流转主体统计特征及流转行为机制；最后，有针对性地开展典型的农村宅基地流转新思路与方法设计，为合理引导流转主体的宅基地流转意愿及行为转变、促进和谐有序农村宅基地流转机制的形成提供相关建议。

## 三、总体框架

本研究框架首先分析研究区域社会经济发展状况、农村宅基地流转现状与特征等，而后构建宅基地流转感知利益维度与感知风险维度，再建构宅基地流转的感知利益与感知风险权衡的感知价值模型，接着研究宅基地流转的影响因素，然后对研究区域中流转主体感知价值权衡因素与行为机制识别，最后提出相应建议措施。

**图1-7 研究总体框架**

## 四、拟突破的重点和难点

（1）设计开发出农民对宅基地流转的感知利益和感知风险维度测量表。由于感知与心理是相关的，是一种主观的判断和测量，因此在研究中会存在根据实际情况采用结构方程建模方法来探讨在"感知利益"和"感知风险"权衡模型下，对于农民宅基地流转感知价值与意愿的影响驱动关系，以及两者之间存在的内在机理，通过建构农民对宅基地流转感知利益和感知风险权衡因素模型、农民对宅基地流转权衡因素与需求意愿模型，以及基于感知利益和感知风险权衡的农民群体识别模型等，从不同方面来研究农民对于宅基地流转的态度和看法等。

(2) 基于"感知利益"和"感知风险"权衡的农民对于宅基地流转的感知价值水平差异，宅基地流转主体感知价值权衡因素与行为机制识别，并根据研究区域实际情况划分为不同类型农民需求意愿群体，深入探讨不同类型农民对于宅基地流转需求意愿群体"感知利益"和"感知风险"影响作用和构成维度重要影响程度的显著差异，并对不同类型农民流转需求意愿群体所具备的人口统计特征和对搬迁到新宅基地或新社区的消费特征进行详细剖析，以便对闽南沿海经济发达地区农民主观方面对于宅基地流转的心理进行研究。

## 五、研究目标

本书首先在分析闽南沿海经济发达地区农村宅基地流转现状与特征的基础上，以泉州市的农村宅基地为研究案例，借鉴和应用"感知利益"和"感知风险"权衡的感知价值相关理论作为基础，从宅基地流转过程中，基于流转主体感知价值视角，对农村宅基地流转效益与行为机制进行研究；其次，采用结构方程建模等方法探讨在"感知利益"和"感知风险"权衡下，闽南沿海经济发达地区农村宅基地流转感知价值与流转需求的影响驱动关系和内在机理，构建宅基地流转主体对其流转感知利益和感知风险权衡因素模型、流转主体对宅基地流转权衡因素与需求意愿模型以及基于感知利益和感知风险权衡的流转主体识别模型；再次，基于"感知利益"和"感知风险"权衡的感知价值的认知水平差异，对宅基地流转需求进行识别和划分为不同类型需求意愿群体，深入探讨不同类型流转主体需求意愿，深入剖析群体"感知利益"和"感知风险"影响作用，探讨通过构成不同维度影响程度的显著差异以及不同类型流转主体统计特征及流转行为机制；最后，有针对性地开展典型农村宅基地流转新思路与方法设计，为合理引导流转主体的宅基地流转意愿及行为转变、促进和谐有序农村宅基地流转机制的形成提供相关建议。

# 第四节　研究的基本思路、方法、技术路线和研究计划

## 一、研究思路

本书以管理学感知价值内涵中的"感知利益"和"感知风险"权衡的感知价值相关理论作为研究基础，从闽南地区农村宅基地流转中农民态度认知视角对农户流转意愿决策的核心双因素——"感知利益"和"感知风险"的内涵与构成尺度进行深入拓展，围绕着农民对于宅基地流转的心理状态及相关情况进行研究。运用规范分析方法和描述统计方法，在文献梳理和实证定性及定量研究的基础上，通过文献分析、访谈和问卷调研设计开发出基于意愿认知视角的感知利益和感知风险测量表，利用SPSS等软件对数据进行分析，最终形成维度测量表，深入探讨农民对于宅基地流转过程中的"感知利益"和"感知风险"权衡对其宅基地流转感知价值与行为意愿的影响驱动关系和内在机理等。本研究在充分运用典型和规模性问卷调研的基础上，结合深度访谈和内容分析结果，构建农民对宅基地感知利益和感知风险权衡因素模型、农民对宅基地流转权衡因素与需求意愿模型以及基于感知利益和感知风险的农民识别模型。在理论阐释基础上，系统提出感知利益和感知风险构成维度内容以及模型变量之间的路径关系假设。基于"感知利益"和"感知风险"权衡的感知价值差异，对农民的宅基地流转需求意愿进行识别，并将农民划分为不同类型群体，深入探讨不同类型农民需求意愿群体在"感知利益"和"感知风险"影响作用和构成维度重要影响程度的显著差别，以及不同类型农民对于宅基地流转的需求意愿群体所具备的人口统计特征和对农户宅基地流转需求意愿特征，进行具有针对性的农村宅基地流转管理设计。最后在上述理论分析和实证研究基础上，探索农村宅基地的管理启示和相应的引导政策建议。

## 二、研究方法

### （一）调查问卷法（Questionnaire method）

调查问卷法是调查研究中经常采用的一种较为有用的研究方法。它是

通过采用统一严格设计的调查问卷,通过面对面或网络形式,将设计好的问卷与被调查者进行交流,以便用来搜集研究对象关于相关问题的信息和资料方法,再利用相关数据分析方法和理论进行深入研究,以探讨某个社会现象和问题等。在实际研究中,调查问卷法首先可以节省时间、经费和人力,能满足各类调研场景应用,以便研究者能集中更多时间、精力来进行其他研究。其次,调查问卷法结果容易实现量化。由于问卷调查是一种结构化的调查,其设计的调查问题在表达形式、提问的顺序、答案的方式与方法方面都比较固定,而且是一种面对面或网络文字交流方式,因此,相关的研究或调查员都能避免把自己主观偏见代入调查研究之中,使其较为客观。其调查的统计结果一般都能通过软件或普通的统计实现量化,从而比较简单地得到研究的相关结论或结果。再次,问卷调查结果便于统计处理与分析。对于获取得到的问卷数据,现在有大量的相关统计分析软件可以帮助研究者进行数据统计及分析,甚至有些软件能直接帮助我们设计相关的调查问卷,大大减轻了研究者的工作量,提高了研究效率。对于调查问卷,不仅方便实施和分析,也方便进行数据挖掘和整理,如采用神经网络法、粗糙集法、模糊集法等数据挖掘算法,找出规律性的东西。最后,电子问卷克服了纸质问卷的一些缺点,方便调查的实施,也可实现在实践调查过程中遇到的困难和问卷内容的调整。虽然它不可能取代面对面的问卷调查形式,但由于成本更低,更容易及时调整问卷设计上的不足,越来越多的调查研究采用电子问卷的形式,通过小程序(App)、网站、E-mail等进行发布与回收。收到的调查数据直接使用存储在数据库的记录,方便数据的筛选与分析。另外,调查问卷法可以进行大范围、大规模的调查。无论研究者是否参与了调查,或者参与程度多少,都可以从问卷上了解被访者的基本态度与行为,从而间接掌握调研内容和结果,这种方式比其他任何方法更具有优势。而且问卷调查具有长期追踪功能,可以周期循环性地进行而不受调查研究人员变更的影响,可以跟踪某些问题用户的变化情况。当然调查问卷法也存在缺点。主要在于问卷是面向对象进行的,其设计的问卷调查问题比较难。面向未来要进行的调查,问卷设计者需要花很多时候了解被调查者的意图、动机、思维过程和行为等,这种主观性的东西一般很难都能被问卷设计者掌握,这就导致调查问卷设计的问题效果欠佳,或者说问题设计比较不能满足研究的需要。对于调查问卷中开放式的问题，由于调查时间和精力有限，其问卷回收质量、数据分析和统计等工作也会受到一定的影响。本书为了获得闽南经济发达地区农村宅基地流转现状的第一手资料，对研究区域开展了宅基地使用权的问卷调查，主要涉及泉州市的晋江市、石狮市、南安市、安溪县、德化县、永春县、惠安县、洛江区、泉港区、丰泽区等，通过对农户参与宅基地使用权流转的现状进行调查，梳理归纳了经济发达地区农村宅基地使用权的流转现状和特征。

（二）实证研究方法（Empirical Research method）

实证研究是通过观察获取经验，再将经验归纳为理论，它的目的是从对现象的描述过渡到对现象规律性的认识，从对历史统计资料的研究达到对未来做出预测，从重视对未来的预测转向对已有理论的验证、对现实问题或现象的解释及政策分析。实证研究方法有狭义和广义之分。狭义的实证研究方法是指利用统计和计量等数量分析技术，利用各种数学模型来分析和确定有关变量因素间的相互影响和作用方式及具体的数量关系的一种研究方法。狭义实证研究方法研究的是复杂环境下事物间的相互联系方式，要求研究结论具有一定程度的广泛性。广义的实证研究方法以实践为研究起点，认为经验是科学的基础。广义实证研究方法泛指所有经验型研究方法，包括实地研究法、调查研究法、谈话法、测验法、个案法、实验法、统计分析法等。广义的实证研究方法十分重视研究中的第一手资料，针对获取的资料，采用相关的研究方法进行统计分析等。实证研究法是针对具体问题进行展开的，因此研究不具有普遍意义上的结论，其结论通常是某种经验的积累，其研究方法是采用具体问题具体分析。本研究采用实证分析法，收集研究区的宅基地流转情况，对这些资料采用量化的分析方法，分析农民对于宅基地流转的感知风险和感知利益，为相关政策分析打下基础。

（三）个案分析方法（Case study method）

个案分析方法是对某一特定单一的研究对象进行深入而具体研究的方法，其研究对象可以是个人，也可以是团体或机构等。这类研究是对研究对象的一些典型特征进行全面、深入的考察和分析。在研究过程中，首先广泛收集与研究对象有关资料，再详细了解、整理和分析研究对象产生与发展的过程、影响的内外因素及其相互关系，最后形成对有关问题或现象深入、全面的认识和结论。其研究内容是对个人、群体、组织、事件、某现象或者某一类问题的深入和全面性研究，具体包括人员个案、各机构或社会团体个案、传播媒介个案，以及各种社会问题或现象个案等，这些构成了个案研究的内容①。该方法具体可采用追踪法、追因法、临床法等方法展开。其中追踪法是对某个体、某群体或某组织在较长时间里进行连续调查，从而研究其行为发展变化的全过程，也称为案例研究法。本研究选取泉州市进行研究，从感知价值角度来分析该市的农村宅基地流转情况。

## 三、技术路线

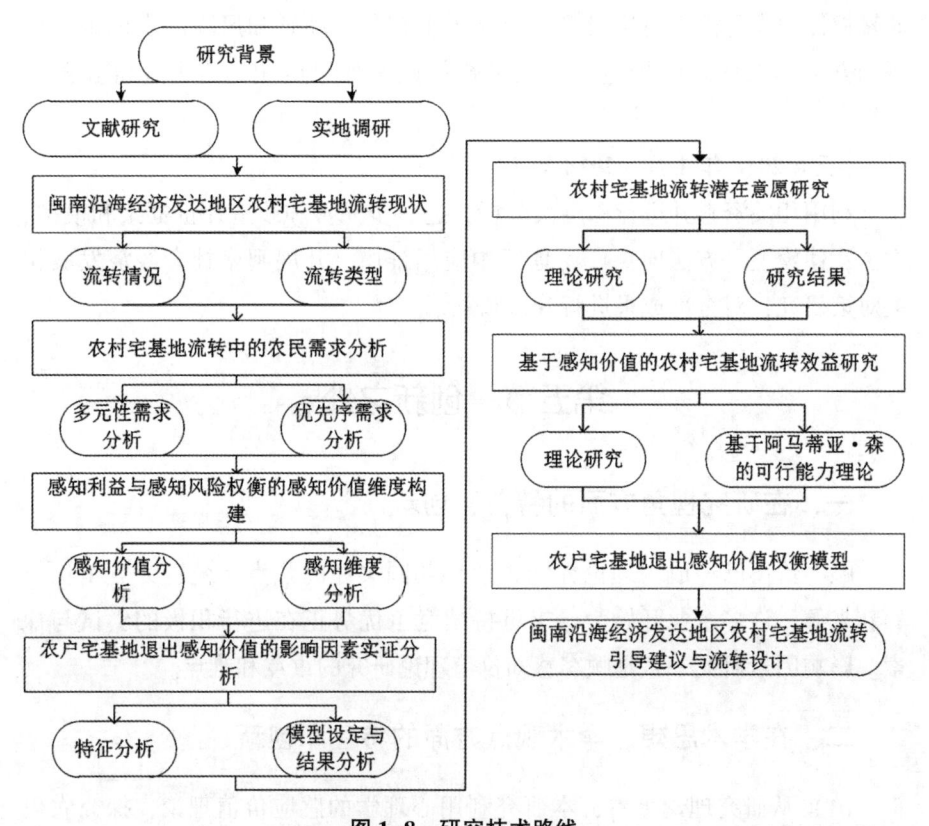

图1-8 研究技术路线

---

① 刘建明，王泰玄，谷长岭，金羽等. 宣传舆论学大辞典 [M]. 北京：经济日报出版社，1993：20-26.

## 四、研究计划

### (一) 2016年9月—2016年12月

收集与课题有关的基础资料,设计调查问卷,进行全面课题调研,设计出基于意愿认知视角的感知利益和感知风险测量表,并利用调查问卷来完善风险测量表,确定评价模型方法体系。

### (二) 2017年1月—2017年12月

完成农民对宅基地感知利益和感知风险权衡因素模型、农民对宅基地流转权衡因素与需求意愿模型以及基于感知利益和感知风险的农民识别模型和方法体系的理论构造,并在泉州等地区加以应用,给出评价和预测结果。

### (三) 2018年1月—2018年12月

利用相关资料并进行深层次分析,进一步完善和改造评价框架和模型、方法;使模型、方法向更广泛地区中应用推广;开展闽南社会经济发展相关对策研究;对全部成果进行分析和总结。

# 第五节 创新之处

## 一、在研究视角方面的特色和创新

顾客价值已经成为理论界和企业界共同关注的焦点,被视为竞争优势的新来源,许多企业开始为寻求可持续竞争优势正在进行积极的尝试与探索。影响因素研究一直是顾客感知价值理论研究的重点和难点。

## 二、在学术思想、学术观点方面的特色和创新

(1) 从研究理论上看,本研究利用心理学的感应价值理论,探究农民对农村宅基地流转主体感知价值权衡因素与行为机制识别。

(2) 从研究方法上看,本研究采用结构方程建模方法探讨在"感知利益"和"感知风险"权衡下,农民对宅基地流转的感知利益和感知风险权衡因素,构建相应的模型进行研究。

# 第二章 相关概念、理论

## 第一节 研究的相关概念

### 一、农村宅基地

我国农民住宅与土地是不可分割的，以前，宅基地作为公民的私财，可以继承、转让和买卖。农村宅基地是一个"中国特色"。中华人民共和国成立以来，农村宅基地这种特殊的制度发展历程可划分为四个阶段，分别是1949年至1961年、1962年至1981年、1982年至1996年、1997年至今（图2-1）。

| 第一阶段<br>1949年至1961年：<br>宅基地归农民所有 | 第二阶段<br>1962年至1981年：<br>宅基地归生产队所有 | 第三阶段<br>1982年至1996年：<br>宅基地归集体所有 | 第四阶段<br>1997年至今：<br>宅基地归集体所有 |
|---|---|---|---|
| 宅基地以及地上所建房屋均属于农民个人所有，其所有权和使用权是合二为一的，宅基地可以买卖、出租、继承、流转，国家及时对宅基地和房屋颁发土地房产所有权证书。<br>这一阶段特色：建立了农民私人所有的土地制度 | 宅基地所有权和使用权相分离，宅基地的所有权归生产队所有，且宅基地不允许买卖和出租。农民只享有宅基地的使用权和所盖房屋的所有权。<br>这一阶段特色：宅基地依然由农民保留所有权和处分权 | 1982年12月4日现行有效《中华人民共和国宪法》规定宅基地所有权归农民集体所有（第10条），中央一改此前对宅基地管理的宽松政策，切实加大了对宅基地和农民建房的管控力度。<br>这一阶段特色：宅基地归集体所有 | 宅基地具有极强的身份属性，只有农村集体组织的成员才能申请或者使用；一户只能享有一处宅基地。<br>这一阶段特色：坚持农村土地集体所有制，仅允许宅基地使用权人出租、出卖地上建筑物。实行农村宅基地所有权、资格权、使用权三权分置 |

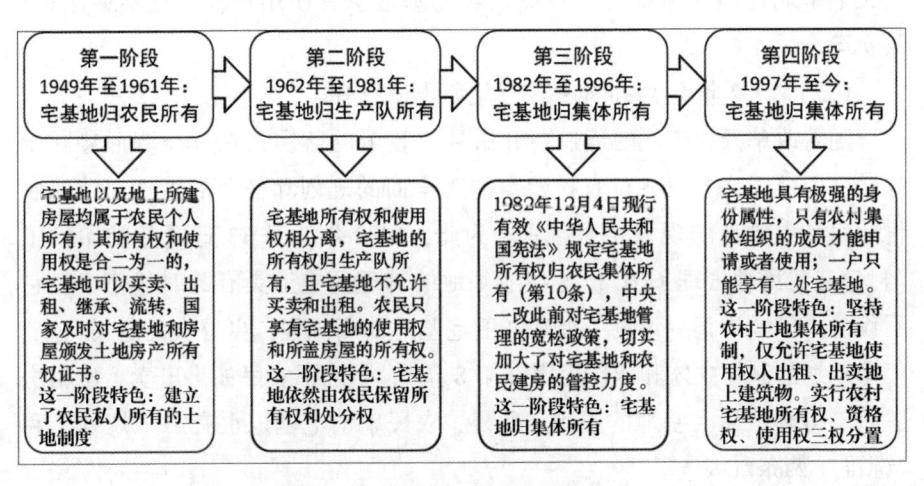

图2-1 我国农村宅基地制度演变

**（一）1949年至1961年：宅基地归农民所有**

中华人民共和国成立后，党和政府在农村开始了轰轰烈烈的土改运动，以实现农民"居者有其屋、耕者有其田"的理想。1950年《土地改革法》明确了农民享有土地的所有权。1954年中华人民共和国第一部宪法规定，国家对农民的土地所有权和其他生产资料所有权依法进行保护。土地改革完成后，农民拥有了自己的土地，宅基地归农民所有。这一阶段的主要特色是经过"土改"，建立了农民私人所有的土地制度，经过社会主义改造，农村土地依然是农民私有，但由集体统一经营，农民的宅基地则依然由农民保留所有权和处分权。

**（二）1962年至1981年：宅基地归生产队所有**

1962年在农村实施人民公社制度，此时宅基地的所有权和使用权相分离，之前农民对宅基地享有的所有权转化成为使用权，宅基地的所有权收归生产队所有；宅基地不允许出租和买卖，但社员仍保留买卖或者租赁房屋的权利。在此阶段，农民只享有宅基地的使用权和所盖房屋的所有权，如果将房屋出卖后，宅基地的使用权随即转移给新房主。宅基地可依社员申请，并经生产队同意后，无偿、长期使用。但这一阶段，对于农民宅基地使用权不予登记，相关房屋也无房屋产权证书，这也为今后房地纠纷埋下了矛盾的导火索。经过"人民公社"运动，确立了农村土地集体所有制，农民宅基地也归集体所有，农民只对宅基地享有使用权，并且不能出租、买卖等。

**（三）1982年至1996年：宅基地归集体所有**

随着改革开放步伐的迈进、分田到户政策的落实，农村经济形势开始好转，但由于许多地方对农村建房缺乏全面的规划和必要的管理，致使农村建房乱占耕地的现象相当严重。为此，1982年2月13日国务院印发了《村镇建房用地管理条例》，这在宅基地的管理历史上具有跨时代意义，它不仅确立了"申请→审查→批准"的宅基地使用流程，更首次确定了村庄、集镇规划的制作主体和制作程序（第8条），明确了农民如果出卖、出租房屋后不得再申请宅基地的原则。此外，农民申请宅基地也有了"规划"和"标准"两条红线。

在此阶段，中央改变此前对宅基地管理的宽松政策，切实加大了对宅基地和农民建房的管控力度，具体变化有以下四点：一是加强宅基地审批流程。宅基地需经"申请→审查→批准"的特定程序才能取得，即由农民向村委会进行申请，并由乡（镇）政府批准；如使用耕地的，则需要由县级政府批准。二是规划引导宅基地。宅基地必须符合"规划"和"标准"两条红线,即必须符合村庄规划和集镇规划,必须符合省级、县级政府制定的宅基地面积标准。三是房地分离。"房"带不动"地"了。购买宅基地上的房屋并不必然取得宅基地使用权,依法购买房屋后还需要履行审批程序,否则将不受法律保护。四是严控再次申领宅基地。出卖、出租房屋的,不得再申请宅基地。

**(四)1997 年至今:宅基地归集体所有**

1998 年和 2004 年修订《土地管理法》规定,实行一户一宅制度;将宅基地的审批权限统一定为县级人民政府,此后宅基地使用权只可由农户原始取得。在这一阶段,宅基地具有极强的身份属性,只有农村集体组织的成员才能申请或者使用;一户只能享有一处宅基地;宅基地审批权统一收归县级政府所有;国家会及时对宅基地使用权和房屋所有权进行登记。此外,国家开始在宅基地领域进行试探式改革,提出了宅基地腾退的概念,鼓励宅基地使用权在集体经济组织内部流转。此阶段,宅基地从严格管理到了灵活管理。改革开放以后,国家继续坚持农村土地集体所有制,仅允许宅基地使用权人出租、出卖地上建筑物。可见宅基地并不只是一个单纯的财产问题,本质上是中国社会变迁的反映。

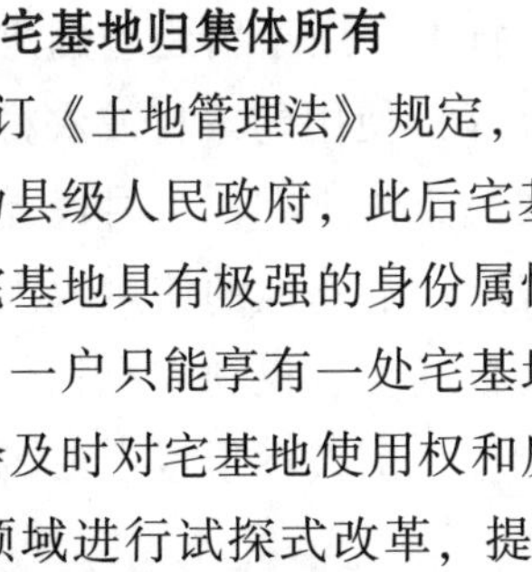

| 畜舍用地 | 设施用地 | 杂物间(厨房) |
|---|---|---|
| 卧室3 | 过道 | 卧室4 |
| 卧室1 | 堂房 | 卧室2 |
| 活动场地 |||

图 2-2 农村宅基地简图

农村宅基地是农村集体经济组织为满足本组织内成员的生活需要和从事家庭副业生产的需要而分配给农户使用的土地。农村宅基地是以户为单位划定的,其用地可以分为建筑用地和活动场地两大部分。其中,建筑用地主要包括住房用地(卧室、堂屋等用地)、杂物间用地(偏房、旁房用地)、设施用地(厕所、沼气池、水井等用地)和畜舍用地(鸡、鸭、猪、牛、羊等圈舍用地）4个部分；活动场地主要指农村住宅成员及其所养畜禽等的活动用地，一般称为"没有建筑物的空白宅基地"①。

农村宅基地，是农村的农户或个人用作住宅基地而占有、利用本集体所有的土地。包括已经建设房屋、建过房屋或者决定用于建造房屋的土地，已经建设房屋的土地、建过房屋但已无上盖物或不能居住的土地和未来准备建房用的规划土地三种类型②。一些地方在实践中将农村宅基地定义为农村村民个人经依法批准，用于新建、翻建、改建、迁建住宅（包括住房、附属用房和庭院等）使用的本村或农村集体经济组织集体所有土地。农村宅基地属于农民集体所有，由村民委员会或农村集体经济组织经营管理。我国法律规定，宅基地的使用权人依法享有占有和使用集体分配给该权利人土地的权利，该权利人有权依法利用该土地建造住宅及其附属设施等。任何单位和个人不得侵占或者以其他形式非法转让宅基地③。

在实践过程中，农村宅基地使用权是农民依法或依约定，对集体分配给本集体组织内成员宅基地所享有的占有、使用、收益和有限处分的一种权利，这种使用权是一项特有的、独立的对非所有人对他人宅基地所享有的占用、使用和收益的排他性的权利，即用益物权。它是农村居民凭借着集体经济组织成员身份，在依法取得的集体经济组织所有的宅基地上建造房屋和附属设施等，并对宅基地进行占有、使用和有限制处分的权利。由于宅基地使用权特性，使它具有严格的集体经济组织身份性、宅基地无偿使用性和永久使用性、宅基地从属性及范围的严格限制性等特点。其取得方式有原始取得与继受取得，消灭形式有绝对消灭与相对消灭。而农村宅基地使用权人享有权利并负担义务。

本书认为农村宅基地是农村居民基于本集体经济组织（行政村或生产队、社区等）成员身份而享有的，用于修建本居民住宅的集体建设用地，是农村家庭用作住宅基地而占用的土地，其所有权属于农民集体成员所有，

---

① 金其铭. 农村聚落地理 [M]. 北京：科学出版社，1988：68-69.
② 宅基地改革：祖祖辈辈居住的地方岂是拿钱就能换？[N]. 南鲁晚报 [引用日期 2014-10-26].
③ 滨州市人民政府. 滨州市农村宅基地管理暂行办法（滨政发〔2018〕26号）[Z]. 2018-12-12.

农民无须交纳任何土地费用即可取得,具有福利性质和社会保障功能,一般不能继承。但宅基地上建成的房屋,则属于村民个人财产,可以依法继承。村民只有宅基地使用权,没有所有权。2019年9月,国家政策明确规定,严格落实农村一户一宅制度,一户农民家庭只能拥有一处宅基地,而且面积不得超过当地规定的标准。更重要的是农民的宅基地不能出售给城镇居民,也就是说农村的宅基地是不能进行自由交易和买卖的。

## 二、农村宅基地流转

由于土地不可移动,因此农村宅基地流转主要表现为土地权利的转移。农村宅基地流转又叫作农村宅基地使用权流转,我国农村宅基地所有权属于农村集体组织,农民只有使用权,而且其使用权不能单独出让、转让或出租用于非农建设等,因此从总体来看,宅基地流转包括宅基地所有权流转和使用权流转。宅基地所有权流转主要包括不同集体组织之间的所有权流转,以及通过征收等手段将集体所有的宅基地所有权转变为国有土地产权性质。其中不同集体组织之间的所有权流转涉及不同集体组织的土地权利调整,而后者是通过征收土地行为来实现的(图2-3)。

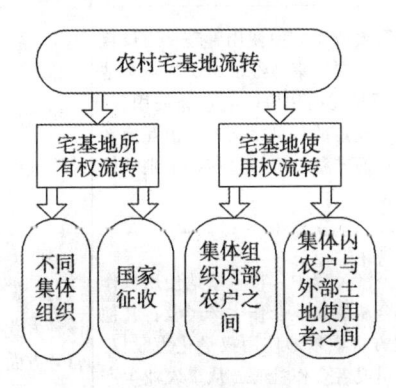

**图2-3 农村宅基地流转分类**

资料来源:作者整理

在上述农村宅基地流转过程中,由于主导的力量不同,因此存在两种模式:一是政府主导的对村庄的拆迁征收型的农村宅基地流转模式;另一种是农户自发流转模式。对于政府主导的村庄拆迁征收型流转模式,其本质是一种市场垄断,主要利益相关者涉及当地政府、农户以及土地使用者;

对于农户自发流转模式参与者包括农户、集体经济组织和宅基地使用者等，这种模式是集体经济组织内部的不同农户之间的流转或农户与其他土地使用者之间的流转。

本书的农村宅基地流转是指拥有宅基地使用权的农户将宅基地使用权转让给其他农户或经济组织，但只限定于转给本集体的人，禁止非本集体组织内部成员购买农民住房。在本书中，是指宅基地的使用权或房屋所有权转移的方式，包括出租、转让、互换、入股等（表2-1）。

表2-1 农村宅基地流转类型

| 流转类型 | 内容 | 特点 |
| --- | --- | --- |
| 转让 | 经集体经济组织同意，将部分或全部农村宅基地使用权让渡给同一经济组织内其他农户。转让后原宅基地相关关系自行终止，转让方的宅基地使用权部分或全部消失。经集体经济组织同意后，当事人可以要求及时办理农村宅基地使用权变更、注销或重发手续。通过转让取得的宅基地使用权经依法登记获得相关权证后，可以依法采取转包、出租、互换、转让或者其他符合法律和国家政策规定的方式流转。 | 这种土地流转方式较少。采取这种方式流转，很多家庭都不在农村，基本都因外出务工经商而放弃，转让方有稳定的非农职业或者有稳定的收入来源。 |
| 互换 | 双方之间为各自需要或者方便使用管理，通过自愿平等协商，对属于同一集体经济组织的宅基地地块进行交换，同时交换相应的宅基地使用权。互换后，原宅基地规定的权利、义务可由互换者承担，也可随互换而转移，但如果转移了则须按规定办理相关手续。 | 这种流转方式在实践中应用较少。 |
| 入股 | 在发展农村农业经济过程中，将宅基地使用权作为股权，自愿联合从事农业合作生产经营；其他承包方式的承包方将宅基地使用权量化为股权，入股组成股份公司或者合作社等，从事农业生产经营，承包方按股分红。 | 该种方式主要是旅游、农业生产经营等方面，可以将农村宅基地入股。 |
| 出租（租赁） | 农民将部分或全部宅基地使用权以一定期限租赁给他人（包括个人、集体、企业或其他组织）从事农业生产经营，出租人向承租人收取租金。出租后原土地关系不变，原拥有权人继续履行原土地承包合同规定的权利和义务。承租人按出租时约定的条件对出租人（承包方）负责。 | 这种方式在经济发达地区运用较多，特别是城中村或城郊结合区域。 |

续表

| 流转类型 | 内容 | 特点 |
|---|---|---|
| 抵押 | 抵押人（原承包方）在通过农村土地承包方式取得物权性质土地承包经营权有效存在的前提下，以不转移农村土地之占有，将物权性质土地承包经营权作为债权担保的行为。在抵押人不履行债务时，债权人（即抵押权人）依照担保法规定拍卖、变卖物权性质土地承包经营权的价款中优先受偿或以物权性质土地承包经营权折价受偿。 | 该种方式主要是农民在进行相关经济活动需要资金时，将自己的宅基地使用权抵押，当债务不能抵偿时，该宅基地使用权就转移给他人。 |
| 转包 | 承包方将部分或全部土地承包经营权，以一定期限转给同一集体经济组织的其他农户从事农业生产经营。转包后，原土地承包关系不变，原承包方继续履行原土地承包合同规定的权利和义务。接包方按转包时约定的条件对转包方（原承包方）负责。承包方将土地交他人代耕不足一年的除外。 | 这种土地流转方式目前较为普遍。采取这种方式流转的，大多数是家庭主要劳动力外出务工经商而又不愿意放弃承包经营权的农户。 |

资料来源：作者整理

自2000年以来，重庆、四川、天津等地进行农村宅基地流转实践，出现了重庆"地票模式"、天津宅基地换房、四川成都的"指标挂钩"模式等（表2-2）。

表2-2 农村宅基地流转的典型实践做法

| 模式 | 做法 | 特点 |
|---|---|---|
| 天津"宅基地换房"模式 | 2005年开始，天津市推出以"宅基地换房"推动建设新型示范小城镇的思路。所谓"宅基地换房"是指在国家现行政策框架下，坚持农民自主自愿土地承包经营权不变、耕地面积总量不减少及质量不下降的原则，对农民宅基地进行整理复垦，规划建设新型小城镇。农民依据政府制定的统一标准，以其宅基地换取小城镇内相应面积的住宅，移居小城镇政府组织对原有宅基地进行复垦工作，在完成耕地占补平衡后，节余土地以"招""拍""挂"方式在土地市场上出售，土地出让金用于平衡小城镇建设资金缺口。 | 天津滨海新区作为中央综合配套改革试验区，最早制度化探索"宅基地换房"流转模式。项目实施以政府为主导，将宅基地等农村建设用地转变为城市建设用地，建设成新型小城镇。 |

续表

| 模式 | 做法 | 特点 |
| --- | --- | --- |
| 成都"指标挂钩"模式 | 成都于2004年最先试行"指标挂钩"模式，所谓"指标挂钩"模式是指根据城乡规划及土地利用规划，将农村集体建设用地地块和城镇周边农用地等面积组成挂钩项目区，项目区由建新区和拆旧区组成，区（县）政府围绕着周转指标的使用和归还，在保证项目区内各类土地面积总量平衡的基础上，实现耕地面积不减少、建设用地总量不增加的目标，以期优化城乡用地结构布局。 | 政策规范要求指标捆绑挂钩项目的实施必须经过国土资源部的审核和批准，且挂钩的建设用地指标只能在项目区内封闭流转和使用，即按项目捆绑式的点对点的指标交易，类似双边垄断的市场结构。 |
| 重庆"地票"模式 | 2008年12月4日，伴随着重庆农村土地交易所的挂牌成立以及地票的第一次公开拍卖，"地票"由此走进人们的视线。地票，是指将闲置的农村宅基地及其附属设施用地、乡镇企业用地、农村公共设施和农村公益事业用地等农村集体建设用地进行复垦，变成符合栽种农作物要求的耕地，经由土地管理部门严格验收后腾出的建设用地指标，由市国土房管部门发给等量面积建设用地指标凭证。这个凭证就称为"地票"。 | 地票是建设用地指标凭证的通俗说法，尽管目前尚未规定地票拥有者在城市建设用地拍卖中有优先权，但是地票仍被尊称为"土地VIP卡"。地票交易，字面理解就是在特定场所对地票进行的买卖。现实中，因二级市场尚未成型，地票交易仅仅是指在农村土地交易所进行的一级市场地票拍卖。值得注意的是，地票交易仅仅是民间对指标交易的称呼，官方对于地票交易，仍称之为"指标交易"。 |
| 农民自发流转模式 | 农民或集体经济组织自主、自由流转宅基地。主要表现为：农民直接将宅基地使用权出租给非集体经济组织成员，或利用宅基地修建房屋或商铺后再进行出租或出售。 | 此模式在广东、北京等经济发达地区的近郊最为普遍，远郊或基础设施落后的区域活跃程度偏低。农民自发宅基地流转属于隐形、非法流转，面临着较大交易风险。 |
| 浙江"联众模式" | 该模式是浙江联众农业投资集团与某些乡村联合进行新农村建设而形成的一种经营模式。具体运作方式是：企业在政府政策支持下与村委会签订整体合作协议，然后对整个村庄进行重新规划建设，农民依然享有农居所有权以及宅基地所有权和使用权等权利，而企业则获得农民自住部分以外住房的经营权及其经营性收益。 | 该模式是典型的"企业+农户"形式。 |

续表

| 模式 | 做法 | 特点 |
| --- | --- | --- |
| 新型"农村社区"模式 | 河南新乡、山东诸城等地以"挂钩"政策为抓手，把建制村规划为新型农村社区，引导农民向社区中心村集中居住，给农民办理合作医疗、养老保险等，探索了就地城镇化的发展途径。通过对宅基地和村庄进行整理并实现耕地占补平衡后，结余土地作为农村建设用地置换到产业集聚区，然后以出租、入股等方式来发展乡村经济。即新社区建设不会让农村节省下来的土地转为城市建设用地，不以农民放弃土地承包权和宅基地使用权为前提。 | 该模式是政府为主要引导力量，做好规划，建设农村社区，从而实现宅基地流转。 |

从另外一个角度来说，农村宅基地流转是农民对自己拥有的宅基地的使用权进行流转，即拥有宅基地使用权的农民将宅基地的使用权转让给其他农户或经济组织，但也只限于转给本集体内部的人员。它也包含了转让、互换、入股、出租（租赁）、抵押、转包这6种类型，其中转让、互换这两种流转类型相当于宅基地使用权的退出（放弃）；而入股、出租（租赁）、转包这三种流转类型，其宅基地使用权还在拥有者的手中；对于抵押这种类型，有可能会导致其使用权退出，也可能还在拥有者的手里，因此本书所说的农村宅基地流转包含了宅基地退出这种形式（图2-4）。

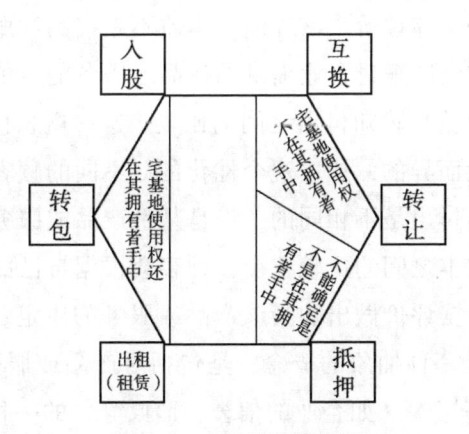

图2-4 宅基地流转类型

美国佛罗里达州立大学经济学教授Randall G.Holcombe（2004）认为"一个更有效的土地利用政策是能使政府在更有效的规划基础设施发展的

41

同时，允许市场力量引导下的私有土地的发展"[①]，这说明要充分依赖市场的作用才能保障土地利用政策的供给，而对于农村宅基地流转来说，其也必须遵守市场规则，这是制度改革的一方面。应利用市场这种"看不见"的手来进行作用，才能发挥其最大的效益，如果过分强调对农村宅基地现有制度的维护只会对农村社会经济发展带来负面影响。因此要通过相关制度和措施，促使农村宅基地流转起来，建立相应的流转机制，采用疏导而不是强堵手段，依法准许宅基地流转入市，建立符合我国国情的合理健康的农村宅基地流转市场和机制，实现城乡统筹发展，保护农民合理的权益。

## 第二节 相关理论

### 一、感知价值理论

1988年载瑟摩尔（Zaithaml）基于顾客角度提出顾客感知的价值理论，在后续一些研究者不断完善之下逐渐形成了感知价值（Perceived Value，PV）理论。她认为顾客感知价值是顾客从消费产品或享受服务中所能感知到的利得与其在获取产品或服务中所付出的成本进行权衡后对该产品或服务效用做出的一种整体评价。该理论的本质不是产品和服务本身的客观价值，是站在顾客的角度来对企业提供的产品或服务的价值进行主观认知评价，核心是感知利益与感知付出之间的比较。这一概念包含：一是产品和服务的价值是因人而异的，是主观个性化的，不同的顾客对同一产品或服务所感知的利益与付出是不相同的；二是某种产品或服务的感知价值是顾客的一种收益与成本之间的比较权衡，顾客会根据自己的感受对产品和服务做出评价，并根据评价做出购买该产品或服务的决定。顾客感知价值中的收益（利得）是一种抽象的概念，是包括对产品或服务的内外部特性、质量及其他相关高层次（如企业的信誉、形象等）的一种主观感受。产品或服务内部属性、质量可能与感知价值不直接相关，产品或服务的外部属

---

[①] Holcombe, Randall G. The New Urbanism Versus the Market Process [J]. The Review of Austrian Economics, 2004, 17 (2-3): 285-300.

性、企业信誉、形象等反而是顾客所关心的,也是其主观评价的重要组成部分。顾客感知价值中的付出(利失)主要包括顾客付出的货币成本和非货币成本。如果顾客对产品或服务价格感知较为敏感,其货币付出是主要的影响因素,非货币付出是次要影响因素,所以对于企业来说,就要考虑产品或服务的价格了;如果顾客对产品或服务价格不敏感,那企业就应该加强企业形象、信誉等方面,促进企业获得更大效益。在顾客感知价值中,产品或服务的外部特性是其价值大小的一种信号,能参与到顾客对产品或服务的质量判断中,因此很多顾客会对获取的信息进行少量加工便开始购买或重复购买自己信任的产品或服务,这就是利用外部价值来简化和挑选产品或服务,节省了顾客的时间和精力。顾客在感知价值过程中,其依赖于不同的估价参照系统进行,这种参照系统是不断变化的,不同的购买地点、时间都会影响顾客的感知价值,因此从一定程度来看,顾客的感知价值是随着外界环境的变化发生着变化的。

由于顾客感知价值是由顾客来决定的,因此对于生产产品或提供服务的企业来说,企业应从顾客导向出发,一方面要采取各种办法或措施尽力为顾客设计、创造、提供经济价值,更重要的是,他们不仅要考虑顾客对产品或服务的感知价值,并且要把顾客对价值的感知作为企业生产产品或服务的决定因素。载瑟摩尔(1988)对感知价值总结认为[①]:一是感知价值对一些顾客来说是低廉的价格,那这些顾客对于价值感知就是其所付出的货币;而对于另一些顾客来说,其价值不等同于低廉的价格,其价值感知中所要付出的非货币才是最重要的,因此根据不同的顾客主要关注的内容来具体分析。二是顾客对于产品或服务的感知价值是顾客想从产品中所获取的东西。这种关注的东西可能是钱,也可能是其他产品效用,是顾客从消费产品或服务中所获得的满意程度。三是感知价值是顾客对买回产品或服务的质量评估,是将付出的金钱与从产品或服务中获得的"质量"之间进行主观比较权衡。四是感知价值是顾客的全部付出所希望得到的全部收益或利得。顾客感知的价值既包括其对该产品或服务付出的所有时间、金钱、努力等因素,也包括其所希望从产品或服务中所收获的所有

---

[①] 余明阳. Marketing Strategy(市场营销战略)[M]. 北京:清华大学出版社,2009:08-20.

利益。

为了更好地理解顾客感知价值理论，载瑟摩尔在对饮料市场研究中，提炼了理论的内涵，提出了顾客感知价值模型（图2-5）[1]。

在该模型中，载瑟摩尔提出从消费者角度对产品属性的评价形成产品质量的主观感知，并从产品感知质量形成对该产品完整价值的主观判断，并在大量的实证研究中也证明了其模型中的理论的正确性。

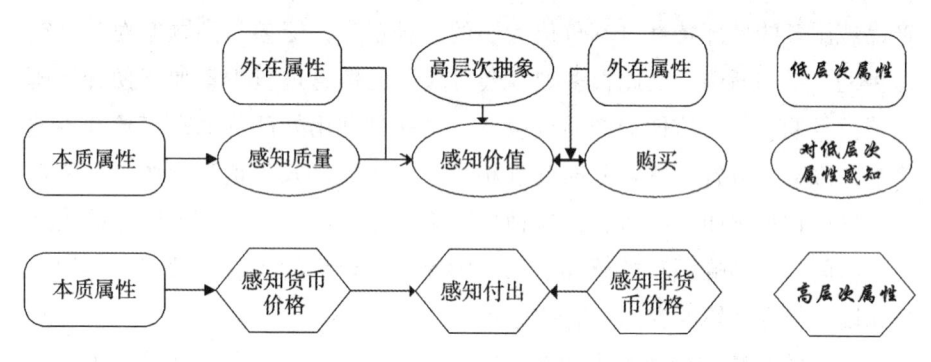

图2-5 Zeithaml（1988）的顾客感知价值模型

通过分析可知，Zeithaml 是将感知价值集中到消费者对商品的价格、质量、价值以及企业的形象、信誉等的一种综合性的评价上，这种评价是消费者比较其所获得和所付出的一种主观总体评价，从而对该产品或服务得出结论[2]。另外还有一些研究者对该概念进行了探讨，如 Dodds 和 Monroe（1985）提出感知价值是产品给予（GIVE）与获得（GET）之间的权衡决策结果[3]；Monroe（1990）[4]、Ravald and Grönroos（1996）认为感知价值是质量与损失两者间的比较[5]，而对于损失的研究，Liljander and Strandvik

---

[1] 潘煜. 影响中国消费者行为的三大因素［M］. 上海：上海三联书店，2009：03-12.

[2] Zeithaml V A., Berry L., Parasuraman A. The behavioral consequence of Service Quality［J］. Journal of Marketing, 1996, 60（2）：31-46.

[3] Dodds, W.B, Monroe, K.B.&Grewal, D.Effects of Price, Brand, and Store Information on Buyers' Product Evaluations, Journal of Marketing Research, 1991, 28（3）：307-319.

[4] Monroe K B, Pricing-making profitable decisions［M］. New York：McGraw Hill, 1991：25-27.

[5] Ravald A., Grönroos C., The value concept and relationship marketing［J］. European Journal of Marketing, 1996, 30（2）：19-30.

(1993)、Monroe（1990）等提出这种损失主要是货币损失，如商品的价格、购买该商品导致的风险等，而后的研究扩展到包括感知的非货币价格以及产品糟糕表现的风险；Richins（1994）从市场营销学角度将感知价值视为顾客在选择不同的购买产品、服务时感知的产品价值不同来分析；Dodds and Monroe（1991）将感知价值的内涵扩展，指出感知价值可以进一步划分为货币和心理上的损失；Keller（1998）将消费者的质量认知与风险认知相结合，得出对产品消费的感知价值；芬兰学者 Grönroos（2000）[1]、Flint et al.（2002）[2] 根据认知心理学方面的理论，提出服务品质这个概念，认为产品或服务的品质也是建立在顾客感知价值评判的基础上，是顾客的服务期望与感知收益与付出之间的比较权衡，这种服务品质引导企业从"以产品为中心"转移到"以顾客为中心"[3]；Cravens and Piercy（2004）将购买和使用产品过程中所获得收益和付出的风险的比较所得定义为感知价值[4]；Iglesias and Guillen（2004）将获得产品的投入与付出进行比较认为是感知价值[5]。通过上述的阐述，可知感知价值有不同的含义。总体来看，感知价值是基于经济学方面理论，根据消费者行为所构建的。

---

[1] Grönroos, C. Service Management And Marketing: A Customer Relationship Management Approach [M]. Chichester: John Wiley & Sons Ltd, 2000: 80.

[2] Flint D J, Woodruff R B, Gardisal S F. Exploring the phenomenon of customers' desired value change in a business-to-business context [J]. Journal of Marketing, 2002, 66 (4): 102-117.

[3] Flint D J, Woodruff R B, Gardial S F, Customer value change in industrial marketing relationships: a call for new strategies and research [J]. Journal of Industrial Marketing Management, 1997, 26 (2): 163-175.

[4] Piercy, Nigel F., George S. Low, and David W. Cravens. Examining the Effectiveness of Sales Management Control Practices in Developing Countries [J]. Journal of World Business, 2004, 39 (3): 255-267.

[5] Iglesias, M.P.and Guillen, M.J.Y.Perceived Quality and Price: Their Impact on the Satisfaction of Restaurant Customers [J]. International Journal of Contemporary Hospitality Management, 2004 (16): 373-379.

表 2-3 感知价值理论研究相关情况

| 代表学者 | 感知价值理论研究的相关表述 | 特征 |
| --- | --- | --- |
| Dodds、Monroe,1985 | 感知价值是产品给予（GIVE）与获得（GET）之间的权衡决策结果 | 给予与获得之间的权衡 |
| Zeithaml,1988,1996 | 顾客对产品效用的总体评价，这一评价建立在顾客从所购产品中所获得的利得与所付出的利失间的认知上 | 从产品角度，利得与利失比较 |
| Monroe,1990 | 消费者从产品中所获得的质量或收益与他们付出的损失或支付的价格间的比较 | 从产品角度，质量或收益与付出的损失或支付的比较 |
| Monroe,1990、Ravald and Grönroos,1996 | 认为感知价值是质量与损失两者间的比较 | 质量与损失的比较 |
| Sheth et al.,1991 | 消费者选择体现了一个多元消费价值，它包括了功能性、社会性、情感、认知和地位价值。这些机制维度具有一定的独立性，在不同个体购买决策过程中各个价值维度产生的影响也不同 | 价值维度 |
| Dodds and Monroe,1991 | 将感知价值的内涵扩展，指出感知价值可以进一步划分为货币和心理上的损失 | 对损失的研究 |
| Richins,1994 | 从市场营销学角度将感知价值视为顾客在选择不同的购买产品、服务时感知的产品价值不同来分析 | 产品价值不同 |
| Woodruff,1997 | 顾客对产品属性的偏好和评价、属性特征的实际表现以及是否大到顾客购买目的和期望的实际效用 | 实际表现与顾客购买目的和期望的实际效用 |
| Keller,1998 | 将消费者的质量认知与风险认知相结合，得出对产品消费的感知价值 | 结合风险来分析 |
| Sweeney,1999 | 顾客根据所付出的与所得到的认知，针对产品的效用所给出的综合评价 | 所付出的与所得到的比较 |

续表

| 代表学者 | 感知价值理论研究的相关表述 | 特征 |
| --- | --- | --- |
| Parasuraman，2000 | 主要驱动因素包括产品质量、服务质量和价格因素 | 驱动因素 |
| Berry，2001 | 认为品牌权益也是一个日益重要的顾客感知价值驱动因素。品牌名称和品牌标识可以帮助顾客解释、加工、整理和储存有关产品或服务的识别信息，简化购买决策；良好的品牌形象有助于降低顾客的购买风险，增强购买信心；个性鲜明的品牌可以使顾客获得超出产品功能之外的社会和心理利益，从而影响顾客的选择和偏好 | 品牌角度 |
| Sweeuey&Soutar，2001 | 包括认知价值和地位价值，通过构建 PERVAL 模型，可见感知价值可以划分为功能价值、社会价值和情感价值 | 感知价值的具体内容 |
| Grönroos，2000、Flint et al.，2002 | 根据认知心理学方面的理论，提出感知价值是建立在顾客体验的基础上，由顾客的服务期望与感知实际或收益与付出两者之间的比较来决定，即服务品质 | 从服务品质来分析 |
| Flint er al.，2002 | 消费者对供应方所创造出的价值的总体评价，这一评价参照了产品使用过程中顾客感知利得与感知利失的比较 | 感知利得与感知利失的比较 |
| Petrick，2002 | 消费者从购买服务或产品所获得感知价值的维度应包括质量、情感、购买该产品和服务所获得的声誉、货币价格以及行为价格。进一步开发了 SERV PERVAL 量表用以探索美国消费者对休闲服务的认知态度 | 感知价值的维度 |
| Cravens and Piercy，2004 | 将购买和使用产品过程中所获得收益和付出的风险的比较所得就是感知价值 | 从风险来分析 |
| Iglesias and Guillen，2004 | 将获得产品的投入与付出进行比较认为是感知价值 | 比较投入与付出 |
| Izquierdo et a1.，2006 | 划分为功能价值、情感价值和储藏价值 | 价值的具体内容 |

续表

| 代表学者 | 感知价值理论研究的相关表述 | 特征 |
| --- | --- | --- |
| Sanchez et al., 2006 | 通过开发 GLOVAL 模型，可以将感知价值划分为六个测量维度，分别是情感价值、社会价值、价格的功能价值、员工专业化的功能价值、服务质量的功能化价值以及服务提供者确立的功能价值 | 感知价值的维度 |
| Roing et al., 2006 | 通过运用 GLOVAL 模型，感知价值可以由情感、功能和社会价值构成，其中功能价值又可以进一步划分为供应方确立的功能价值、人际杰出的功能价值、服务的功能价值以及价格的功能价值 | 感知价值的具体内容 |
| Gounaris et al., 2007 | 感知价值与满意度、忠诚度和行为意向具有密切的联系。顾客感知价值由六个维度构成，分别是情感价值、社会价值、产品价值、损失价值、过程价值和人际价值。Gounaris 等人引入了两个新维度，其中过程价值强调了供应方售后服务和维修中为顾客所创造的利益；而人际价值则反映了人员技术和能力为顾客所带来的利益 | 感知价值的维度 |
| Smith&Colgate, 2007 | 提出了顾客价值种类和综合性顾客价值创造与管理模型。模型识别了顾客价值的五个来源，分别是信息、产品、人员与系统的整合、环境和所有权。顾客价值可以分为四类，分别是功能/设备价值、体验/享乐价值、象征性/体现价值、风险/损失价值 | 价值的来源和内容 |

## 二、感知风险理论

### （一）感知风险的概念

感知风险是 Raymond Bauer 在 1960 年提出的概念，指消费者在购买产品或服务时，不能确定其结果，有些结果会导致消费者购买不愉快。这种购买产品或服务决策中隐含着对结果的不确定性[1]。这种风险是消费者的一种主观感知，包括两个不确定性和其选择失败后导致的结果。此后，很多研究者从感知风险的本质和构成、感知风险在具体产品或服务中的相互关系、消费者个体差异对感知风险的影响、如何衡量感知风险等方面进行了研究。在实践过程中，消费者的感知风险逐渐成为消费者购买行为理论和模型中一个构成因素。如 Cox（1967）对 Raymond Bauer 提出的感知风险概念进行了具体和详细的说明。他认为感知风险包括具体的风险量和风险利害关系两部分。其中感知风险量通过两个函数关系来表达，一个是损失，这个损失是某项行动后果不利存在的风险量；另一个是消费者在消费产品或服务时对负面后果不确定性程度的感觉。在现实中，消费者通常都处于风险环境下，这个风险利益关系包括没有得到他所想要得到的东西、得到他想要的东西而产生了负面后果、失去他为购买某产品或服务而付出的金钱与时间等价值。Cox 深入研究发现，消费者在进行决策时感知风险是重要变量，消费者的感知风险参与到消费者对于商品或服务的购买决策中；消费者在对某商品或服务的感知风险超过了其所能承受的范围时，他会采取各种行动来降低这种风险，在具体的过程中，由于不同消费者感知和承受风险的范围不同，因此其对商品和服务采取的决策也就不一样；在具体的商品消费或服务提供时，消费者首先是对风险进行确定，而不是在风险发生后来采取行动；消费者在具体降低风险的时候，会受到自己购物目的、风险认知需要、个体认知方式等影响；消费者在具体降低感知风险时，会对购物信息进行及时处理，从而采取一系列避险策略，避免自己的风险发生[2]。

之后，Cunningham 在 1967 年也对感知风险的定义进行了归纳与修正，他认为感知风险包括不确定性和后果两个因素。消费者对是否发生某种行为所做出的主观上的判断，判断其发生的可能性，就是不确定性。这种不确定性是消费者事先不能准确知道某个行为或决策的结果，这种不确定性是普遍存在的；当某种行为发生之后，所造成不良影响的严重性，就是后

---

[1] Bauer, R. A., Consumer behavior as risk raking in Hancock, R. S. (Ed.), Dynamic Marketing for a Changing World [A]. Chicago: Proceedings of the 43rd Conference of the American Marketing Association, 1960: 389-398.

[2] Cox, D. F. Risk Taking and Information Handing in Consumer Behavior. Division of Research [M]. Boston. MA: Harvard University Press. 1967: 1-19.

果,这种后果是有害或不幸产生的结果①。

除了上述几位学者外,还有众多的学者对感知风险的概念进行了表述,如 Woodside(1968)提出感知风险存在社会的、功能的和经济的三个方面;Roselius(1971)认为感知风险为购买产品的事件风险;Bettman(1973)将感知风险分为固有风险和处理过的风险;McCorkle(1990)则把信用风险纳入感知风险;Elliot(1995)认为隐私风险也是感知风险;Jacoby 和 Kaplan(1972)将感知风险界定为财务风险、绩效风险、实体风险、心理风险和社会风险等多元维度;Peter 和 Ryan(1976)认为感知风险是消费者购买某一品牌产品所带来的预期损失,这种预期损失是在消费者购买行为发生后产生的,是一种实际发生的损失;Derbaix(1983)研究指出,感知风险是消费者在购物过程中,对于自己购买的产品质量以及在使用过程中带来不良影响产生的不明确性,产生这种不明确性的原因是消费者对于产品信息不明确,自己没有能力来判断其所购产品质量等;Dowling 和 Staelin(1994)从企业角度提出企业要减少消费者这种感知风险,要投入更多精力来衡量消费者购买过程可能带来的风险,这种感知风险就是消费者对自身购买企业某种产品行为的不确定性和通过这种购买行为带来的负面后果的认识。从这个方面来看,Dowling 和 Staelin 是将感知风险的概念视为消费者购买行为的重要的前置变量,也是站在企业角度来看待感知风险,这给感知风险研究提出了另外一种思路和视角。

对于感知风险具体包括的内容,一些学者进行了深入探讨,如 1972 年,Jacoby、Kaplan 认为顾客感知风险有财务风险、功能风险、身体风险、心理风险和社会风险五种具体内容;1975 年,Peter Tarpey 从时间角度把时间风险做为第六个重要的感知风险;1993 年,Stone Gronhaung 具体阐述了在 Jacoby、Kaplan 的五种风险加上时间风险可以解释 88.8%总感知风险,从而对感知风险进行了量化分析。至此,顾客感知风险的具体内容归纳为时间风险、功能风险、身体风险、财务风险、社会风险和心理风险六个因素。Mitchell(1992)从过程角度研究了感知风险影响过程,他认为其影响着消

---

① Cunningham, S. M. The major dimensions of perceived risk [M]. Allston: Harvard University Press, 1967: 82–108.

费者购买决策的 5 个方面[①]；而 Richardson et al.（1996）提出对于产品具体的感知风险，如产品希望属性的担忧风险、产品表现不确定性风险、不被社会认知的风险等；Dunn et al.（1986）从决策过程发现与购买决策联系最紧密的是绩效风险和财务风险，因此认为感知风险是绩效和财务风险两种；Durovnik 从风险产生的后果角度，认为感知风险是消费者对那些被认为会带来风险的产品缺乏购买兴趣，从而使得消费者不会来购买本企业的产品或服务，因此要重视顾客的感知风险；Kogan 和 Wallach、Mitchell（1998）提出感知风险存在机会层面和危险层面两方面，机会层面是风险的不确定性方面，危险层面是风险发生的后果方面；Featherman 和 Pavlou（2003）从风险的预期结果来分析，认为感知风险是某个体或组织追求某个渴望的结果所可能产生的各种损失[②]；Grzegorz Maciejewski（2019）通过对先前学者研究成果的分析，提出感知风险就是偏离消费者期望状态的可能性，而这种偏离有负面和正面的影响[③]。最后，一些学者对于降低顾客感知风险的具体方法进行了研究，Roselius（1971）提出具体减少风险，一是减少风险发生的不确定性或后果；二是将顾客的感知损失降到其能忍受的范围之内，避免引起顾客心理更大的不平衡和损失；三是促使顾客对某一产品或服务延迟，暂时不消费；四是进行消费行为并主动地承认和友好吸收损失。通过以上四种策略来降低消费者对某种产品或服务的感知风险。

**（二）感知风险的理论模型**

通过对感知风险的研究，一些学者们提出了理论模型，有两因素模型、多维度模型、固有风险——操作风险模型和综合感知风险模型等（表 2-4）。

---

[①] Mitchell, Vincent-Wayne. Factors affecting consumer risk reduction: A review of current evidence [J]. Management Research News, 1993, 16 (9-10): 6.

[②] Pavlou, P.A.Consumer Acceptance of Electronic Commerce: Integrating Trustanal Risk with the Technology Acceptance Model [J]. International Journal of Electronic Commerce, 2003 (7): 101-134.

[③] Grzegorz Maciejewski, Sylwia Mokrysz and Łukasz Wróblewski. Segmentation of Coffee Consumers Using Sustainable Values: Cluster Analysis [J]. Research Gate, 2019, 11 (3): 613.

表 2-4　感知风险模型类型及内容

| 感知风险模型 | 具体内容 | 代表人物 |
| --- | --- | --- |
| 两因素模型 | 包括事件发生的不确定性与不利后果的严重程度两个部分 | Cunningham，1967 |
| 多维度模型 | 包括消费者行动引起的后果及不确定性、所购买产品的效果及购物引起的心理状态或心理感受 | Cox，1967；Jacoby 和 Kaplan，1972 |
| 固有风险——操作风险模型 | 包括固有风险和操作风险两种 | Bettman，1973 |
| 综合感知风险模型 | 一部分是产品类别风险，另一部分是特定产品风险 | Dowling 和 Staeling，1994 |

（1）两因素模型。它是由 Cunningham 在 1967 年提出。他认为感知风险包括的因素有事件发生的不确定性和不利后果的严重程度。作为感知风险理论的重要基础，两因素模型在理论和实践中得到极大应用[①]。

（2）多维度模型。它是由 Cox 在 1967 年提出。他认为感知风险包括多个维度，一是消费者行动引起的后果及不确定性，二是所购买产品的效果及购物引起的心理状态或心理感受。后果及不确定性这个因素是和 Cunningham 一样的观点，购买之后的感受是 Cox 在具体购买产品和服务后具体得到的心理感受，将事先和使用后两部分组合在一起就构成了多维度的感知风险。此后，Jacoby 和 Kaplan（1972）提出了感知风险包括钱财方面的风险、产品效果风险、心理风险、人身受伤害的风险以及社会风险五个维度，这五个维度之间是相互独立的关系[②]。

（3）固有风险——操作风险模型。它是由 Bettman 在 1973 年提出。他认为，消费者感知风险可以分为固有风险和操作风险两种。消费者认为在某一产品中本身所潜伏的风险，即某一产品因其自身特点可能固有的风险，就是固有风险，这种风险是产品本身的问题；消费者从一堆产品中选择一

---

① Cunningham, S. M., The major dimensions of perceived risk, in Cox, D. F. (Ed.), Risk Taking and Information Handling in Consumer Behavior [M]. Boston, MA: Harvard University Press, 1967：82-108.

② Jacoby, J.and Kaplan, L., The components of perceived risk, in Venkatesan, M. (Ed.) [C]. Chicago, IL: Proceedings of the 3rd Annual Conference, Association for Consumer Research, 1972：382-393.

个特定的品牌时可能引起的风险,就是操作风险,这种风险与消费者的选择行为密切相关。在实践中,如果消费者不能拥有该产品的任何信息,那么操作风险和固有风险都很高;如果掌握了该产品的丰富信息,那么购买该产品的操作风险就可能降低①。

(4) 综合感知风险模型。该模型是对消费者感知风险的认识进行了归纳总结,由 Dowling 和 Staeling 在 1994 年提出。他们认为综合感知风险是消费者购物完成后,由此产生的一些"不确定""不舒服""忧虑""担心以及心理上不舒服"等主观感受。综合感知风险的构成要素主要分为两个部分,一部分是对新品类别中的任意产品都感知到的风险,称为产品类别风险;另一部分是针对具体产品的,称为特定产品风险②。

将以上感知风险理论放入社会中,就可得到社会风险知觉理论。该理论首先提出风险知觉(risk perception)概念,它是指人对潜伏于环境中的危险的主观评定方式或评定值,这一术语被广泛应用于社会政治、管理、经济、哲学、保险、心理学等各个研究领域。由于风险具有"不确定性"的本质特征,往往在实践中很难找到一套行之有效的研究方法,风险随着外界环境的变化而变化,人们很难全部掌握外界环境或信息,因此对于事件的风险就难了解和掌握,即使了解,受有些手段和技术等限制,也很难避免。迄今为止,心理学、管理学、社会学等相关领域还没有形成社会风险知觉研究的成熟的方法学体系以及对于社会风险知觉的整合观点。在理论研究方面,人们对于风险事件的认识有两种风险认知,第一种是人们对于风险事件的态度和感知,即人们的心理状态;第二种是人们对于风险事件的理论把握,即理论解释风险事件。在解释人们如何产生风险认知的理论研究中,有两种理论范式——个体主义的理论范式和背景主义的理论范式,前者中任何分析的起点是认识的单元——在思考、在行动的个人,对个人的研究中经验的数据辐射到对社会集群的概括。后者强调以背景(文化、关系群、组织、生活方式)作为分析的起点。

---

① Bettman, J.R.Perceived risk and its components: a model and empirical test [J]. Journal of Marketing Research, 1973, 10: 184-190.
② Dowling, G.R. and Staelin, R. A model of perceived risk and intended risk-handling activity [J]. Journal of Consumer Research, 1994, 21 (2): 119-134.

## 三、人地关系理论

所谓人地关系理论是指人类社会中各种人文现象与自然环境的关系在人们头脑中的反映,即人们对自然环境在社会、经济、文化等发展中作用的看法。简单来讲,人地关系是人类与地理环境之间相互关系的简称。人地关系理论中的"人",指社会中的人,具有生产者和消费者的双重性。作为生产者,通过个体的和社会化的劳动向自然环境索取,将自然界物质转化成其生存必需的产品;作为消费者,人类消耗自己生产的产品,而将许多废弃物返还给自然环境(图2-6)。人地关系理论中的"地"是指"地理环境",包括自然地理环境和人文环境两方面。它是人类文化系统的重要因素,是文化价值观的核心内容之一,对人类利用和改造自然环境的方式和强度有着重要的影响和作用。近年以来,人地关系日趋紧张。随着经济和社会发展水平的提高,树立正确的人地关系思想对人类文明的繁衍和发展意义重大①。

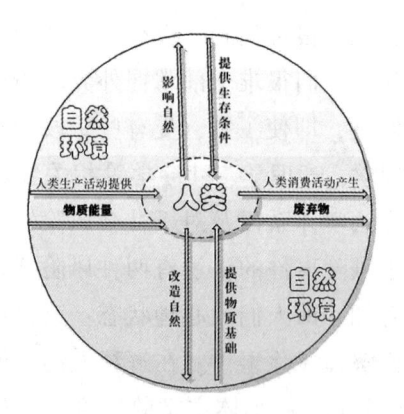

图2-6 人地关系简图

人地关系理论是随着人类对于自身与周围环境的认识深化不断发展的,经历了比较漫长的历史发展阶段,在不同发展阶段出现了各种人地关系的理论(表2-5)。在古代,我国就出现了"天命论""人定胜天"等朴素的人地思想。国外的埃拉托色尼、孟德斯鸠等都对人地关系进行了阐述,特

---

① 陆大道,郭来喜. 地理学的研究核心——人地关系地域系统[J]. 地理学报,1998,53(2):97–105.

别是随着近代科技水平的发展,人地关系逐渐系统化,论述体系化,出现了"决定论"或"必然论"等。20世纪上半叶欧美出现"适应论""文化景观论"等,从不同角度来论证人与自然环境的相互关系。二战之后,随着地理学研究方法和技术手段的革新,以"协调论"为代表的新型人地关系出现,标志着人类探索自然环境与人类生活之间的和谐关系,使该理论进入了一个全新发展和成熟的阶段,也将人类对人地关系的认识提高到新的水平,在人文地理研究方面指明了前进的方向。协调论的出现,说明人类已经开始调整被破坏的不协调的人地关系,这种先进、科学的人地观,已经在保护人类自然环境、维护生态平衡、提高各国环境意识、实现环境与人类的协调发展方面起到积极的作用。协调论使现代地理学得到进一步的统一和综合,使人们对于人地关系的认识进入了新的里程。

表2-5 人地关系理论代表观点

| 理论 | 代表人物 | 理论观点 | 评价 |
| --- | --- | --- | --- |
| 地理环境决定论 | 亚里士多德、孟德斯鸠、拉采尔 | 自然环境决定了人类的生理和心理特征,是社会发展的决定因素 | 夸大了环境的决定力量,无视生产力和生产关系的矛盾是社会发展的根本动力[1] |
| 可能论 | 白兰士 | 人和地理环境之间是一种相互作用关系,两者互为因果关系 | 以心理因素来说明人地关系,忽视生产方式在社会发展中的作用,否定人地关系中人的主导作用 |
| 适应论 | 罗士培 | 人类需要主动地、不断地适应环境对人类的限制,与生物遗传的适应不同,是通过文化发展对自然环境和环境变化的适应 | 指出自然对人类活动的限制,也说明人类对社会环境的作用的可能性 |
| 人类中心论 | 托勒密 | 人是宇宙的中心 | 过分夸大了人类对地理环境的影响,是对人地关系的一种极端认识 |

[1] 王作成. 布罗代尔"地理环境决定论"辨析[J]. 思想战线, 2003, 29(6): 103-106.

续表

| 理论 | 代表人物 | 理论观点 | 评价 |
| --- | --- | --- | --- |
| 生态论 | 巴罗斯 | 人是中心命题,应该注意人类对自然环境的反映 | 强调了人地关系中人对环境的认识和适应 |
| 文化景观论 | 索尔、哈特向 | 一个特定的人群,有其特有的文化,在其长期活动的地域内,一定会创造出一种适应环境的地表特征 | 强调通过实际观察地面景观来研究区域地理特征[①] |
| 生产关系决定论和唯意志论 | 苏联学者 | 都否定了人类社会和地理环境之间存在相互关系 | 过分强调人的主观能动性,认为"人定胜天",会导致滥用自然资源,最终受到大自然的报复 |
| 环境感知论 | 孟德斯鸠 | 人对自然环境关系中的各种可能性进行选择时受环境感知影响 | 研究各种文化集团尤其是决策人的环境感知就是一种重要的人地关系[②] |
| 文化决定论 | 哈奇 | 人对地的影响和利用程度取决于文化发展的程度,人类的文化可以改变自然 | 人失去对自身实践的主导和控制作用 |
| "天人合一"观 | 庄子、荀子 | 人与自然处于一个整体中,天人关系是由自然规律联系的,人与环境之间不是对立而是统一的 | 人类应遵循自然、合理利用自然,反映真正的"人地关系" |
| 协调论 | 现代科学家 | 及早协调人地关系是全人类最紧迫的任务,人地关系和谐日益受到重视 | 协调论比过去的人地关系理论都要完善和科学,它表明在人与自然的和谐关系问题上,人类的认识已从被动跃到主动[③] |

---

[①] 金其铭,张小林,董新. 人文地理学概论 [M]. 北京:高等教育出版社,1994:14-34.

[②] 高国荣. 年鉴学派与环境史学 [J]. 史学理论研究,2005,(3):127-136.

[③] 吴传钧. 论地理学的研究核心——人地关系地域系统 [J]. 经济地理,1991,11(3):1-5.

## 第二章 相关概念、理论

续表

| 理论 | 代表人物 | 理论观点 | 评价 |
|------|----------|----------|------|
| 科学发展观 | 以胡锦涛同志为总书记的党中央 | 强调全面、协调、可持续的发展目标与和谐论的人地关系思想相适应，体现了科学发展观对最新人地关系理论的吸收 | 强调统筹人与自然环境的关系，同时又将科学发展界定在技术创新和制度创新的基础上，这就既承认了自然生态环境对人类文化的制约作用，也承认了科学技术和组织制度文化对自然的反作用，反映了人的主观性 |

# 第三章 研究区简介及数据处理

## 第一节 研究区概况

### 一、自然地理介绍

闽南沿海经济发达地区主要是闽南金三角,指福建省闽南沿海的厦门、泉州和漳州三个地级市及所辖县区。该地区人口1700余万人,财政收入约占福建省的52%,进出口总约占福建省的70%,经济生产量(GDP)占福建省的4成,是大陆在改革开放后经济较发达的地区之一,也是大陆台商投资较密集的区域。闽南沿海经济发达地区的称呼主要是用于描述经济事务,常用以与长江三角洲、珠江三角洲等区域经济发达地区进行比较[①]。其中,厦门依靠经济特区、港口成为大陆东南沿海重要港口;泉州依靠发达的制造业,物流行业蓬勃发展;而漳州正从以农业为主向工业化转型。闽南金三角城市群是沿海经济开放区之一,也是全国主体功能区规划中的区域城市群/带。

泉州市位于北纬24°22′—25°56′、东经117°34′—119°05′之间,地处我国东南沿海福建省东南部,是我国东部地带六大城镇密集区之一、闽东南城镇密集区的重要组成部分,位于国家"三纵四横"发展主轴的沿海发展轴上,北接长江三角洲,南承珠江三角洲,东与台湾隔海相望,地理位置优越。北邻福州市和莆田市,南接厦门经济特区,东望台湾宝岛,西毗漳州、龙岩、三明三个市。现辖4个区,分别为鲤城、丰泽、洛江、泉港,3个县

---

① 国务院. 关于印发全国主体功能区规划的通知(国发〔2010〕46号)[Z]. 2011. 06. 08.

级市,分别为晋江、石狮、南安,5个县,分别为惠安、安溪、永春、德化、金门(待统一)以及泉州经济技术开发区。

整体来看,泉州地形复杂,山地、丘陵占土地面积绝大部分。从地貌区划来看,总体分为市域西部、西北部山地,以及东南部两部分。其中山地属闽浙火山岩中——低山亚区的一部分,东南部属闽粤沿海花岗岩丘陵亚区的一部分。泉州地貌格局和展布形态是在若干地质年代内各种地球内外营力联合作用的综合结果,市域基本轮廓定型于中生代晚期,新生代以来,经外营力为主的改造而形成。东部海岸线曲折,发育有半岛、岛屿和港湾。泉州市枕山面海,地势西北高东南低,由高中山、低山向丘陵、台地平原过渡。从地形剖面图可以看出,泉州市西北高东南低,呈阶梯状分布。

陆地面积中,丘陵面积最大,占土地总面积的28.5%;其次是低山,面积占土地总面积的27.5%;再次是高山、中山,面积占土地总面积的23%;面积最小的是台地、平原,占土地总面积的21%(表3-1)。境内山峦起伏,丘陵、河谷、盆地错落其间,导致其市域内地形复杂。海域辽阔,面积达78.64万公顷(7864平方千米),岛屿215个,以金门岛最大。可供作业的海洋渔场面积50.60万公顷(5060平方千米),是福建省的主要产鱼区。

表3-1 泉州主要地貌类型

| 地貌类型 | | 绝对高度(M) | 相对高度(M) | 地面坡度 | 占全部面积(%) |
|---|---|---|---|---|---|
| 山地 | 高山、中山 | >1000 | >500 | >30° | 23 |
| | 低山 | 500-1000 | 200-500 | >30° | 27.5 |
| 丘陵 | | 50-500 | <200 | 10°-30° | 28.5 |
| 台地 | | <200 | <50 | 5°-10° | 11.72 |
| 平原 | | 几米-几十米 | 很小 | 很小 | 9.28 |

资料来源:根据《泉州自然地理志》有关图表整理

该市大陆海岸线长541千米,占全省海岸线总长14.4%,沿岸曲折,港湾深邃,水深浪平,不冻不淤,有"三湾十二港"及湄洲湾南岸的肖厝、斗尾港等优良海港,可建万吨以上深水泊位157个。泉州湾、深沪湾、围头湾均有万吨级以上深水码头,并有肖厝、石井、后渚、崇武、梅林等16个港口、5个作业点。该市属于亚热带海洋性季风气候，终年温暖湿润，雨量充沛，四季常青。全年平均气温12.5℃—21℃；降雨量1010.92毫米；年日照为1892.7—2131小时。泉州冬季盛行东北风，夏秋季常有台风袭击。整个泉州地形呈"E"型向东南方向开口，有利于东南季风过境，对农林渔业等生产非常有利。全境植被丰富，林木蓄积量1833多万立方米，森林覆盖率达58.70%。山地、海洋资源较为丰富，有森林、海洋、湿地等三大生态系统，生物多样性特征明显，旅游资源丰富。境内水资源时空分布不均，晋江上游地区常年雨量充沛，水资源丰富，但沿海地区水资源短缺。境内溪流多达34条，总长1620千米，地表水总量87.60亿立方米，可利用水量14.56亿立方米，水电蕴蓄量达43万千瓦。该市土壤类型多样，红壤是分布最广的土壤，其次为水稻土及砖红壤性红壤，土壤较为肥沃，耕地质量较好。

## 二、社会经济发展

泉州市综合经济实力较强，是福建省乃至全国发展较快且具活力的地区之一，是我国经济外向度较高、民营经济较为发达的地区之一。2019年，全市常住总人口（不含金门县）874万人，常住人口城镇化水平67.2%，全市实现地区生产总值（GDP）9946.66亿元，按可比价格计算，比上年增长8.0%，经济总量连续21年保持全省第一。其中，第一产业增加值218.61亿元，增长2.4%；第二产业增加值5855.27亿元，增长8.3%；第三产业增加值3872.78亿元，增长7.8%。三大产业比例为2.2∶58.9∶38.9。按常住人口计算，人均地区生产总值114067元（按年平均汇率折合16535美元），比上年增长7.4%，在全国地级市中名列前茅，所辖县（市）均跻身福建省经济实力"十强"或经济发展"十佳"行列。2019年全市居民人均可支配收入36088元，农村居民人均可支配收入20277元。全市一般公共预算收入457.75亿元，比上年减收16.41亿元，下降3.5%。

2019年全市居民人均可支配收入39155元，比上年增长8.5%；人均消费支出25447元，增长9.3%；人均住房建筑面积69.0平方米。按常住地分，全市城镇居民人均可支配收入49592元，增长7.5%，人均消费支出30754元，增长9.1%，人均住房建筑面积65.3平方米；农村居民人均可支配收入22142元，增长9.2%，人均消费支出16794元，增长8.3%，人均住房建筑面积 75.0 平方米。城乡居民家庭恩格尔系数分别为 31.1%和 40.9%。

年末环湾建成区面积达 230 平方千米，比上年末增加 4 平方千米。其中，中心市区建成区面积达 157.06 平方千米，比上年末增加 2.61 平方千米。中心市区建成区新增园林绿地 7 公顷，总绿地面积达 9114.58 公顷，绿化覆盖面积 9772.24 公顷，绿化覆盖率为 43.2%，人均公园绿地面积为 14.63 平方米。全市森林面积 65.7 万公顷，森林覆盖率为 58.7%。

泉州市历史悠久，人文环境富有特色，是全国著名侨乡和台湾汉族同胞主要祖籍地。全市海外华侨、华人和港、澳同胞有 670 万人，台湾汉族同胞中约 900 万人祖籍是泉州，占台湾汉族同胞 40%以上。长期以来，旅外乡亲成为推动泉州经济社会发展的重要力量，成为泉州与世界密切联系的纽带和桥梁。泉州市是中国古代"海上丝绸之路"的起点，是我国著名的历史文化名城，是全国首批投资硬环境"四十优"城市之一，也是闽南文化的主要发源地和主要保存地。

### 三、土地利用状况

根据 2018 年土地利用变更调查结果，全市土地总面积 112.45 万公顷（1686.75 万亩）（不含金门县），其中，已利用土地 95.79 万公顷（1436.88 万亩），土地利用率为 85.19%。全市土地利用现状如下（表 3-2）。

#### （一）农用地

全市农用地面积 86.42 万公顷（1296.42 万亩），占全市土地总面积 76.86%。农用地主要分布在西部山区（包括安溪县、永春县和德化县，下同）。西部山区土地总面积占全市土地总面积 59.09%，但农用地面积合计占全市农用地总量 64.48%。

——耕地

全市耕地面积 14.49 万公顷（217.40 万亩），占土地总面积 12.89%。耕地主要分布在东南部平原以及山区的河谷盆地。南安、安溪、惠安和晋江 4 个县（市）耕地面积合计 10.89 万公顷（163.32 万亩），占全市耕地总量 69.32%。

——园地

全市园地面积 11.22 万公顷（168.34 万亩），占土地总面积 9.98%。园地大多分布在丘陵低山区。安溪、南安和永春3个县（市）园地面积合计6.65万公顷（99.81万亩），占全市园地总量76.69%。

——林地

全市森林覆盖率达58.70%，林地是全市面积最大的用地类型，以有林地为主。按林业部门统计口径，全市林地面积70.30万公顷（1054.50万亩）；按土地利用变更调查数据，全市林地面积56.22万公顷（按国土部门分类的统计口径，包括有林地、灌木林地、疏林地、未成林造林地、迹地和苗圃，不包括园地和林业部门统计口径的宜林地，下同），占土地总面积的49.99%。林地大多分布在西北部山区。

——牧草地

全市牧草地面积0.002万公顷（0.03万亩），占土地总面积0.001%。牧草地主要分布在永春县，其牧草地面积占全市牧草地总量的96.77%。

——其他农用地

全市其他农用地面积4.93万公顷（73.95万亩），占土地总面积4.38%。其他农用地主要集中在安溪、南安、德化和永春4个县（市），合计4.10万公顷（61.49万亩），占全市其他农用地总量69.93%。

**（二）建设用地**

全市建设用地面积16.75万公顷（251.26万亩），占全市土地总面积14.90%。建设用地区域分布不均衡，主要集中于东部沿海地区。东部沿海地区（包括鲤城区、丰泽区、洛江区、泉港区、晋江市、石狮市、南安市和惠安县，下同）土地总面积占全市土地总面积40.91%，但建设用地面积合计占全市建设用地总量76.87%。

——居民点及独立工矿用地

全市居民点及独立工矿用地面积14.12万公顷（211.82万亩），占全市土地总面积12.56%。城乡建设用地主要分布在东部沿海地区。东部沿海地区城乡建设用地面积8.12万公顷（121.77万亩），占全市城乡建设用地总量76.34%；西部山区城乡建设用地面积2.52万公顷（37.74万亩），占全市城乡建设用地总量23.66%。城乡建设用地包括城镇工矿用地和农村居民点用地。

——交通运输用地

全市交通运输用地面积1.93万公顷（28.94万亩），占土地总面积 1.72%。

——水利设施用地

全市水利设施用地面积 0.70 万公顷（10.50 万亩），占土地总面积 0.62%。

交通、水利及其他建设用地主要分布在南安、晋江、安溪、泉港和惠安 5 个县（市），合计 1.75 万公顷（26.20 万亩），这 5 个县（市）交通、水利及其他建设用地的规模占全市交通、水利及其他建设用地总量 75.10%。

（三）未利用地

全市未利用地面积 9.27 万公顷（139.07 万亩），占土地总面积 8.24%。其中，荒草地面积 7.29 万公顷（109.35 万亩），占全市未利用地总量 61.77%。荒草地主要分布在安溪、德化、永春和南安 4 个县（市），共 6.76 万公顷（101.4 万亩），占全市荒草地总量 92.73%。

表 3-2 泉州市 2019 年土地利用现状

| 地类 | | 面积 | | 占土地总面积比例 |
|---|---|---|---|---|
| | | 万公顷 | 万亩 | % |
| 农用地 | 耕地 | 14.49 | 217.40 | 12.89 |
| | 园地 | 11.22 | 168.34 | 9.98 |
| | 林地 | 56.22 | 843.25 | 49.99 |
| | 牧草地 | 0.002 | 0.03 | 0.001 |
| | 其他农用地 | 4.93 | 73.95 | 4.38 |
| | 小计 | 86.862 | 1302.97 | 77.241 |
| 建设用地 | 居民点及独立工矿用地 | 14.12 | 211.82 | 12.56 |
| | 交通运输用地 | 1.93 | 28.94 | 1.72 |
| | 水利设施用地 | 0.70 | 10.50 | 0.62 |
| | 小计 | 16.75 | 251.26 | 14.90 |
| 未利用地 | 荒草地 | 7.29 | 109.35 | 5.09 |
| | 其他土地 | 1.98 | 29.72 | 3.15 |
| | 小计 | 9.27 | 139.07 | 8.24 |
| 合计 | | 112.45 | 1686.75 | 100.00 |

资料来源：泉州市 2019 年土地变更数据

## 第二节 研究的数据及处理

### 一、数据来源

通过收集闽南沿海经济发达地区泉州市的土地利用现状数据,并在2019年7月在泉州市进行农村宅基地流转实地调查,此次开展问卷调查,主要围绕农村宅基地流转的现状、农民对农村宅基地流转的感知利益与感知风险、影响宅基地流转效益展开,在调研中着重对宅基地流转主体的行为特征与机制进行识别,包括探索和分析不同群体分布特征、不同群体感知价值水平以及可能的行为趋向。调查问卷在泉州市10个区县市展开,共发放问卷2000份,有效份数1822份,有效率为91.1%(表3-3)。

表3-3 调查表统计

| 区域 | 问卷份数 | 有效份数 | 有效率(%) |
| --- | --- | --- | --- |
| 总计 | 2000 | 1822 | 91.1 |
| 晋江市 | 243 | 231 | 95.06 |
| 南安市 | 254 | 225 | 88.58 |
| 惠安县 | 260 | 241 | 92.69 |
| 安溪县 | 230 | 214 | 93.04 |
| 永春县 | 201 | 184 | 91.54 |
| 德化县 | 224 | 201 | 89.73 |
| 石狮市 | 140 | 124 | 88.57 |
| 洛江区 | 140 | 130 | 92.85 |
| 丰泽区 | 174 | 152 | 87.35 |
| 泉港区 | 134 | 120 | 89.55 |

资料来源:作者整理

### 二、数据处理

为弄清楚研究区域的农村宅基地流转情况,一方面到泉州市一些区县市的农村进行问卷调查,对问卷回收后进行汇总统计,分析数据;另一方面到自然资源局、农村农业局和乡镇等部门收集相关资料,获得一手资料,将收集到的各种资料，如美丽乡村建设资料、农村宅基地流转等资料与纸质图件等，借助 ArcGIS 10.2 软件进行矢量化和空间配准，形成属性数据库后，将其与评价单元连接，建立研究区域的基础数据库。

# 第四章　闽南沿海经济发达地区农村宅基地流转现状

## 第一节　闽南沿海经济发达地区农村宅基地流转情况

### 一、总体情况

一般来说,我国绝大多数农民最大的财产就是宅基地使用权和住房所有权,然而在城乡二元体制下,农民的宅基地流转受到严格限制而很难进行流转,住房财产权的资产价值并没有显现,这也是当今农村改革进程中必须直面的问题。

2013年党的十八届三中全会明确了农村土地制度改革的方向和任务。之后我国积极改革、完善农村宅基地制度,一是探索对"一户多宅"及宅基地面积超标准占用等历史遗留问题实行有偿使用,通过采取阶梯收费方式解决;二是对于进城落户农民,积极引导他们在本集体经济组织内部自愿有偿退出或转让宅基地;三是依法规范农村宅基地审批和建房规划许可管理,各职能部门切实履行职责,改革宅基地建房审批制度,严格用地建房全过程管理。2013年《中共中央关于全面深化改革若干重大问题的决定》提出,要"慎重稳妥推进农民住房财产权抵押、担保、转让",在顶层设计为农房流转"开了口子"。而在地方,各地都在"摸着石头过河"的探索实践则早已开始。笔者在福建闽南沿海晋江等地调研发现,近年来,当地积极探索农民住房财产权抵押贷款、租赁等流转形式,将农房和宅基地进行置换,促使宅基地流转方式多样化,在一定程度上拓宽了当地农民的融资渠道,使隐形的财产显性化,增加了农民的财产性收入。以上这些措施符合农民预期,受到他们的欢迎。

泉州晋江市以完善宅基地管理制度为抓手，探索宅基地有偿使用及退出机制，农村宅基地制度改革工作进入试点推进阶段。2016年2月，晋江市开始建立村级农村宅基地退出、流转试点，在该市政府与试点村内坑镇砌坑村，深入探讨了宅基地有偿使用办法、宅基地退出流转办法及农村集体经济组织成员资格认定办法等具体问题，并拟制定了《内坑镇砌坑村宅基地有偿使用办法》《内坑镇砌坑村宅基地退出、流转办法》等指导办法。该村利用村民事务理事会依据上述宅基地办法开展宅基地管理工作，该村已设立宅基地信息管理中心，对村里高层建筑安装全景监控，防止违建。此外，村里正实施的旧村改造二期、建设农民住宅小区、改革试点工作取得初步成效。通过村民事务理事会来探索村级农村宅基地的管理，这是晋江市为进一步完善宅基地管理制度、探索村级宅基地管理模式而设立的组织，它在政府和村民之间形成上下联动作用，让群众在改革中获得红利。下一步，晋江市将完善农村宅基地有偿使用办法等系列配套政策，发挥试点村村民事务理事会的带头作用，并不断总结砌坑村等16个试点村经验教训，为铺开改革奠定基础。

## 二、具体情况

### （一）农民房屋可抵押融资

闽南沿海地区当地经济发达，尤其民营经济十分发达，在这些民营经济中，农民企业家不在少数。在泉州市规模以上工业企业中，民营企业超过90%，农民在传统五大企业，如纺织鞋服、建筑建材、食品饮料等，以及新五大产业，如电子信息、汽车配件、生物制药等方面都崭露头角。他们开办各类企业，开特色食品小作坊，办茶叶、畜禽、水果、蔬菜、渔业、食用菌、农机等优势产业和特色产业合作社，他们用自有的住房做店面进行销售，作为物品存储的仓库，作为制造的厂房和生产车间，充分将宅基地等资源利用起来。这些宅基地和房屋是他们唯一值钱的财产，但由于法律约束，他们只能将农村宅基地和农房流转严格限制在集体经济组织内部，这使得农民房产的资产价值无法体现，导致农民无法利用这笔财产获得融资，也无法通过流转来获取资金和财产性收益。对农房流转的限制已成为制约农民进行生产创业的瓶颈。而随着农房流转的放开，闽南沿海一些地方正在试行。2014年泉州市出台了《泉州市推进农村产权抵押融资的实施意见》，拓宽了农民及涉农企业在农村土地承包经营权、农村宅基地使用权及房屋产权、林权、海域使用权四个方面的融资渠道，将这些产权进行抵押融资，将试点农村宅基地使用权及房屋产权抵押融资。

具体操作中，农民将合法取得的《集体建设用地使用权证》和《房屋所有权证》进行抵押时，即使是该抵押的房屋被依法偿债后，仍能够保障其有居住的场所，不会导致农民流离失所，产生社会不安定因素；经营企业的农民也能够将自己拥有的房屋及其所占范围内的宅基地作为抵押担保，向金融机构申请贷款。

位于陈埭镇和平北路的晋江某鞋厂庄某拥有的房屋，其区位条件非常好，交通便利，公共服务设施完备。房屋总高7层，建筑面积2800多平方米，宅基地面积320多平方米，庄国平一家8口住在四、五、六层，一层出租给一家高档铁观音专卖店，二、三层出租做公寓酒店。"一年光租金收入就有30多万元。"庄国平告诉笔者。

2007年，为扩大企业生产经营规模，庄国平要向银行贷款200万元。"找了四大国有银行，都说需要担保，家里最值钱的财产就是这套房屋，但银行说宅基地和农村住房不能抵押。"最终，庄国平还是通过将自家房屋在晋江农商银行抵押贷了款。"评估公司对我家的房屋估价是700万元。我把宅基地使用权证和房屋所有权证押在银行，在住建部门办理了农房抵押登记。"

目前，庄国平已偿还了100万元贷款，还有100万元贷款继续用于生产经营。庄国平说："偿还余款根本不是问题，这么大一幢楼摆在这里，即使用租金偿还，两三年也够了。"

晋江农商银行工作人员杨某说："党的十八届三中全会关于'慎重稳妥推进农民住房财产权抵押、担保、转让'的表述，让农房抵押有了政策依据。"

笔者通过采访了解到，在泉州等一些沿海经济发达的城市，其所辖范围内的部分县区、乡村已经启动了农民住房财产权融资抵押试点，受到了农户的欢迎。民营经济发达的晋江市步子迈得更大，据了解，开展农房抵押贷款业务以来，晋江农商银行已发放农房抵押贷款超过26亿元，受益群众超过1万农户，目前农房抵押贷款余额5.1亿元，笔数62笔，户数615户。

## （二）农房租赁、宅基地和农房置换使农民受益

租赁和置换是农民住房财产权流转的另外两种方式。在泉州农房出租现象非常常见，而宅基地、农房置换总体上比较少。依据2014年我国发布《关于进一步加快推进宅基地和集体建设用地使用权确权登记发证工作的通知》（国土资发〔2014〕101号）和《福建省加快推进宅基地和集体建设用地使用权发证工作实施方案》（闽政办〔2014〕167号）文件的精神，泉州市加快推进宅基地和集体建设用地使用权的改革。该市积极探索宅基地权益保障和取得方式、宅基地有偿使用和自愿有偿退出机制，完善宅基地管理制度、宅基地三权分置等改革任务。其在宅基地确权登记发证、腾退宅基地、激活闲置宅基地和闲置农房、宅基地和农房抵押等方面取得较好成绩，促进当地社会经济发展（表4-1）。

表4-1 泉州市农村宅基地制度改革情况

| 类型 | 宅基地确权登记发证 | 完成宅基地镇级审批 | 腾退宅基地 | 解决农民住房 | 置换闲置宅基地 | 置换闲置农房 | 宅基地贷款 | 农房抵押金额 |
|---|---|---|---|---|---|---|---|---|
| 规模 | 104747宗地 | 504宗地 | 6345亩 | 3.1万户 | 15343宗 | 5638亩 | 3137宗 | 20.32亿元 |

数据来源：泉州市自然资源局内部统计数据，数据截止时间为2014年—2018年

## （三）农村土地承包经营权抵押融资

由于农村土地承包经营权抵押融资的贷款对象集中于农村专业合作社或种植大户，其经营较好，贷款实行优惠利率，贷款办理流程便捷，使得该类贷款需求较为旺盛。目前在泉州存在农村产权抵押给银行或融资担保公司以及土地收益权抵押等多种融资模式。

2014年，泉州市首先在德化县南埕镇、永春县东关镇两个试点镇和晋江龙湖镇龙埔村等16个试点村，进行农村土地承包经营权确权登记颁证工作。泉州市完成试点任务后，2015年在全市范围内全面推开确权登记颁证工作，到2017年基本完成全市确权登记颁证工作。有了农村土地承包经营权证，农民可以依法利用土地承包经营权进行抵押融资、土地流转、股份合作，获取生产经营所需的资金。2020年8月，晋江市实施了在泉州市范围内实行首个以土地经营权贷款的形式——农田贷，该贷款是在晋江市范围内通过农村承包土地经营权抵押贷款业务实现。该业务是指在不改变农村承包土地所有权和承包权权属、不改变土地农业用途、不破坏农业综合

生产能力的前提下,农村经营主体以其依法获得的土地经营权作为抵押担保的贷款业务,该项业务将为"三农"融资开拓出一条新道路。该种形式有利于激活土地的经营权,规范土地的承包权,激活沉睡的资金和资产。

**(四)因地制宜,完善制度破解农房流转三大难题**

泉州等地广泛开展确权发证工作,对农民依法享有的宅基地使用权和住房所有权予以确认,并发放产权证。产权明晰,这是农房抵押、租赁、置换等流转的前提。对于农民来说,宅基地和房屋是他们最大的财产,通过确权发证确认和保证了农民合法的住房财产权益,即用益物权。在当前城镇化加速发展的情况下,大量农村劳动力人口向城市转移,在农业生产向规模化、集约化发展的背景下,农民对房产有多样化的使用需求,农民住房财产权流转的改革探索首先要进行确权发证,再在此基础上探索更多的流转方式,将农民手中沉睡的资源,通过各种途径盘活起来变成资产,促进农民扩大生产,增加农户收入,推动城乡融合发展。

在实践中,由于客观条件的限制,在农村出现了宅基地和房屋流转过程中农民对相关法律政策不熟悉、一些交易信息不对称、某些交易缺乏有效监管等问题;在农村房屋流转试点中,农民权益保障与金融机构不良贷款风险防范之间也存在着较为突出的矛盾;由于农村宅基地实施"一户一宅"政策,宅基地上的房屋用于抵押贷款之后,万一出现农户无法偿还贷款的情况,银行的债权如何实现,会不会造成农户流离失所,农户权益如何保障等问题也是农村宅基地和房屋抵押必须考虑的现实问题。某一银行人士认为:"即使农户不能偿还贷款,银行要处置抵押农房,也不能造成农户流离失所,这是前提,我们要求农户提供有其他房屋或抵押房产变卖后仍有安居之地的证明,不能将自家唯一的住房用于抵押贷款。"

## 第二节 闽南沿海经济发达地区农村宅基地流转类型

### 一、难挡诱惑的农村宅基地流转

虽然我国相关法律和政策对宅基地流转的限制很多,但依然很难阻挡市场的魅力,农村宅基地的私下流转一直暗中活跃。据2016年中国土地勘测规划院在北京郊区的调查显示,北京郊区大部分乡镇宅基地流转案例约占宅基地总数的10%，有的高达40%以上[1]。中国土地学会的一项调查表明，从1997年到2000年这4年间，浙江义乌有3223个农村宅基地转让案例，其中约30%卖给外村村民，10%左右卖给城镇居民，其中85%以上未办理相关手续。山东省经济学院不动产法研究中心2016年的抽样调查显示，全省17地（市）的42个县中，有51.3%的村庄实际有住宅出租情况，30%的村庄存在十户以上的出租房屋情况。总的来看，68.9%的村庄实际存在出卖房屋情况，26.5%的村庄发生实际出售住宅十户以上的情况；其中城乡结合部有75%的村庄实际售出房屋，43%的村庄发生实际售出房屋的户数在十户以上[2]。

农村宅基地的资产价值首先在"城中村"城乡结合部和风景名胜区等经济活跃、区位条件较好的地方发现的。城市化、工业化向农村的推进，极大地提升了农村集体土地的经济价值，从种庄稼到"种房子"，土地的价值上升了几十倍甚至几百倍，巨大的利益驱动自然会导致宅基地流转的繁荣。另一方面，城市高房价和高投资回报率也刺激了农村宅基地流转市场。由于农村宅基地关乎农民的住房和农村社会稳定，其流转数量巨大且涉及面广，受到现行法律和政策的限制，基本处于自发和无序隐蔽状态，由此引发的交易风险和权利不确定状态已经成为不可忽视的社会问题。

## 二、农村宅基地流转的合理性分析

目前，我国学术界对于农村宅基地流转存在两种截然不同的态度，一是赞同其流转，认为这样可以将农村宅基地及房屋"沉睡的价值"显现，从而促进社会经济发展，也实现了农民的物权；二是反对者，他们认为宅基地作为中国农民的社会福利保障，是农村稳定的基本支撑之一，如果允许宅基地流转，农民这个弱势群体将成为最终的受损者，从而引发社会不稳定。甚至还有人预言，农村宅基地流转会导致对农民被大规模剥夺。还有人担心，快速工业化和城市化已经导致数以千万计的农民失去土地，宅基地流转又会带来一大批失去家园的农民，农民一旦失去了赖以存身与养

---

[1] 姚丽，魏西云，章波. 北京市郊区宅基地流转问题研究[J]. 中国土地，2017，(2)：36-39.

[2] 李佳鹏，勾晓峰. 专家呼吁我国尽快制定农村宅基地流转放开政策[N]. 经济参考报，2017-03-05.

老的宅基地，整个社会就会陷入混乱。

对于上述两种观点，我们可以从制度设计和农民本身两个角度来分析。从制度设计角度来看，宅基地使用权是农民的用益物权，属于物权法。在法律体系中，物权法律制度是最能反映一个国家的民族性和本土性的，我国的宅基地流转的制度设计是依据中国的基本国情，然而宅基地使用权是给予农民的一种福利，也是中国农村宅基地流转的热点主要集中在经济活跃地区的原因，更是农民增加经济收入和提高生活水平的一种方式，所以大多数情况下，农民正在使用的宅基地是绝不会被流转的，只有闲置宅基地才会流转。这种闲置的宅基地不会损害农民的生存权，通过出租、入股等方式的流转也不会剥夺农民的所有权。在少数情形下，不用承受风险经济能力的农民会卖掉他们的房屋和土地，以支付医疗和教育等主要开支。一些人担心，宅基地流转虽然能解决一时困难，但会导致这些农民无家可归，这种救济的费用太高。事实上，理性分析来看，中国农民未来的安全保障不在于不可流转的宅基地。如果以基本生存权为理由禁止农民处置其不动产，实际更不利于保障农民的基本生存权。

农民也是经济人，会为自己的利益进行考虑，所以农民不会轻率地做出永久失去房屋和宅基地的选择。中国农民所谓的"非理性"，是带有城市偏向的人在不充分了解农民的成本、收益和约束条件做出的主观判断。把农民视为理性人，就是尊重和相信农民的主动性和创造性，解决农民贫穷问题的途径是给农民更多的自主权和宽松的制度环境。在市场条件下，农民完全有能力根据市场信心做出对他们最有利的选择。此外，中国人传统的"叶落归根"观念使得住宅和宅基地作为家族的象征具有特殊意义，许多在城市打工并已经在城市定居的农民也不会将自己农村的房产轻易处置。如果一些农民经过慎重思考做出选择，愿意在流转交易市场上实现宅基地使用权所蕴含的经济价值，国家没有理由一律禁止，更可取的是合理引导，规范交易市场和规则。从法律公平正义角度来看，房屋属于公民私有财产，所有权人可以依法占有、使用、收益和处分，但对农村宅基地流转的限制实际剥夺了房屋所有权人的住房收益和处分权。对农民弱势群体的特殊保护不能通过限制其法律权利的行使来实现，而只能通过政策扶持来实现。此外，按现行法律规定，在土地一级市场，必须将集体土地经过征收转为国家所有，这不符合平等保护物权的法律原则，对大多数农民极为不公平。

从社会公平正义的角度分析，农村宅基地使用权集体分配、无偿使用，分配是基于农民身份，在一个日益开放、平等的社会中，出生身份成为社会资源分配的基础是不合理的，而且名义上宅基地流转的限制是为了保护农民的基本生存权，实际效果是试图把农民固定在土地上。再者，目前我国现行的征地补偿标准较低，且没有考虑到土地的区位价值，政府征收农民土地后，通过"招拍挂"等方式有偿出让后，土地价值增加数十倍。因此，将农民完全排除在土地增值收益分配体系之外也是不公平和不合理的。

### 三、从国内来看流转类型概况（表4-2）

1. 集体经济组织主导模式——土地合作社

农村集体经济组织根据自身的实际情况，引导农民将宅基地、集体建设用地等土地入股成立农民土地股份合作社，采取入股、出租、出让使用权或者自建商铺、厂房出租等方式，引入第二、第三产业，增加土地级差收益[1]，村民将根据他们的持股获得分红，也可以通过在附近打工获得工资性收入。该种方式总体特点是采取土地入股、按股分红的方式流转。具体来说，一是以村社为单位，集体经济组织主动先行，将原属于集体组织的一些建设用地作为股份，成立类似土地合作社，根据土地利用、城镇建设、产业布局规划，遵循"农民集中居住、产业集中发展、农业产业化经营"的原则；二是以农民土地股份合作社的土地进行经营，获得收益，按照股份份额进行分配收益。该种模式在江苏昆山、重庆开县、成都龙泉驿等地进行实践，被证明是有效可行的。这种模式有利于保障集体经济组织和农民获得相对稳定的土地收入和分红收入，有利于解决"三农"问题，实现可持续发展，也符合法律精神和基本原则。但是，如果管理不到位，收益分配不合理，可能会非法占用农用地、侵害农民利益。为了实现土地规模化经营，需要对零散的宅基地进行整理置换，并在必要时进行跨区域统筹，目前的政策在这方面仍有一些限制。农村集体经济组织通过协调多个宅基地使用权人，进行统一规划、统一建造多层或者高层农民住宅，并向社会公开出售。

---

[1] 国家土地督察成都局. 探索科学发展之路——西南地区土地管理热点问题调研[M]. 北京：中国大地出版社，2008：123.

2. 农民个人自发的零散流转

农民通过转让、出租、作价入股、联营、抵押等多种方式流转宅基地时，由市、县土地行政主管部门办理集体土地使用权登记，颁发集体建设用地使用证。宅基地自发流转灵活性大，交易便捷。但流转市场信息公开不充分，风险较大且难以监控，农民权益容易受到损害。政府必须密切关注和引导自发流转方式，严格控制中心城区规划范围内和县城建设规划区内的宅基地流转，逐步将其纳入城镇土地使用权统一市场，以实现宅基地流转。远离城镇的山区可以允许自由流转；平坝地区则鼓励通过宅基地整理和复垦置换的方式集中统一流转。宅基地使用权的流转主要由村民通过流转宅基地上的住宅实现，通常表现为农民将闲置的独门别院流转给他人。

3. 政府主导模式

（1）宅基地回购。买卖双方没有直接上市进行交易，政府充当中介，收购符合流转条件和有流转意愿的宅基地，然后由政府将其出售给符合一定条件的受让人。由于农村宅基地兼有社会保障和财产功能，因此一些学者认为，只能在政府主导下适度放开宅基地流转，并且限制出让人和受让人的范围。基于农村宅基地的无偿取得，政府回购的补偿仅限于宅基地上的建筑物。受让人只享有居住权，不能出租、抵押和出让。

宅基地回购模式强调了政府主导地位，也凸显了对农村宅基地自由流转的限制，复杂的流转程序和流转后的管理极大增加了地方政府的工作量，补偿价款和市场价格的差距抑制了农民的流转积极性，对受让人权利的限制抑制了有效需求，难适应农村宅基地流转的现实需要，大规模推行有一定难度。

（2）宅基地整理。政府统一规划，通过拆院并院、拆旧建新等方式，实现农民集中居住，整理出的宅基地一部分用于统筹安排农民集中居住，剩余的宅基地可以复垦置换，集中整合后交由县、区政府成立的"农村集体建设用地储备中心"或政府与集体经济组织共建的公司储备，由中心或者公司代理土地流转，并将收益扣除税费后返还集体经济组织。

宅基地整理模式在重庆市江津区、成都市温江区已成功实践。这种模式可以较好地贯彻政府主导、规划控制的原则，也有利于改善农民生产、生活条件，实现土地节约集约利用。通过集中居住整理出的新增建设用地可以用于工商业、旅游业、服务业等经营性用途，所获得的收益增加了集体经济组织和农民收入。但是，这种模式需要在农民集体经济组织和政府建立合理收益分配机制，充分尊重农民的流转意愿，否则会引发一系列的社会问题。零星宅基地的复垦置换目前还有政策上的障碍。

政府主导型宅基地回购和整理模式，主要依靠地方政府直接推动，以统筹城乡一体化发展为目标，进行统一规划、集体流转。

农村宅基地流转具有普遍性、多样性等特点，随着城镇化进程的推进和农村承包地流转的加速，农村宅基地流转呈蓬勃发展态势。

表 4-2　农村宅基地流转类型

| 类型 | 主导者 | 形式 | 特征 |
| --- | --- | --- | --- |
| 土地合作社 | 集体经济组织 | 集体建设用地等土地入股成立农民土地股份合作社，通过入股、出租、出让使用权或者自建商铺、厂房出租等方式。 | 总体特点是采取土地入股、按股分红的方式流转。 |
| 农民个人自发的零散流转 | 农民个人 | 采用转让、出租、作价入股、联营、抵押等多种方式流转宅基地。 | 流转灵活性大，交易便捷。但流转市场信息公开不充分，风险较大又难以监控，农民的权益易受损害。 |
| 政府主导模式 | 政府部门 | 宅基地回购、宅基地整理。 | 依靠地方政府直接推动，以统筹城乡一体化发展为目标，进行统一规划、集体流转，风险较小，易监控，农民权益有保障。 |

资料来源：作者整理

## 第三节　泉州市农村宅基地流转情况

### 一、宅基地流转典型样本

据 2019 年泉州市土地更新调查数据显示，全市共有建设用地 16.116 万公顷，农村宅基地面积约 25403.72 公顷，占全市建设用地的 15.76%，占全市集体建设用地的 30.3%；人均宅基地面积为 249 平方米，高于国家规定的

200平方米标准。该市鼓励农村宅基地使用人将闲置、超占或"一户多宅"等占用的宅基地退出给本农村集体经济组织。总体来说，宅基地有偿退出分为成片退出和零星退出两种形式。成片退出是按照土地利用总体规划及相关规划，退出区域内涉及宅基地使用人在十户以上（含十户）或占地五亩以上（含五亩）；零星退出是指对单一、分散的农村宅基地实施退出。对自愿退出宅基地的使用人可灵活采取货币补偿、资产置换、宅基地指标置换等方式给予退出补偿。宅基地使用人自愿将宅基地出租或无偿借给集体使用的，农村集体经济组织应出具相应的租借凭证，不得擅自取消原使用人依法应拥有的宅基地资格权。

2015年2月被国家确定为15个农村宅基地制度改革试点之一的晋江市，积极以推进农村宅基地制度改革为主线，形成"晋江模式"，其主要经验是完善村级土地利用规划，建立宅基地退出机制，统筹宅基地制度改革，该种模式成效较好。

首先，一是突出规划引领。晋江完成了19个村级土地利用与建设规划，优化村庄布局，打造"多规合一"新范本，实现了宅基地规模减量化。二是建立宅基地退出机制。探索出"借地退出、指标置换、资产置换、货币补偿"等四种退出方式，开展试点以来，全市共腾退宅基地6345亩（表4-3）。借地退出方式是村集体经济组织向村民借用废弃坍塌的宅基地，用于建设村庄配套设施，村民仍保留宅基地使用权。深沪镇运伙村，针对"一户多宅"中祖宅已废弃坍塌的宅基地，借地退出91宗、26亩宅基地，用以建设农村公园。指标置换方式是村民自愿有偿退出旧宅基地，村集体经济组织重新安排宅基地指标进行安置。内坑镇砌坑村，结合村庄整治对宅基地进行再分配，退出宅基地196宗、面积105亩，集中建设单体及多层、小高层安置楼用于村民安置。

表4-3 晋江市宅基地退出方式

| 方式 | 内容 | 效果 |
| --- | --- | --- |
| 借地退出 | 村集体经济组织向村民借用废弃坍塌的宅基地，用于建设村庄配套设施，村民保留宅基地使用权 | 深沪镇运伙村，借地退出91宗、26亩宅基地，用以建设农村公园 |

续表

| 方式 | 内容 | 效果 |
| --- | --- | --- |
| 指标置换 | 村民自愿有偿退出旧宅基地，村集体经济组织重新安排宅基地指标进行安置 | 内坑镇砌坑村，结合村庄整治对宅基地进行再分配，退出宅基地196宗、面积105亩，集中建设单体及多层、小高层安置楼用于村民安置 |
| 资产置换 | 利用宅基地退出置换安置房等资产，盘活和整治了零散宅基地，实现村民资产增值 | 梅岭街道桂山社区，对"城中村"的村民由政府统一规划安置，在腾退的宅基地上建设安置房4396套、店面420间，村民人均获得150平方米的住宅 |
| 货币补偿 | 对自愿退出宅基地的村民实行货币补偿，补偿范围包括土地和建筑物、构筑物 | 安海镇溪边村，符合政策村民可选择货币补偿的方式退出闲置宅基地，补偿标准为土地每亩30万元、房屋每平方米200元 |

资料来源：作者整理

资产置换方式是利用宅基地退出置换安置房等其他资产，盘活和整治了零散宅基地，实现村民资产增值。梅岭街道桂山社区，"城中村"的村民由政府统一规划安置，在腾退的宅基地上建设4396套安置房，420间店面，每个村民将获得150平方米的住宅。货币补偿方式是对自愿退出宅基地的村民实行货币补偿，补偿范围包括土地和建筑物、构筑物。安海镇溪边村，符合政策村民可选择货币补偿的方式退出闲置宅基地，补偿标准为土地每亩30万元、房屋每平方米200元。

通过晋江市宅基地退出试点，可见其宅基地流转效果较好。首先，推动农村村民从"户有所居"向"宜业好居"转变。一是实现了在232个城中村实施组团式改造，村民可以拿宅基地和房屋，换安置房、店面、商铺、公寓、现金和股权，实现了宅基地"六个换"。试点以来，全市共建成62个现代小区，安置面积达1182万平方米。二是在"城郊村"实行集中改造、综合整治的方式。先后将57个"城郊村"建成农村小区30个，面积达到97.9万平方米，全市通过对163个村试行，以农民公寓、住宅小区、小高层等方式解决农民住房问题。三是在"郊外村"鼓励危旧房翻建。结合精准扶贫，对106个"郊外村"重点鼓励危旧房翻建，同步完善村庄公共配套，优化生态环境，尽量满足"一户一宅"，严格控制"一户多宅"。截至2019年7月底，该市累计批准宅基地1304宗，解决危旧房翻建1.117万栋，有效满足了2.57万户农村村民改善住房条件的需求。

其次，推动用益物权从"单一功能"向"综合利用"转变。一是推动宅基地抵押贷款从独立授信向批量授信转变。结合农民住房财产权抵押贷款试点，完善抵押贷款政策和风险补偿机制，将"银村共建"模式由原来的单独抵押授信，拓展为"批量授信、逐宗放款"。截至2019年7月底，共12家金融机构参与，办理宅基地和农房抵押2501宗、金额达17.2亿元。在磁灶镇东山村，晋江农商银行对村民批量授信1亿元，开创了全省先河。二是推动宅基地功能从保障型居住向综合利用拓展。重点探索四种模式：休闲农业型，将农田保护、闲置宅基地复垦和生态文明建设融为一体，通过土地整治，保持村落形态、农田性质不变，发展休闲农业；文化保护型，对全市6个传统村落、10000多栋历史文化建筑进行保护修缮，留住乡愁记忆；旅游观光型，盘活利用闲置宅基地建设停车场、绿地等，为发展旅游观光业提供配套设施；电商带动型，结合发展村集体经济，整合闲置民房，培育电商产业（图4-1）。截至2019年7月底，已培育48个"淘宝村"，带动近3万农户增收。三是推动宅基地从村内流转到全市范围跨村流转。进一步显化农民住房财产属性，允许符合条件的宅基地在村集体经济组织间流转，先后有21宗宅基地实现了跨村流转。

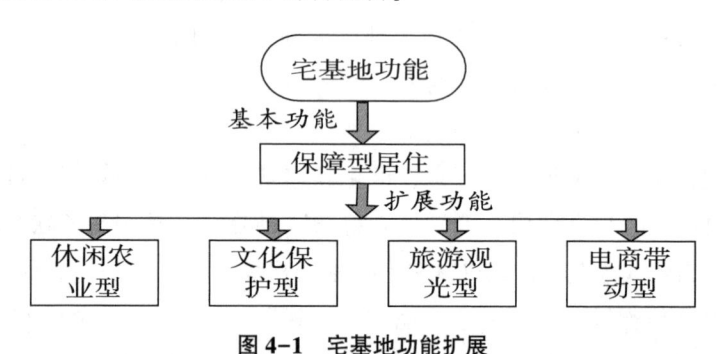

图4-1 宅基地功能扩展

资料来源：作者整理

推动建设资金从"村级自筹"向"多元投入"转变。一是政府主导。市财政每年投入1.7亿元，用于旧村改造和村民退出宅基地补偿。二是村企合作，出台"百企联百村、共建新农村"专项扶持政策。全市63个村（社区）与107家企业结对共建，合作意向资金达9.5亿元。三是引入侨资。动员海外乡贤，共同参与旧村改造，已筹集资金3.5亿元。安海镇溪边自然村的华侨许健康先生，通过中央统战部定向捐资1亿元支持家乡旧村改造。四是公司运营。全市有 72 个村创办村级投资公司，负责运作旧村改造等项目，注册资金累计达 2.6 亿元。

推动农村住宅建设从"规范管理"向"精细治理"转变。一是完善政策配套。把强化土地要素支撑纳入宅基地改革的重要范畴，从政策层面明确节约集约用地导向，先后出台《晋江市农村宅基地与村民住宅建设管理暂行规定》《晋江市人民政府办公室关于做好宅基地使用权转让工作的通知》等多份改革配套文件，形成完备的政策配套体系。二是实行全面监控。建立全省首个村级宅基地信息管理中心，依托空间数字化技术对规划、地类进行精准核对，实现对村庄监控全覆盖，提高空间布局决策科学化；开发出全省首个宅基地审批系统，实现网上审批，通过实行家庭全员实名制，有效杜绝了"一户多宅"等现象。三是下放审批权限。将审批权限下放到镇一级，授权镇级政府对村民申请材料、用地情况进行预审查，截至 2019 年 7 月底，已完成宅基地镇级审批 391 宗。四是建立地价体系。编制全省首个农村集体土地（宅基地）基准地价，为宅基地抵押、流转、有偿使用提供价值评估及重要参考依据。

## 二、宅基地流转具体情况

### （一）从流转数量上看

通过实地调查和访谈，泉州市农村宅基地流转具有一定范围的群体性和一定程度的公开性特征。被调查的 10 个区县市，每个地方都存在宅基地流转现象。1822 份有效问卷中，发生宅基地流转的达 664 份，占总户数的 36.44%，宅基地流转已不再是"暗流"。在泉州一些城郊区的社区，农村宅基地流转更为突出。如惠安县、晋江市等城郊农村，最为普遍的流转形式是宅基地出租，村民将闲置的房屋部分或整体出租，承租人一般以居住为主。惠安县黄塘镇黄塘村、晋江市陈埭镇湖中村分别有 15% 和 20% 的农房被外来人口租住，晋江市英林镇工业区旁钞井村农房出租率为 12%。由于传统风俗的制约，泉州市农村住房很少进行买卖，其发生的交易仅限于宅基地，一是同一村内成员之间的买卖，很多村以姓氏集聚，宗族意识较强，村民不喜欢外村人迁入，因此宅基地流转主要以村内成员为主。在晋江某地通过调研发现某村近 10 年间共发生宅基地交易 20 次，平均价格为 500 元/平方米，转让后主要用于居住。

二是非本村成员购买，这类情况发生在经济发达的区域。在乡镇企业发达的陈埭镇、南安市的水头镇、石狮市的灵秀镇、惠安县的东岭镇等个别地方出现宅基地买卖，主要是建厂房办工厂，价格为近20万/亩。三是村集体经济组织在村民自愿的情况下，进行旧村改造，拆除原有的危房、旧房，再实施整治等，如南安市实施旧村复垦，整治偏远、闲置旧宅基地，实现宅基地退出，眉山乡2011年以来以立项上报390亩复垦项目，完成验收250亩，140亩未验收（见表4-4）。

表4-4 南安市眉山乡复垦任务及完成情况

| 序号 | 村名 | 总目标（亩） | 第一期（亩） | 第二期（亩） | 第三期申报面积（亩） | 完成率（%） |
|---|---|---|---|---|---|---|
| 1 | 南湖村 | 11 | 11.6502 | 2.19 | 2.82 | 151.46 |
| 2 | 三凌村 | 10 | 1.6783 | 2.59 | 6.89 | 111.58 |
| 3 | 小眉村 | 47 | 1.2302 | 6.53 | 27.48 | 74.98 |
| 4 | 外寨村 | 22 | 2.9326 | 7.09 | 3.37 | 60388 |
| 5 | 观音村 | 17 | 1.1387 | 6.32 | 2 | 55.64 |
| 6 | 观山村 | 27 | 6.0473 | 6.62 | 2.24 | 55.21 |
| 7 | 前进村 | 17 | 0.4733 | 6.53 | 2.1 | 53.55 |
| 8 | 山后村 | 14 | 0.8906 | 1.01 | 5.29 | 51.36 |
| 9 | 田内村 | 28 | 2.4278 | 3.7 | 4.36 | 37.46 |
| 10 | 太山村 | 21 | 2.9065 | 0.71 | 2.63 | 29.75 |
| 11 | 高田村 | 37 | 2.0559 | 5.09 | 3.44 | 28.61 |
| 12 | 天山村 | 64 | 9.2548 | 4.32 | 4.15 | 27.7 |
| 13 | 大眉村 | 33 | 0.4762 | 0 | 6.36 | 20.72 |
| 合计 |  | 348 | 43.1624 | 52.7 | 73.13 | 58.38（平均值） |

资料来源：南安市自然资源局，数据截止：2011年—2016年

### （二）从流转形式上看

宅基地流转是宅基地使用权的流转，是农村集体经济组织的成员在集体所有的土地上依法建造和维修村民自己个人住宅、庭院及宅前或宅后种植竹木等而对该拥有的土地进行占有、使用、收益的权利在同一集体经济组织中进行交易等行为，以获取相应的经济收益。农村宅基地流转方面，研究区泉州市具有多样性和灵活性。通过对该市调查数据显示，以出租房

屋方式流转宅基地的占41.25%，以联合开发宅基地方式流转的占25.14%，以出售房屋同时转让宅基地的占12.23%，以宅基地互换、转让、征收等方式流转的约占16.35%（见图4-2）。以出租房屋方式流转宅基地比例最高，究其原因，除实际居住的供求关系影响外，主要是城镇居民购买农民房屋后因宅基地流转政策限制，办不了房地产权证，购房者没有合法的产权保障，促使一些人只能租住别人的农房，实现宅基地流转。在泉州一些地方，农民也会到市区、镇区打工，但是他们也很少会直接进行宅基地转让等。对于拥有宅基地的农民来讲，有宅基地就有了一个安身立命之所，即使去了城里工作，但老了还是要叶落归根的，再加上城里的房价如日中天，生活压力太大，自己如果将宅基地转让了出去，在住房、生活开支、社会保险、孩子教育等这些方面都没有比较完善的解决措施，使农民产生了不敢流转的心理，因此只能将宅基地出租等。

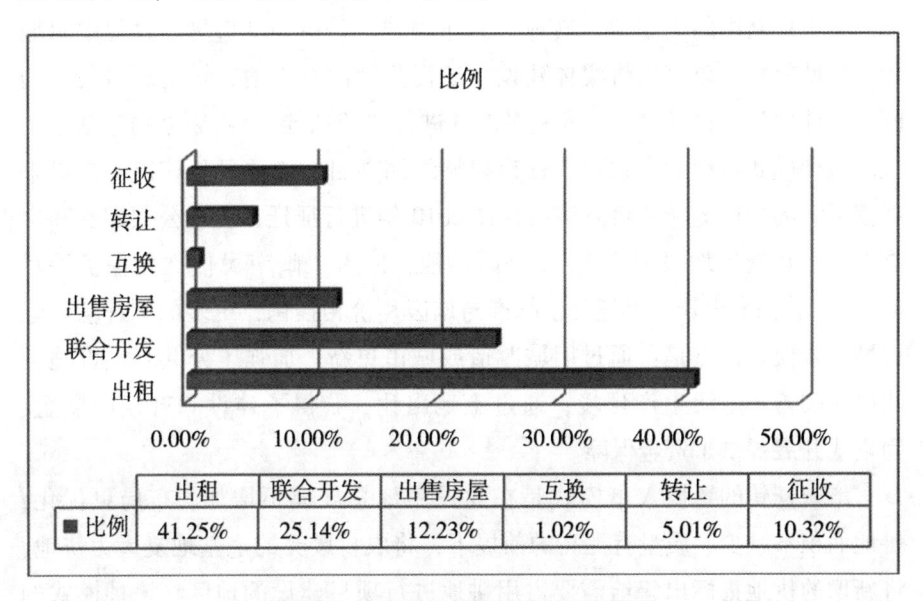

| | 出租 | 联合开发 | 出售房屋 | 互换 | 转让 | 征收 |
|---|---|---|---|---|---|---|
| 比例 | 41.25% | 25.14% | 12.23% | 1.02% | 5.01% | 10.32% |

图4-2 泉州市宅基地流转形式及比重

数据来源：作者调查整理

### （三）从区域分布来看

从社会经济发展角度来看，社会经济发达的地区，其宅基地流转形式偏向于出租、征收、联合开发等形式，如晋江市、南安市、惠安县、洛江区等，这些区县市由于第二产业的发展，闲置的宅基地用于出租，或被城镇化，其宅基地被征收或征用；而在欠发达地区，其宅基地流转形式偏向于旧村整治，安置在新的地方，也就是转让形式，如德化县、永春县等。再从城郊与远郊来看，城郊受到城市或城镇的辐射作用，其社会服务或社会保障等方面优于远郊，加上城郊征用或征收土地现象比较多，进入市区或镇区方便，因此城郊农村宅基地流转的程度和规模、活跃性比远郊更为明显，也偏向于出租、联合开发、征收/征用等，其宅基地使用面积较为严格；而远郊地区较多用于旧村拆除、复垦为耕地等，直接由农民转让给集体经济组织，在宅基地使用面积方面他们较为宽松。

（四）流转典型模式

泉州市农村宅基地流转过程中形成了城市更新中的宅基地"转权"入市模式、增减挂钩的置换入市模式、美丽乡村的内部流转模式、住房财产抵押的转让模式。

城市更新中的宅基地"转权"入市模式，是指在城市更新过程中对城中村、城郊村，政府先将集体建设用地征收为国有土地，转变原村集体的所有权性质后，再通过土地的一级市场进行"招拍挂"，将原来的宅基地出让。这种模式典型的实践是晋江市梅岭组团项目。该项目是该市有史以来规模最大的城市更新项目。该项目在2010年进行征迁，注重公共配套和文物保护，在繁华地段划出近14公顷用地，作为"闽南民俗文化保护展示区"，而后拍卖出让，拆迁补偿标准与该区片价相挂钩，更多的则补偿给老百姓。该模式优点是：通过旧城改造或城市更新，加强了公共基础设施的建设，改善了生活生产环境；通过土地出让，获得了建设和补偿的资金，为模式开展提供了资金保障。

增减挂钩的置换入市模式是在建设用地总规模不增加、布局更优化，耕地面积不减少、质量有提高的前提下，将农村废弃的宅基地复垦为耕地，将新增的耕地指标出售给需要占用耕地进行项目建设的地区。该种模式的实践地是德化县。德化县推行"小县城大城关"战略，农村人口大量聚集城区，农村宅基地闲置现象比较严重，该县借着"全省农村土地整治试点县"的东风，开展旧村庄改造，在征得宅基地使用权人和乡镇、行政村的同意后，对废弃和低效利用的农村宅基地进行复垦，并按照13万元/亩的标准进行补助，而在城区安排一套90平方米的限价房，以每平方米比市场价低1000元左右的价格出售给他们。通过该种模式，德化县从2010年到2014

年共复垦耕地3484.74亩，余出3426.7545亩耕地指标对外转让，实现了宅基地退出，耕地面积总量不变。该种模式特点是：将原有分散、闲置的农村宅基地拆除并复垦为耕地，通过增减挂钩方式，促使城市反哺农村，促进了农村发展；积极引导农村搬迁到集中区域居住，节约了用地，提高了土地使用效益。

表4-5 泉州市涉及增减挂钩的县（市、区）指标交易情况

| 区县市 | 经省厅核定可交易指标（亩） | 交易指标（亩） | 交易金额（亿元） |
| --- | --- | --- | --- |
| 德化县 | 3485 | 3473 | 9.52 |
| 永春县 | 3655 | 3598 | 8.37 |
| 安溪县 | 2367 | 2266 | 6.2 |
| 泉港区 | 1165 | 930 | 2.8 |
| 南安市 | 1162 | 738 | 1.26 |
| 惠安县 | 35 | 35 | 0.105 |
| 合计 | 11869 | 11039 | 28.24 |

资料来源：泉州市自然资源局，数据截止：2010年—2018年

美丽乡村的内部流转模式是在美丽乡村或新农村建设背景下，在地方政府的指导和帮助下，村委将原本分散且破旧的多户宅基地拆除，并统一集中规划建设。该模式实践地是晋江市东石镇梅塘村，全村面积1.32平方千米，村民520户，人口1887人，房屋破旧且分布散乱，公共基础设施严重缺乏。在美丽乡村建设过程中，全村拆掉破旧房屋170座，建筑面积达5.5万平方米，盘活建设用地2.8万平方米，全村重新集中建成24套并联式安置房、40座别墅型新楼、78座花园公厕等公共服务设施。该模式的优点是：通过新农村或美丽乡村建设，将分散在各处的农村宅基地重新整合，集中建设房屋，改善了村民的人居环境，实现了土地的节约集约利用。住房财产抵押的转让模式，是在城镇化进程加快过程中，位于城郊的农村宅基地其价值与城镇住宅的价值相差无几，且被金融机构普遍认可，农村宅基地权属明确，没有其他问题，农民将宅基地进行抵押，获得相应资金。该种模式的实践地在石狮市和晋江市。从2016年4月开始试点

工作以来，不到两个月时间，石狮市就已累计办理农村宅基地抵押贷款10余宗，扩大了农村村民的融资渠道，也使得原本废弃的农村宅基地资产价值得到了应有的体现。该模式的优点有：宅基地的确权明晰，金融机构积极配合，将有价值的宅基地进行抵押，实现宅基地的流转抵押。

# 第五章　农村宅基地流转中的农民需求分析

## 第一节　农村宅基地流转需求的设计

### 一、农村宅基地流转需求调查目的

以不同特征的泉州市农民对宅基地流转在需求上的差异进行调研，了解和掌握不同类型的农民对宅基地流转需求的不同，包括对宅基地政策的知晓、对宅基地流转状况、对宅基地流转的需求倾向和优先次序需求等内容，以达到对农民在宅基地流转中表现的需求偏好现状和规律进行探索性调研和试探性研究，从而建立农民需求偏好统计数据调查数据库，并利用这些数据反映泉州农民对于宅基地流转需求偏好的实际情况，得出贴近农村实际和农民真实需求的研究结论，为进一步研究打下基础。

### 二、调研方案设计

本调查研究从社会学角度出发，从农民对于农村宅基地流转的认识和需求特征出发展开。具体的抽样方案详见第六章第一节以调查数据来源与特征分析为基础，以泉州市农村为调查地点，采用问卷和深度访谈形式展开研究。对获取的资料进行分析，剖析不同类型农民对于宅基地建设的理解和需求，从而掌握泉州市农民对于宅基地流转研究具有的理论意义及实践指导价值的研究结论。

结合第六章调研方案和进行调研的情况，本书通过调研共回收有效问卷1822份。调查样本的基本特征涉及人口方面的特征和未流转、参与流转两部分情况。人口方面的特征主要有样本的性别、年龄、受教育程度、婚姻状况、家庭规模、家庭年收入、家庭从业类型等；未流转农民宅基地情况，如获取宅基地时间、面积、原住房房龄、建筑面积、房屋间数；参与流转农民宅基地情况，如流转宅基地时间、面积、地上住房是否流转、地上住房面积、流转费用等。

## 第二节 农村宅基地的多元性需求分析

### 一、理论分析

#### （一）农民对宅基地的需求视角分析

截至 2020 年第二季度，我国有 51.7 万个村委会、11.1 万个社区，总计 62.8 万个社区、村级单位[①]。2020 年泉州市社区居委会 473 个，村委会 2055 个，合计 2528 个社区、村级单位[②]。在这些村庄中，由于性别差异、文化程度不一、年龄不同、从事职业各样，农民在实践活动中，对于宅基地流转的认知和理解会产生巨大的差异性，这种差异性就会形成由需要而产生的要求，即对于宅基地流转的欲望和需求能力，也即宅基地流转的多元性需求。

土地是农业生产、农村发展、农民生存最基本的生产资料和空间，也是农民生计安全最基本的来源。从总体来看，农民对于宅基地的需求，最基本功能是居住保障利益，其次是获取经济利益，再次是社会利益，最后是政治利益（图 5-1）。

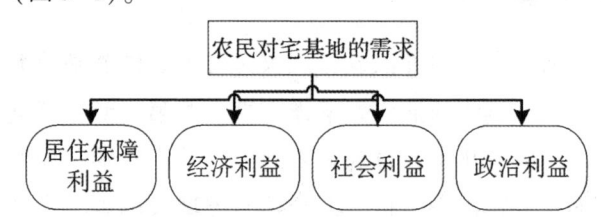

图 5-1 农民对宅基地的具体需求

资料来源：作者整理

---

[①] 数据来源：中国民政部 2020 年 2 季度民政统计数据 http://www.mca.gov.cn/article/sj/tjjb/qgsj/2020/2020083102001.html.

[②] 数据来源：泉州统计年鉴 2020 年。

第一,居住保障利益。

根据我国相关法律规定,每个集体经济组织成员都有资格无偿获得宅基地。农民获得宅基地来建造居住用房及附属设施,其具有一定的社会福利性质。集体经济组织,如村民小组或村民委员会等,保障每个成员获得宅基地,从而保障其基本的生存条件和居住条件。集体经济组织成员由于其身份自然拥有宅基地居住保障权利,农民就有对于宅基地的居住保障利益诉求。从权属来看,在2018年中央一号文件中提出宅基地"三权分置",即宅基地所有权、资格权和使用权。宅基地所负载的农民居住保障利益就是依靠农民这一天然的身份性而获得,这种获得是宅基地使用权;从另一方面来看,这种宅基地权利就是集体经济组织成员权与农村集体所有土地的结合,使得农村宅基地使用权制度发挥着对农民的居住保障的作用,具有一定的社会保障功能,也就形成了农民通过宅基地实现居住保障权利,从而引申出农民对于宅基地的居住保障利益。

农民对于宅基地居住保障利益,主要通过集体土地和自建房屋两个方面来体现,具体来说,一是农村集体所有的土地,即宅基地是归集体所有,这也是基础;二是房屋自建,也就是在集体所有的土地上建造农民自己的住房,自己规划、自己建造、自己维护等。通过土地集体所有形成类似土地配给方式与住房自己建造有机整合,保障农民对于宅基地居住权利,实现农民对于宅基地的住房保障利益。现代社会中,住宅政策或住房制度已成为一项重要的、关乎民生的社会政策,在不同社会制度下形成不同的住房或住宅政策。日本住房问题专家西川龟治将世界各地住房政策模式归纳为:葡萄牙和日本的市场放任型、美国和德国的市场操作型、英国和北欧国家的财政主导型等[1];世界各国解决住房的途径大致为以下四种:一是为解决低收入者住房问题,政府直接投资兴建的房屋,让低收入者租住;二是为解决公民住房问题,国家统一建房,房屋有明确标准,按需分配;三是为激励私人买房或者建房,政府采取补贴或抵押、低息贷款等方式;四是政府制定各种优惠政策,以鼓励公民合作建房或买房。而我国对农民同样要体现社会主义性质的住房政策,社会性质和国家制度选择了土地集体供应的宅基地制度与农民房产自建形式,实现农民的居住保障利益。

---

[1] 西川龟治. 欧美住宅政策 [M]. 东京:京都三一书房,1965.

农民对于宅基地的居住保障利益诉求，也正是宅基地制度形成过程中逐步塑造成资格准入、依法申请与批准取得地基、公平分配、使用上的限制四种特征。

资格准入。《土地管理法》关于"一户一宅"，明确规定了宅基地的法定主体是以"户"为家庭单位申请，这个"户"是以家庭为单位的户主，是属于该集体经济组织的成员。这是宅基地获得的首要条件。

依法申请与批准取得地基。《土地管理法》第62条第3款规定："农村村民住宅用地，经乡（镇）人民政府审核，由县级人民政府批准；其中涉及占用农用地的，依照本法第44条的规定办理审批手续。"《土地管理法》第44条规定："建设占用土地，涉及农用地转为建设用地的，应当办理农用地专用审批手续。"这是第一次由法律明确规定农民宅基地的申请与批准的法律依据。宅基地依法申请与批准取得保障了农民的宅基地合法合规。

公平分配。《土地管理法》第62条第1款规定："农村村民一户只能拥有一处宅基地，其宅基地的面积不得超过省、自治区、直辖市规定的标准。"宅基地的大小根据不同区域，其面积不一样，这也符合政策精神和各地社会习惯，总体上确保村民能公平拥有宅基地。《土地管理法》第63条第4款规定："农村村民出卖、出租住房后，再申请宅基地的，不予批准。"这也从侧面反映了农民对于宅基地具有一定的分配属性。

使用上的限制。农民宅基地的取得有两种途径，一种是通过继承老宅所有权和住宅之下的集体所有的土地得到，另一种是因结婚分户等原因的分门立户通过申请获得批准的新的宅基地。对于宅基地，包括老宅祖屋，其用途一定是用来居住，不能他用。尤其是申请批准的地基，只能在其之上盖房建院，建成与其他村民大致相仿的农村居屋。"以居住保障理念与规则产生的宅基地使用权，有其严格的标准和界限，包括'农家乐'用地在内的不符合上述保障条件的用地，就不能以无偿方式取得和以该环节的法律规则取得。"农民宅基地的申请取得，不用交税费，基本上属于无偿取得。由此，在法律或相关地方规定上，更加明确要求其使用上的限制，通过申请程序获得的宅基地必须要在一定的时期内用来建筑房屋，如果当事人获得的土地长期没有建房，可能其地基将被集体经济组织收回。从一个方面来看，这就限制了宅基地只能用于农民的住房，基本不能从事其他无关的用途。

第二，经济利益。

宅基地是广大农民最重要的财产。社科院发布的农村绿皮书《中国农村经济形势分析与预测（2018—2019）》显示，天津所在的东部地区宅基地闲置率约13.5%。据部分村的调查，闲置率可达20%—30%。目前在我国一些农村，宅基地闲置率不仅较高，而且利用方式相对简单，收益较低。如主要用于房屋出租，租金一般为500—1200元/年，或有价无市，只能空置，有人称为"端着金碗要饭吃"。2020年4月9日，《中共中央国务院关于构建更加完善的要素市场化配置体制机制的意见》提出："深化农村宅基地制度改革试点，深入推进建设用地整理，完善城乡建设用地增减挂钩政策，为乡村振兴和城乡融合发展提供土地要素保障。"这为闲置宅基地的盘活利用奠定了政策依据。上海市奉贤区试点探索农村土地股份制改革，探索农村宅基地流转，在确保农民"离地不失地、离房不失房"的前提下，提出并实现了宅基地权益资产化、股权化和市场化，通过宅基地使用权的流转以实现产业引进、建造田园综合体、引入主题民宿、文化创意等多元化经营形式，为解决农村宅基地闲置问题探索出一条有效路径，也正在成为上海探索乡村振兴的新途径。

对于农民闲置的宅基地，可以进行依法依规流转、投资入股、抵押贷款、有偿永久退出，从而实现宝贵的土地资源盘活利用，可以提高农民收入，使得农民获得经济利益，这也是农民对宅基地的经济利益的需求（图5-2）。

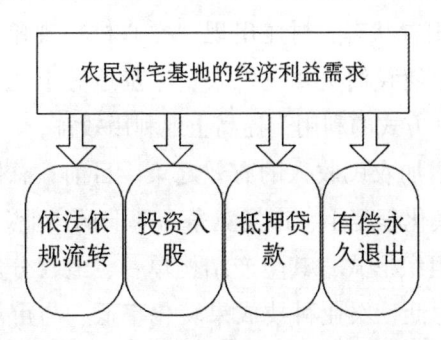

**图5-2　农民对宅基地的经济利益需求**

资料来源：作者整理

依法依规流转。宅基地的所有权归村集体，但资格权和使用权掌握在农民手中。虽然不允许宅基地私下交易，但可以将宅基地使用权出租给他人，这样农民将闲置的房屋、场地、库房等不动产资源出租给他人能获得一定的收益，实现土地资源的价值。土地流转符合市场经济发展的客观要求，对于宅基地也是如此。在市场经济条件下，土地作为一种稀缺资源和必备要素，必须实现充分自由流动，只有通过市场机制配置，土地资源才能发挥其最大的效率。优化稀有资源配置的主要途径是通过市场来流通转让。只有农村土地承包经营权能够顺畅地流转，才能有效地配置资源，实现生产要素的有效组合。如果我国要发展中国特色农业，促进农业的现代化，就要逐步加快土地流转速度，以促进农业产业升级和提高集约化经营水平，提高土地资源的市场配置效率和规模经济收益率。

土地流转是建设现代农业的必由之路。当前，我国农业正处于传统农业向现代农业转变的关键时期。推进农村向和谐社会发展，首先要解放和发展农村生产力，建设现代农业。建设现代农业的过程，就是转变农业生产方式、经营方式，就是要打破小农经济下的一家一户小规模耕种的模式，积极进行规模化种植，提高劳动生产率和农业综合生产能力的过程。因此建设现代农业的前提是有规模。没有土地流转，无法实现规模生产，也不会产生规模效应；没有经营的集约化，也就没有现代化。各国农业生产的经验证明，没有农业生产的机械化、专业化和规模化，土地的规模经营将无法实现。所以，加快农村土地使用权合理流转，是实现农业现代化的必然选择。目前是我国城镇化快速发展的时期，大部分年轻人进城工作，很多农村宅基地处于闲置状态，村庄出现"空心村"现象，导致农村土地利用效益低下，这就迫使我们更要重视农村宅基地等土地资源的流转，积极引导宅基地进行各种方式的利用，提高土地利用效益。

宅基地流转是增加农民收入的有效之策。目前，总体上来说，农业仍然是效益低下、规模化程度小、市场竞争力薄弱的产业。在我国很多地方，以一家一户为生产组织形式，其生产结构单一、经营分散、农产品的科技含量低、抗风险能力低、农业科技成果转化率低、与市场信息不对称，这些严重影响着农村市场化的进程，阻碍了工业和城镇化发展，严重滞后于城镇化进程。严峻的现实表明，如果不解决土地分散经营这个根本问题，不掌握农村土地流转这个根本途径，农民增收将会是空话。只有加快农村土地流转，才能提升农业产业化水平，才能有效配置土地资源，增加农民的收入。

推进农村宅基地流转,关键是在依法、自愿、补偿原则指导下逐步规范,然后逐步扩大流转规模,不断丰富流转形式,对农村经济社会发展的促进作用日益明显,对提高农民收入、提高农村土地的经济效益和社会效益有很好的作用。通过宅基地流转,一方面,农民可以自愿且及时流转闲置的宅基地;另一方面,一些想经营、有能力扩大经营规模的个人和组织可以及时获得相应的土地,从而解决了宅基地荒废闲置与想盘活利用资源的人没有地的人地矛盾,为农村土地资源的充分利用创造了有利条件,实现了农村劳动力转移和农民增收的双赢局面。中国农村人多地少,虽然劳动力资源丰富,但土地有限,收入增长空间不大。土地流转不仅可以把农民从土地中解放出来,摆脱土地的桎梏,从事更有效率的工作,而且可以保护农民的土地承包权益,减轻农民工、商人经营土地的压力,解除农民离土离乡的后顾之忧。有技术、有智慧、善于管理的农民摆脱土地的束缚,外出务工或创业,也有利于促进农业产业化发展。另外,从宅基地的角度看,很多宅基地闲置,农村被掏空。通过宅基地流转,有利于有实力、有管理经验的经营主体盘活农村土地资源,按照市场导向建设规模化的农村实体或基地,形成"公司+农户"的有机整体。农民可以转让闲置宅基地的经营权,通过科学管理,有利于实现农业集约化和产业化,有利于分散土地的集中管理,有利于乡村旅游、民宿和农业生态园的建设,从而促进新农村产业链的形成,产生更大的经济效益和社会效益。农民可以通过宅基地经营权的流转获得收益和分红,宅基地经营权流转的收益可以成为农民财产性收入的来源之一。此外,一些农民可以在农村合作社工作,并获得另一份工资。宅基地经营权流转促进了土地资源的整合利用,避免了农民工土地的闲置,在推进农业大规模产业化的同时,有效保护了农民利益,实现了双赢。与现代农业相比,小农经济的效益较差。通过宅基地流转实现规模化经营,通过转移闲置宅基地,带动农民致富,夯实农业产业化基础,提高农业产业化经营水平,提高土地资源利用效率。农村宅基地依法合理流转,可以使宝贵的土地资源得到有效利用,最大限度地提高土地利用效率,加快农村小康进程。

投资入股。为了搞活农村经济,我国现在还放开了对农村宅基地使用范围的限制。农民可以依法独立使用宅基地,通过合作经营或者委托经营等方式获得一定的收益,虽然不能进行交易,但可以以股份的形式或者以独立经营的形式牟利，如发展一些农家乐、民宿、乡村旅游等项目，可以从中获得利益或者股份，增加一定的收入。

目前，我国农村宅基地正在如火如荼地进行改革，在改革过程中，主流观点是明确农村宅基地的产权性，通过宅基地确权进而合理确认和评估农村宅基地的价值，从而保障转让宅基地农民的合理权益，以推动农村产权制度改革的进程，推动农村经济的发展。2018年中央提出实施宅基地"三权分置"改革，要求："落实宅基地集体所有权，保障宅基地农户资格权和农民房屋财产权，适度放活宅基地和农民房屋使用权。"政策的出台为实现宅基地流转，激活宅基地的财产功能提供了指引性思路。对依法流转取得闲置宅基地和农村住房使用权，用于发展乡村旅游、农村健康养老等"农村住房+"产业的经营者，政府相关部门发放闲置宅基地和农村住房使用经营许可证。积极引导农民利用闲置住房发展"农房+"产业，如特色产业基地、主题创意农园、休闲农业精品线路等，引导工商资本、各类社会组织和农村先贤参与村集体、农民宅基地和农村住房闲置资源资产的开发建设与利用。宅基地和房屋使用权应当适当放开，在保证"户有其屋"、符合规划和使用规定的前提下，遵循自愿、有偿的原则，在确保农民的宅基地权属和村集体经济组织成员权的前提下，在一定范围和条件下可以通过租赁、合作、股份制等合法方式对宅基地和农村住房使用权转让和经营。鼓励村集体通过回购、债权人委托经营、折价入股等方式，积极参与农村闲置房屋的振兴。鼓励农村存在较多闲置房屋地区进行开发经营。鼓励村集体组织对依法登记的闲置集体经营性建设用地采取租赁、出租等方式进行盘活，增加村集体经济收入。

目前，一些政府部门也对于宅基地进行引导，通过建立激励机制将农民宅基地经济利益最大化。各级政府应加大对闲置宅基地和农村住房的振兴和利用的财政支持。根据闲置农村住房的数量和实际结果，对于利用闲置农村住房发展"农村住房+"产业的人，应当在现代农业发展专项资金中安排一定的资金，以补贴投资者。如果村集体组织利用闲置的农村房屋实施村集体经济发展项目，应当在村集体经济发展项目的奖励和补助资金中安排一定数额的资金。有关部门将优先安排项目，并奖励那些利用闲置的宅基地和农村住房开发"农村住房+"和其他新型商业项目的人。要优先抓好基础设施建设，建设和完善农村公共设施，增强公共服务功能，提高公共服务水平。此外，一些地方应奖励在利用闲置的农村宅基地和农村住房发展新的农村产业和新的商业形式方面取得显著成就的村民集体。

抵押贷款。缺资金是农民不愿也不敢进行创业的一个重要原因，过去农民想获得一定的银行贷款的支持非常困难，必须要有相应的抵押物，但是农民朋友们往往没有东西可以抵押，因而农民的发展常常受制于资金的限制，但是有了宅基地产权证书，农民就可以用合法的宅基地进行相应的抵押贷款，通过将宅基地抵押贷款，可以进行相关经营，这也为一些想创业的农民提供了便利。相关机构也在对农民宅基地的经济利益获取方面进行了金融支持。金融机构积极开展闲置宅基地及农民房屋使用权抵押贷款业务，为村集体组织、渔农等主体提供更多更优惠、更便利的融资、授信和增加信贷服务，为这些主体提供金融支持。在农村探索建立抵押闲置宅基地及农房使用权处置机制、贷款风险分担机制、补偿机制，防范控制金融风险，着力提高支持闲置宅基地及农房盘活所需信贷资金的可获得性、可持续性。

有偿永久退出。现在，我国已经在一些地方启动了宅基地有偿永久退出试点，将来一旦全面实施，可以让很多人从中获得收益，尤其是对于那些常年在外打工或者移民定居他处他乡，宅基地长期闲置或者没有在农村生活过的人来说，也可以有偿永久退出土地，这样不仅可以得到一定的经济补偿，而且可以充分利用闲置的宅基地资源。

综上所述，农民可以通过流转、投资、抵押、退出等多种方式实现对宅基地的充分利用，使农村土地的价值得到真正体现，这不仅有利于发展，而且通过农村将闲置宅基地进行多种方式处理，农民可以获得红利，这也是农民对于宅基地的经济利益的追求和需求。

第三，社会利益。

住房问题既是社会民生问题，也是经济发展问题，关系千家万户的基本生活保障，关系经济社会发展全局，关系社会和谐稳定。从世界范围来看，福利先进的住房政策有瑞典、荷兰、比利时和法国等国家，福利落后的住房政策有加拿大和瑞士等国家。我国农村的宅基地政策是集体经济组织成员使用权与土地的结合，这使得农村宅基地使用权制度发挥着一定的社会保障功能。这种宅基地使用权关系着农民的生存权，生存权又是发展权的重要前提与基础，根据以人为本的法律原则，生存权应该和必须作为立法的根本目的，贯穿于具体的法律制度和规范中。土地历来是各种资源中最受人重视、最为稀缺和最紧张的自然资源，基于此，在现代社会中，各国都对土地进行调节和分配，以保障民众的基本生存权，以实现和满足社会整体生存和发展的各种需要，这就是社会利益，或社会整体利益或公众利益。经过多年演变，我国的农村宅基地制度根本宗旨都是为了实现"居者有其屋"，是社会进行生产和再生产的条件，也是社会主义性质的体现，保障着社会安全和发展。在物权法等相关的法律和规定方面，设计了农村宅基地制度以完全实现保障公民，特别是农民的生存需求的目标，并以此作为立法的宗旨。因此，我国的农村宅基地具有重要的社会保障功能，这种保障功能充分体现了社会利益，其所保障的是公民最基本的生活需要，也保障了农民的基本居住需求，体现了基本人权之一。

在实践过程中，农村宅基地使用权制度具有明显的社会保障特征，这种特征，也即是宅基地制度具有的社会利益属性，因此农民对于宅基地的使用，也是对社会利益的一种需求，这种社会利益是一定时空范围内的社会全体成员，在一定社会物质生活条件下，基于一定的社会目标而对诸种社会要素和社会状态的共同需要所体现的利益形态。由于宅基地具有社会保障功能，这种保障功能也是一种具体的社会利益，其主要体现为：一是身份性。在我国，只有集体经济组织内部成员才能拥有对农村宅基地的使用权，凡是不属于集体经济组织成员的，都没有资格享用集体土地使用权，这无疑确保了稀缺的集体建设用地使用的合法性。在我国，相关的法律明确规定了农村宅基地按照以"户"为单位的家庭进行分配，这就相当于实行平均分配原则，分配的面积是由各地制度和办法明确规定的数额，使用的期限是无期的，充分体现了农村宅基地使用权社会保障功能，保障着农民的居住权，这就是社会利益的具体体现。我国规定农村宅基地"一户一宅"，这就限制了宅基地资源违规多占现象的发生，保障了其他农户的平等居住权，也保障了后代居民的生存利益和居住权，保证了农村宅基地只能在本集体组织成员之间进行调剂，确保本集体经济组织成员的居住权长远有保障，这就是一种社会利益的体现。如果不这样的话，城镇居民可以去农村购买宅基地，就有可能使集体经济组织分配的土地面积减少，而如果将农村土地流转给城镇居民，就有可能使没有土地的农民以土地市场价格购买土地，而农民在土地市场上的购买力很难与城市居民竞争，这也就保障了农民的利益，这也是农民对于宅基地的一种社会利益需求。二是均等性。在我国,《土地管理法》规定,农户只能是"一户一宅",且严格规定了每户所拥有的宅基地面积。这是一种平均主义的思想,保障了每个农民对集体土地的平等享有权,任何人都不具有特权,也不得多占或多用集体土地,这是典型的社会福利属性,也是社会利益。庞德(Roscore Pound, 1870—1964)的《通过法律的社会控制:法律的任务》认为:社会利益包括应受一般保障的社会利益,如和平与秩序的要求、一般安全、健康状态、占有物的保障等,因此这种均等性体现了社会利益。三是无偿性。根据我国法律相关规定,凡是集体经济组织成员,符合法定条件的,只需要通过"申请",办理相关手续,即可取得宅基地使用权,在办理过程中无须支付任何费用。这本质上是为了保障农民的居住权,是典型的组织共同体的若干成员的利益总和。

另外,我国实行的农民无偿拥有一定面积的宅基地,实质是国家对农民的一种补偿形式。由于社会发展和国情原因等,在传统制度下,城镇居民享受就业、教育、医疗、住房、福利、社会保障甚至部分商品供应等一系列社会福利,而农民除了享受土地生产资料外,还享受其他社会福利,农民在土地上的收获与付出的劳动努力和城市居民获得的是不成比例的。此外,根据土地改革法,获得的生产资料被无偿交给公众。因此,将宅基地无偿、无限制地出让给农民使用,即集体所有制,是实现社会平衡、减轻农民负担的一种措施,也是实现社会利益的一种形式。

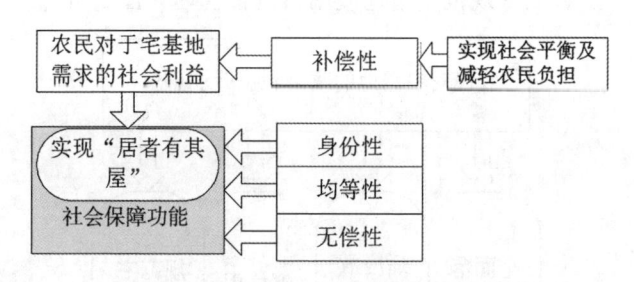

图5-3 农民对于宅基地的社会利益需求

资料来源:作者整理

第四,政治利益。

随着社会发展及改革的深入进行,我国人们的经济利益和政治利益趋向于复杂化和多元化。我国农民人数众多,且长期处于弱势地位,农村发展还比较落后，保障农民安居乐业是国家稳定的重要基础，因此，在农村建设和发展过程中，我国将取得的宅基地无偿提供给农民并允许农民拥有住房，这是农村继续承担国家发展的稳定器和蓄水池，这对于我国的政治稳定和社会长治久安大有益处。从农民宅基地使用权规定方面来看，也体现了农民对于宅基地的某种政治利益。我国《土地管理法》关于宅基地使用权初始取得的规定，明确宅基地使用权初始取得的行为主体只能是"农村村民"，许多地方性法规，如《广东省实施〈中华人民共和国土地管理法〉》等，都规定只有本集体经济组织的农民才能申请宅基地。因为农村宅基地与集体经济组织成员的权益密切相关，也就是说，农民可以申请宅基地，很大程度上是因为农民是农村集体经济组织的成员，农村集体成员有权以农民的名义申请宅基地，而土地的有限性决定了集体经济组织以外的人不能申请宅基地。因此，宅基地通常与会员有关。农村宅基地具有一定的福利性质，主要体现在农民可以免费或廉价获得宅基地，无须固定使用期限，获得基本生活条件，这也是农村居民相对于城镇居民享有的最低福利。因为提供了宅基地，农村居民享有基本的生活条件，从而维护了农村社会的稳定，在政治上维护了国家稳定和安全。

在社会发展过程中，农民对于宅基地使用权的政治诉求多元化，体现在全面落实宅基地集体所有权、适度放活宅基地及房屋使用权、严格宅基地等用途和改造管制、规范宅基地使用权流转管理（图5-4）。

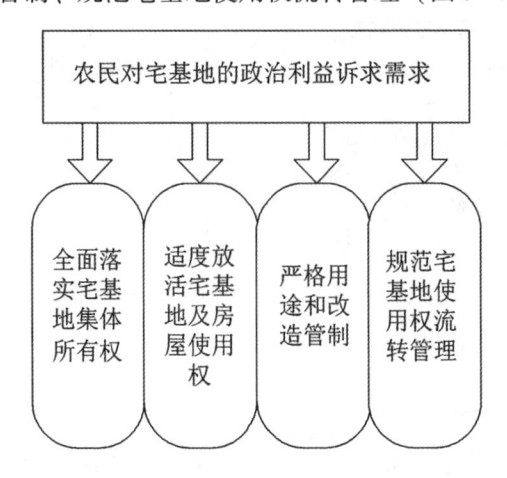

图5-4 农民对于宅基地的政治利益诉求需求

资料来源：作者整理

全面落实宅基地集体所有权。农村集体经济组织是宅基地的所有者。在进行村庄规划时,农民应依法参加土地空间规划的编制,合理安排宅基地;农民有权依法拥有、使用、受益和处置集体土地;农民要参与实施村级规划和宅基地分配、使用、转移、退出等内容;了解土地和其他资源资产增值收入在宅基地使用权转让中的分配比例,要求村集体按照规定收取,并纳入农村统一管理;农村集体经济组织的成员有权了解、参与和监督宅基地的规划、分配、使用和处置集体资产。

适度放活宅基地和房屋使用权。在保证"户有其屋"、符合规划和使用控制的前提下,在自愿和有偿原则的基础上,在允许村集体经济组织不改变宅基地的所有权和村集体经济组织的成员资格的基础上,在一定范围和条件下转让和经营宅基地使用权和农房所有权和使用权,积极探索通过租赁、合作、股份制等合法方式进行灵活应用宅基地,提高土地资源的使用效率,增加农民的财产性收入。

严格宅基地使用和改造管理。为保障农民利益,坚持根据国土空间规划、旅游等专项规划,对闲置宅基地、农民住房进行改造利用。未经农民书面同意和有关部门批准,投资者不得改造和使用农房。对正在装修、改建、新建农村住房的农民,农房的形状、颜色、样式,除依照法律、法规的规定办理相应审批外,还应当符合当地农村整体风貌和产业特点。对于历史文化村落和历史建筑,要尽量保留反映村落地方特色、承载历史文化的信息,防止大规模拆迁和大规模建设破坏乡村整体格局和风貌。

规范宅基地使用权流转管理。在农村宅基地使用权流转过程中,农民必须对闲置房屋的使用权进行盘活、盘活期限、房屋使用要求、维修责任、房屋返还、过期配套设施设备权属、合同解除、违约责任、纠纷解决方式等主要方面有所了解,切实保护村集体和农民利益。

**(二)农民对宅基地流转的必要视角分析**

首先,目前从总体上来说农村宅基地流转不畅,农村宅基地面积不断扩大并存在大量闲置或荒废。依据社会经济发展规律,随着城市化快速发展,城镇会吸引大量农村人口向城市转移,大量农民从农村转向城市就业居住,农村土地利用面积和规模会随着农村人口减少,而使得农村土地得到节约使用和集约配置,这样农村居住用地总量一定会相应减少。但是我国却出现了一种相反的现象,农村宅基地的面积不减反增,闲置现象严重,农村"空心户"和"空心村"已经成为比较普遍的现象；并且这种宅基地占用了很多的耕地，导致在我国近年来耕地大量减少，促使我国耕地与农村建设用地存在激烈的冲突。在我国土地资源日趋紧缺的发展形势下，这是一个巨大的资源浪费。这就要求对农村宅基地进行流转，促使农村宅基地节约集约利用，这既是实现促进经济发展方式转变的有效途径，也是保护耕地的根本出路。对于农民来说，将自己空闲的宅基地进行流转也能实现一部分的经济利益。

其次，宅基地流转非市场化的限制导致农民财产利益受损。我国原来的法律和制度对于宅基地是禁止流转的，特别是现在城市房地产已经高度市场化，成为城市居民最重要的财产。而目前宅基地流转不能充分市场化交易，只能卖给本集体组织范围的个人，极大地削减了这项财产的转让权与收益权。农民宅基地及房屋的真实交易价值被严重低估，不能享受同城市居民住房一样的财产权利和可能获得的财产性收入，这对农民是一种财产利益的制度性损失。宅基地使用权的不可抵押性影响了住房的融资抵押功能，有的金融机构不接受农村住房抵押，使得农民的融资渠道受阻，也阻碍了农村经济的发展。

最后，宅基地流转混乱无序的问题。市场经济条件下，农民已经逐步认识到土地的巨大价值，农村土地价值逐渐显现出来；"三权分置"政策更是让农民认识和享受到实惠，加之农村宅基地取得的无偿性和无期限性，以及大量农民向城镇转移导致农村闲置房屋的增加，农村住房及宅基地流转现象越来越普遍，"非法流转"和"非法交易活动"大量存在，相当一部分购买主体是城镇居民。《房地产管理法》规定："房地产的出让、转让和出租必须经房地产管理部门批准，并由评估机构进行评估后方可进行交易，并依照规定办理过户登记手续"，但这一规定对于农村房屋流转形同虚设，农村房屋流转混乱无序，大部分农村房屋买卖都处于暗箱操作状态，只有极少数房屋买卖进行了登记。具有相当规模的私下流转与灰色交易活动，已经引发出越来越多的社会矛盾和法律纠纷，成为影响社会安定的一个重要因素。因此规范引导农村宅基地流转，也是对农民拥有宅基地价值的合理实现。

上文从理论上探讨了农民对宅基地的居住保障需求、经济利益需求、社会利益需求和政治利益诉求及必要性方面，农民对于宅基地流转的理解和预期存在一定的差异,这些差异体现在不同特征的农民群体之间,农民的性别、年龄、受教育程度、年收入水平等都会对宅基地或其流转呈现不同的需求或诉求,也具有一定的多元化特征。因此,本书就对农民的宅基地多元性需求进行详细分析,以期了解和掌握农民对宅基地流转的真实想法。

## 二、基于农民基本特征的宅基地流转的多元需求实证分析

### (一)农民性别对宅基地和宅基地流转的需求差异

在社会学上,不同性别由社会文化形塑的男性及女性的行为特质,是在社会化过程中所构建的男性和女性的作用与责任。从农村地区来看,男性是主要的劳动力,也是家庭决策者(或之一),对于宅基地流转的态度直接影响着其决定和行动。而妇女是农村社会发展的不可忽视的重要力量,她们是推动农村社会经济发展的重要力量。农村男女性别存在明显的家庭性别角度和角色差异,以及在对于政治和社会活动的认识、参与方面与程度也存在差异,因此在宅基地流转过程中,有必要充分考虑其性别需求的差异。

第一,对宅基地权属认知方面。

从性别样本特征来看(图5-5),在有效问卷1822份中,男性在样本中占比76.48%,女性占比23.52%。在这些样本中,对于宅基地权属的认知中,51.89%男性村民和40.74%女性村民认为这个宅基地归村集体所有,而32.14%男性村民和39.10%女性村民认为宅基地属于国家所有,11.02%男性村民和14.63%的女性村民认为宅基地属于自己所有,还有4.95%男性村民和5.53%女性村民不知道宅基地权属状况。从性别上来看,男性村民比女性村民对宅基地的权属认识更为清晰,这也会使他们对宅基地流转意愿不一样。

从年龄来看(图5-6),随着村民的年龄的增大,认为宅基地属于村民自己所有的样本比例在增加,由30岁以下农民群体的34.52%,到31—40岁的38.04%,到41—50岁的39.77%,到51—60岁的39.41%,到61岁以上的41.25%。

而认为宅基地归属于村集体的比例呈现递减趋势,由30岁以下农民群体的31.41%,到31—40岁的28.57%,到41—50岁的25.61%,到51—60

岁的22.01%，到61岁以上的21.27%；认为宅基地归属国家所有的占调查样本的30%以上，三分之一以上的调查农民认为是属于国家所有；在调查中不知道的比例很少。

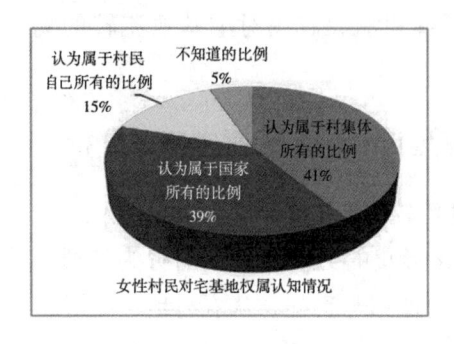

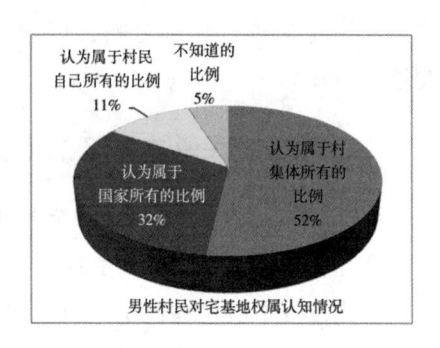

图5-5 不同性别村民对宅基地权属认知

资料来源：作者整理

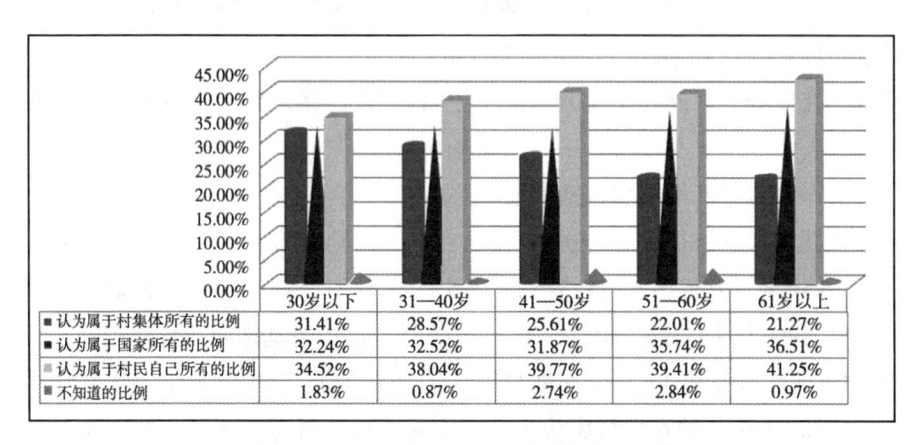

图5-6 不同年龄农民对于宅基地权属认知情况

资料来源：作者整理

从受教育程度来看（图5-7），随着被调查农民的受教育程度越高，其对于农村宅基地权属认知越清晰。本科及以上76.85%的被调查农民正确认识了宅基地权属，但也存在23.15%的农民对宅基地权属认知不正确；大专教育程度47.20%的被调查农民认为宅基地权属归村集体所有，剩下的52.05%认知不清晰；高中（中专）22.52%和初中及以下14.85%的被调查农民对宅基地权属认识正确。从上面这些数据可知，农民对于宅基地的权属认识还有一定的不足，在调查过程中，一些村民都认为自己建房的宅基

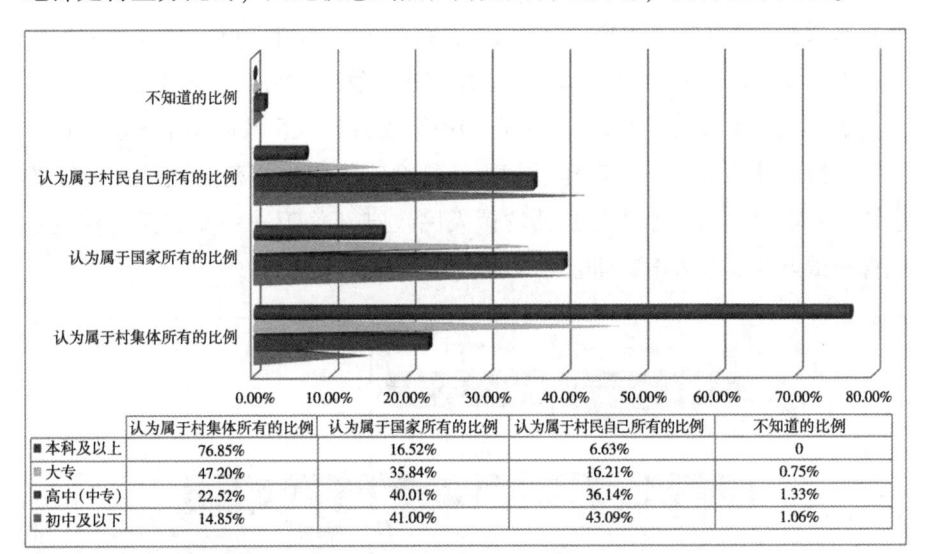

地都是村里分配的,因此就想当然认为是归自己所有,由自己来处理。

| | 认为属于村集体所有的比例 | 认为属于国家所有的比例 | 认为属于村民自己所有的比例 | 不知道的比例 |
|---|---|---|---|---|
| 本科及以上 | 76.85% | 16.52% | 6.63% | 0 |
| 大专 | 47.20% | 35.84% | 16.21% | 0.75% |
| 高中(中专) | 22.52% | 40.01% | 36.14% | 1.33% |
| 初中及以下 | 14.85% | 41.00% | 43.09% | 1.06% |

**图 5-7　不同受教育程度的农民对于宅基地权属认知情况**

资料来源:作者整理

第二,对宅基地政策知晓方面。

从性别样本特征来看(图5-8),男性被调查村民25.24%对国家或地方的宅基地政策非常了解,一般了解的占30.52%,不太了解的占34.88%,还有9.36%对宅基地政策不了解;而对于女性被调查者20.87%非常了解,一般了解占28.85%,不太了解的占30.74%,不了解的占19.54%。造成上面这种情况的原因可能有两种,一是农民的确对各地的宅基地政策充分了解和熟知,二是在不同的地方都会制定适合当地的宅基地政策、制度和办法,有时觉得关于宅基地的政策等太多了,从中央到省,再到县,最后到乡镇级,会对相关的政策不关心。如在研究区域——泉州市,有国家层面的,如2019年,农业农村部印发了两份文件《中央农村工作领导小组办公室农业农村部关于进一步加强农村宅基地管理的通知》(中农发〔2019〕11号)、《农业农村部自然资源部关于规范农村宅基地审批管理的通知》(农经发〔2019〕6号);省级层面,如2020年《中共福建省委农村工作领导小组办公室等四部门关于进一步强化农村宅基地管理的通知》(闽委农办〔2020〕4号)、《福建省农业农村厅 福建省自然资源厅 福建省住房和城乡建设厅关于规范农村宅基地审批管理的通知》(闽农综〔2020〕45号);市级层面，如 2020 年《泉州市人民政府办公室关于进一步规范农村宅基地管理的通知》（泉政办〔2020〕31 号）；县级层面，如晋江市《晋江市人民政府关于印发晋江市农村宅基地与村民住宅建设管理暂行规定的通知》（晋政文〔2017〕14 号），后来又出台了 2019 年晋江市人民政府关于再次延长晋江市农村宅基地与村民住宅建设管理暂行规定等四份规范性文件有效期的通知；乡镇级层面，如德化县葛坑镇人民政府《关于进一步加强农村宅基地管理试点的实施方案》等。

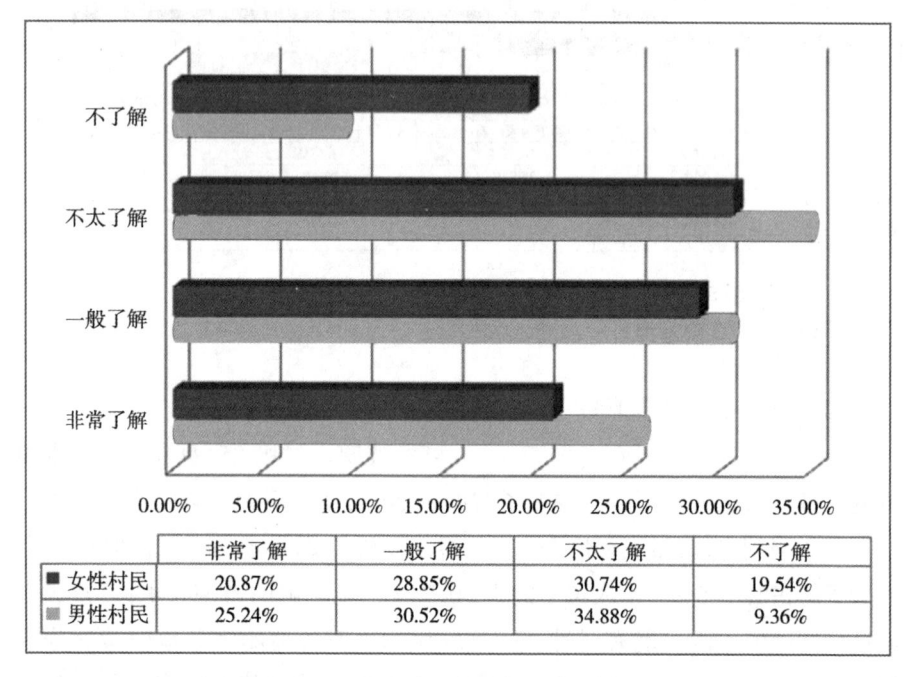

|  | 非常了解 | 一般了解 | 不太了解 | 不了解 |
|---|---|---|---|---|
| 女性村民 | 20.87% | 28.85% | 30.74% | 19.54% |
| 男性村民 | 25.24% | 30.52% | 34.88% | 9.36% |

图 5-8　不同性别对于宅基地政策知晓程度

资料来源：作者整理

在调查过程中，对被调查者具体询问相关的宅基地政策，如宅基地用地相关标准，具体如村民一户只能拥有一处宅基地，每户宅基地用地标准中的宅基地面积和建设住宅的建房标准等，很多村民不太清楚。在德化县调查时，一些调查者对于该县的农村新建住房占地面积、建筑层数、控制层数、具体建筑面积都不清楚。而对于村干部与普通村民来说，村干部对于这些政策总体比普通村民更了解和熟知。这主要是因为很多地方又制定了县级或乡镇的进一步加强农村宅基地管理试点的实施方案等，如德化县葛坑镇人民政府制定了《关于进一步加强农村宅基地管理试点的实施方案》，规定：原则上，农村地区新建房屋的面积应限制在120平方米以内，层数不得超过三层，建筑面积不得超过350平方米。再如晋江市制定了《晋江市规范农村宅基地审批建设管理规定》等，规定申请批准宅基地的面积按下列标准执行：第一，如果每户人口在3人以下，原则上批准的居住用地面积不超过80平方米，村级建设用地可增加使用不超过30平方米，即不超过110平方米。第二，如果每个家庭人口超过3次（包括3人），房子的面积网站申请批准原则上不得超过120平方米，和村庄建设用地的使用可以增加不超过30平方米，也就是说，不超过150平方米。

表 5-1 不同层面的农村宅基地政策文件

| 不同层面 | 具体政策、制度 |
| --- | --- |
| 国家层面 | 2019年，农业农村部印发了两份文件《中央农村工作领导小组办公室农业农村部关于进一步加强农村宅基地管理的通知》（中农发〔2019〕11号）、《农业农村部 自然资源部关于规范农村宅基地审批管理的通知》（农经发〔2019〕6号），还有《国土资源部关于农村土地征收、集体经营性建设用地入市、宅基地制度改革试点实施细则的通知》（国土资发〔2015〕35号） |
| 福建省 | 2020年《中共福建省委农村工作领导小组办公室等四部门关于进一步强化农村宅基地管理的通知》（闽委农办〔2020〕4号）、《福建省农业农村厅 福建省自然资源厅 福建省住房和城乡建设厅关于规范农村宅基地审批管理的通知》（闽农综〔2020〕45号）、《福建省实施〈中华人民共和国土地管理法〉办法》《福建省农村村民住宅建设管理办法》（闽政办〔2011〕189号） |
| 泉州市 | 2020年《泉州市人民政府办公室关于进一步规范农村宅基地管理的通知》（泉政办〔2020〕31号）、2015年《泉州市人民政府办公室关于进一步加强农村村民住宅用地管理的通知》（泉政办〔2015〕15号） |
| 晋江市 | 2019年晋江市人民政府关于再次延长晋江市农村宅基地与村民住宅建设管理暂行规定等四份规范性文件有效期的通知，《晋江市人民政府关于印发晋江市农村宅基地与村民住宅建设管理暂行规定的通知》（晋政文〔2017〕14号）、《晋江市人民政府关于印发晋江市农村集体经营性建设用地入市管理暂行规定的通知》（晋政文〔2017〕59号）、《晋江市人民政府办公室关于进一步规范村（居）住宅建设和用地申请事项的通知》（晋政办〔2017〕49号）和《晋江市人民政府办公室关于做好宅基地使用权转让工作的通知》（晋政办〔2017〕94号）四份文件，有效期延长至2019年12月31日。2016年《晋江市农村宅基地与村民住宅建设管理暂行规定》《国土资源部关于福建省晋江市宅基地制度改革试点实施方案的批复》（国土资函〔2015〕403号） |

续表

| 不同层面 | 具体政策、制度 |
| --- | --- |
| 南安市 | 《南安市农村集体经济组织成员资格认定指导意见》、南安市人民政府办公室关于《进一步加强农村村民住宅用地管理的通知》（南政办〔2015〕185号）、《南安市进一步加强农村建房管理暂行规定》（南委办〔2019〕82号文） |
| 德化县 | 葛坑镇人民政府《关于进一步加强农村宅基地管理试点的实施方案》（葛政〔2020〕29号）、《德化县农村产权交易管理暂行规定》《德化县农村房屋交易规则》（德农产权办〔2014〕2号）、《德化县规范农村宅基地审批和建设管理实施意见（试行）》（德政办〔2020〕46号） |
| 惠安县 | 《惠安县人民政府办公室关于印发惠安县规范农村宅基地审批管理规定的通知》（2020年）、《惠安县农村村民自住小区2020年度试点建设工作意见》（2020年） |
| 永春县 | 《关于进一步规范农村村民住宅建设用地审批管理的意见》（2015年） |
| 安溪县 | 《安溪县规范农村宅基地和建房审批管理暂行规定》（2020年）、《剑斗镇农村宅基地和建房审批管理实施办法》（2020年）、《城厢镇规范农村宅基地和建房审批管理实施方案（暂行）》（2020年） |
| 泉港区 | 《进一步加强农村宅基地管理实施意见》（2015年） |
| 洛江区 | 泉州市洛江区人民政府办公室《关于进一步规范农村宅基地管理的通知》（2021年）、《关于印发洛江区农村私有危房翻建审批管理规定的通知）（2018） |
| 台商区 | 泉州台商投资区管理委员会关于印发《泉州台商投资区土地房屋征收拆迁补偿安置实施方案 指导意见（2020年修订）》和《泉州台商 投资区土地房屋征收拆迁补偿安置实施 方案补充规定（2020年修订）》 |
| 石狮市 | 《石狮市人民政府关于印发石狮市规范农村宅基地审批管理规定的通知》（狮政综〔2020〕48号）、《石狮市人民政府办公室关于宅基地使用权及房屋所有权登记若干问题的处理意见》（狮政办〔2018〕57号） |

资料来源：作者整理

从年龄来看，总体上，在被调查者中，对于宅基地政策非常了解和一般了解的比例在20%左右，随着年龄增加，对于宅基地政策的知晓程度是在下降的。非常了解的，30岁以下的农民比例为22.77%，31—40岁的为20.07%，41—50岁的为20.01%，51—60岁的为19.85%，61岁以上只有10.34%；一般了解的，30岁以下的农民占21.22%，31—40岁的为20.05%，41—50岁的为21.89%，51—60岁的为22.25%，61岁以上的为

21.02%；不太了解的，30岁以下的农民比例为40.06%，31—40岁的为41.52%，41—50岁的为42.36%，51—60岁的为45.52%，61岁以上只有48.69%；不了解的，30岁以下的农民比例为15.95%，31—40岁的为18.36%，41—50岁的为15.74%，51—60岁的为12.38%，61岁以上只有19.95%（见图5-9）。

| | 30岁以下 | 31—40岁 | 41—50岁 | 51—60岁 | 61岁以上 |
|---|---|---|---|---|---|
| 非常了解 | 22.77% | 20.07% | 20.01% | 19.85% | 10.34% |
| 一般了解 | 21.22% | 20.05% | 21.89% | 22.25% | 21.02% |
| 不太了解 | 40.06% | 41.52% | 42.36% | 45.52% | 48.69% |
| 不了解 | 15.95% | 18.36% | 15.74% | 12.38% | 19.95% |

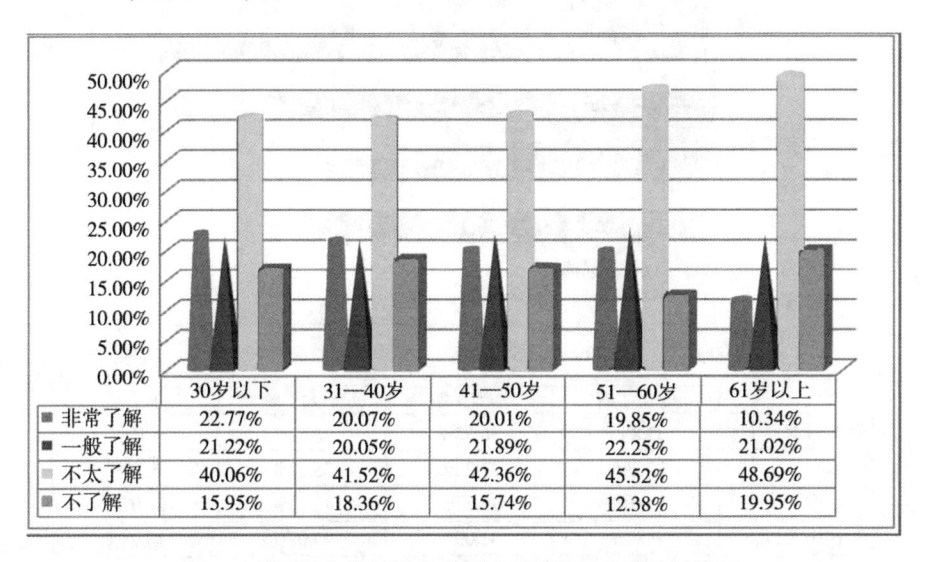

**图5-9 不同年龄被调查者对农村宅基地政策认知情况**

资料来源：作者整理

从受教育程度来看，总体上，受教育程度越高，其对宅基地政策认知也就越清晰。在被调查者中，本科及以上的人，非常了解的比例是初中及以下的3倍多，是高中（大专）的2倍多；一般了解的，本科以上的人占比最大，为36.52%；不太了解的，初中及以下比例最大，为45.09%；不了解的，比例最高的是高中（中专）的被调查者，占比为22.07%（见图5-10）。

对于宅基地政策的认知，从不同性别、年龄和受教育程度来看，泉州市被调查者都认知不深，很多人对于相关政策、办法等都不了解，导致了在现实生活中出现了农民住房乱占耕地、宅基地面积过大、房屋层数超标等问题。其主要原因如下：

首先，各地对于宅基地政策不一。由于各地情况不同，对于宅基地制定的政策也不一样，如关于宅基地用地相关标准，一般来说，一户村民只

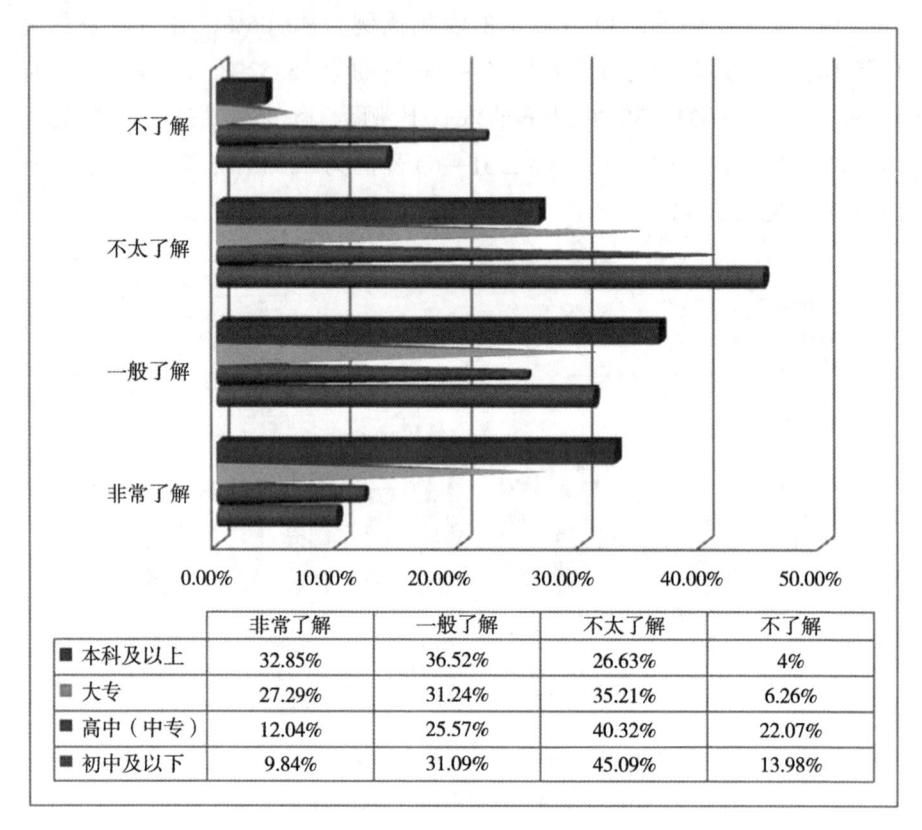

|  | 非常了解 | 一般了解 | 不太了解 | 不了解 |
|---|---|---|---|---|
| ■ 本科及以上 | 32.85% | 36.52% | 26.63% | 4% |
| ■ 大专 | 27.29% | 31.24% | 35.21% | 6.26% |
| ■ 高中（中专） | 12.04% | 25.57% | 40.32% | 22.07% |
| ■ 初中及以下 | 9.84% | 31.09% | 45.09% | 13.98% |

图 5-10　不同受教育程度的被调查者对农村宅基地政策认知情况

资料来源：作者整理

能拥有一块宅基地。每个宅基地的用地标准略有不同。国家规定，人多地少的地区不得超过 167 平方米，其他地区最高不得超过 200 平方米。具体标准由有关区根据本区实际情况确定。针对泉州市来看，省里规定村民建房每户宅基地面积限额为 80 平方米至 120 平方米。利用空闲地、荒坡地和其他未利用地建设住宅，或者对原旧住宅进行改建的，每户可以增加不超过 30 平方米的用地面积。晋江市和石狮市规定 3 口人以下的每户家庭，其宅基地面积不超过 80 平方米，使用村庄建设用地和其他未利用土地的不超过 110 平方米；3 人以上的不得超过 120 平方米，使用村庄建设用地和其他未利用土地不超过 150 平方米。而永春县只规定了每户家庭人口 3 人（含 3 人）以下的，用地面积不得超过 80 平方米；每户家庭人口 3 人以上的，用地面积不得超过 120 平方米。惠安县规定每户家庭人口 3 人以下（含3人）的宅基地面积不得超过80平方米；每户家庭人口6人以上的不得超过120平方米。利用空闲地、荒坡地和其他未利用地建设村民住宅的，或对原旧宅基地进行改建的，每户可以增加不超过30平方米的用地面积。对于房屋的层数的规定也不一样，晋江市、永春县、洛江区、惠安县等很多地方并没有规定层数限制。石狮市规定房屋建筑层数按不大于三层半，建筑面积按不大于420平方米，一层建筑高度不超过4.2米，二层及以上楼层建筑高度不超过3.5米进行控制；并按房屋前后间距不少于2.5米，相邻房屋山墙之间（外墙至外墙）的间距不低于1.5米，严格控制房屋间距。德化县规定农村独栋式、并联式或联排式自建住宅建设层数均控制在3层以内，每户住宅建筑面积控制在300平方米以内；建设多层单元式住宅的，每户住宅建筑面积控制在200平方米左右，楼层层高不超过3.5米。

通过上面不同层级关于每户宅基地政策梳理（见表5-2）可发现，很多政策都是2020年左右颁布实施的，以前的许多宅基地政策都已经过时，因此在具体实施过程中，不同地方的农民对于宅基地政策存在不明白、不清楚的情况，对其了解程度不一。

表5-2　不同层级关于每户宅基地政策规定

| 不同层级 | 具体规定 | 政策文号 |
| --- | --- | --- |
| 省级 | 村民建房每户宅基地面积限额为80平方米至120平方米。利用空闲地、荒坡地和其他未利用地建设住宅，或者对原旧住宅进行改建的，每户可以增加不超过30平方米的用地面积 | 《福建省农村宅基地管理办法》 |
| 省级 | 农村村民一户只能拥有一处宅基地，其宅基地的面积不得超过省级规定标准 | 福建省农业农村厅、自然资源厅、住房与城乡建设厅《关于规范农村宅基地审批管理的通知》（闽农综〔2020〕45号） |
| 市级 | 严格申请条件。充分应用农村集体产权制度改革农村集体经济组织成员资格认定和农村宅基地及农房利用现状调查成果，加强对宅基地申请对象身份、住房现状、旧宅处置方式等资格条件的审核把关，对宅基地面积或住房面积已达标、非农村集体经济组织成员（法律、法规另有规定的除外）的，不得批准宅基地；农村村民申请 | 《泉州市人民政府办公室关于进一步规范农村宅基地管理的通知》（泉政办〔2020〕31号） |

续表

| 不同层级 | 具体规定 | 政策文号 |
|---|---|---|
|  | 异地新建住宅，不同意将旧宅基地退回村集体的，不得批准宅基地；农村村民将原有住宅出卖、出租或赠予他人后再申请宅基地的，不得批准宅基地；严禁城镇居民到农村购买宅基地，严禁下乡利用宅基地建设别墅大院和私人会馆，严禁借流转之名违法违规圈占、买卖宅基地。农村村民按照《福建省农村村民住宅建设管理办法》第11条规定条件申请宅基地 |  |
| 晋江市 | 1. 每户家庭人口3人以下的，申请批准宅基地面积不得超过80平方米，使用村庄建设用地、其他未利用地可以增加不超过30平方米，即不超过110平方米；<br>2. 每户家庭人口3人（含3人）以上的，申请批准宅基地面积不得超过120平方米，使用村庄建设用地、其他未利用地可以增加不超过30平方米，即不超过150平方米 | 晋江市农村宅基地与村民住宅建设管理暂行规定 |
| 南安市 | 在城镇规划区内，各乡镇（街道）应将符合条件的农村村民住宅纳入危旧房改造、石结构房屋改造计划，有序实施成片改造，集中安置；对于短期内（5年内）未能纳入成片改造的农村村民住宅，不得以属于镇区规划范围、或已列入拆迁计划等为由，简单搞"一刀切"，限制农村村民翻建自有住房，而对符合申请条件的居住困难户，应予以批准就地翻建。<br>在城镇规划区外，在符合乡镇、村庄规划和土地利用总体规划且满足"一户一宅"的前提下，对符合申请条件的村民建房申请应统筹安排，采取有效措施，积极引导村民向中心村、集镇或小城镇聚集，统一规划集中建设住宅小区。鼓励通过改建（翻建）原有住宅，解决村民建房用地问题。对利用原有宅基地申请改建（翻建）的，在符合宅基地面积限额标准前提下，允许其原址局部移位或增加最多不超过30平方米的用地面积（不包括需办理农转用审批的新增用地）。<br>● 用地规模：单户家庭人口3人以下的，宅基地面积申请批准不得超过80平方米，属使用村庄建设用地、其他未利用地的可以增加不超过30平方米，即不超过110平方米；单户家庭人口3人（含3人）以上的，申请批准宅基地面积不得超过120平方米，属使用村庄建设用地、其他未利用地的可以增加不超过30平方米，即不超过150平方米。多户合建的，申请批准宅基地面积每户不得超过120平方米。 | 南安市人民政府办公室《关于进一步加强农村村民住宅用地管理的通知》（南政办〔2015〕185号）、《南安市进一步加强农村建房管理暂行规定》（南委办〔2019〕82号文） |

续表

| 不同层级 | 具体规定 | 政策文号 |
|---|---|---|
|  | ● 建设规模：中心城区和各乡镇的规划区内个人建房层数原则上不超过三层，第四层不计入层数且建筑面积不超过建筑一层面积的20%，建筑总高度不得超过15米；规划区以外的农村区域，村民个人建房层数原则上不超过四层，第五层不计入层数且建筑面积不超过建筑一层面积的20%，建筑总高度不得超过18米。属于多户合建多层单元式住宅的，根据实际情况对建筑总高度进行放宽控制，每户总建筑面积不超过400平方米 |  |
| 石狮市 | （一）宅基地面积按下列标准执行：1. 每户家庭人口3人以下（含3人）的，申请批准宅基地面积不得超过80平方米，利用空闲地、荒坡地和其他未利用地的可增加不超过30平方米，即不超过110平方米。2. 每户家庭人口3人以上的，申请批准宅基地面积不得超过120平方米。3. 对本规定出台前在新农村建设中因基础设施建设、公共设施建设等村集体利益需要而拆除房屋但尚未安置补偿的，经辖区镇人民政府确认，在符合"一户一宅"、国土空间规划、村庄规划等相关规定的前提下，利用空闲地、荒坡地和其他未利用地的，拆除的房屋（以1996年房屋地形图为参照基准）大于120平方米的，申请批准宅基地的面积可按不超过已拆除房屋的占地面积，且不超过150平方米进行控制。<br>（二）房屋建筑层数按不大于三层半，建筑面积按不大于420平方米，一层建筑高度不超过4.2米，二层及以上楼层建筑高度不超过3.5米进行控制；并按房屋前后间距不少于2.5米，相邻房屋山墙之间（外墙至外墙）的间距不低于1.5米严格控制房屋间距 | 《石狮市规范农村宅基地审批管理规定》（狮政综〔2020〕48号） |
| 安溪县 | 村民建房每户宅基地面积限额为80平方米至120平方米，但家庭人口3人以下的每户宅基地面积不得超过80平方米。规划控制区外村民利用存量建设用地建房或原旧住宅进行原址翻建的，可适当增加面积，但增加的用地面积每户不得超过30平方米。<br>层数及层高：规划控制区内每户建房层数不超过3层（不含屋面楼梯间，楼梯间面积不超过占地面积的50%），总建筑高度不高于15.5米（含屋面楼梯间）；规划控制区外每户建房层数原则上3层（含3层以内，不含屋面楼梯间，楼梯间面积不超过占地面积的50%），总建筑高度不高于15.5米（含屋面楼梯间）；确因生产生活需要的，不超过4层（不含屋面楼梯间，楼梯间面积不超过占地面积的50%），总建筑高度不高于18.5米 | 《安溪县规范农村宅基地和建房审批管理暂行规定》 |

续表

| 不同层级 | 具体规定 | 政策文号 |
|---|---|---|
|  | （含屋面楼梯间）；两户及以上合为一户的总层数不超过5层（不含屋面楼梯间，楼梯间面积不超过占地面积的50%），总建筑高度不高于22米（含屋面楼梯间） |  |
| 永春县 | 每户家庭人口3人（含3人）以下的，用地面积不得超过80平方米；每户家庭人口3人以上的，用地面积不得超过120平方米 | 永春县《关于进一步规范农村村民住宅建设用地审批管理的意见》（2015年） |
| 洛江区 | 申请使用宅基地的村民，一般应为本集体经济组织成员，在本集体经济组织内承担相应义务，并符合下列条件之一的：1. 因无住宅或现有住宅基地面积明显低于法定标准，需要新建或扩建住宅的；2. 同户中兄弟姐妹或者子女已到达法定结婚年龄要求分户的；3. 因国家或者集体建设，实施乡镇、村庄规划以及进行公共设施与公益事业建设，需要拆迁安置的；4. 因发生或防御自然灾害，需要安置的；5. 原有住宅属D级危房需要拆除重建的；6. 向中心村、集镇、小城镇或者农村住宅小区集聚的 | 泉州市洛江区人民政府办公室《关于进一步规范农村宅基地管理的通知》（2021年） |
| 惠安县 | 村民建房每户宅基地面积控制在120平方米以内（含120平方米）。其中，每户家庭人口3人以下（含3人）的每户宅基地面积不得超过80平方米；每户家庭人口6人以上的不得超过120平方米。利用空闲地、荒坡地和其他未利用地建设村民住宅的，或对原旧宅基地进行改建的，每户可以增加不超过30平方米的用地面积 | 《惠安县人民政府办公室关于印发惠安县规范农村宅基地审批管理规定的通知》（2020年） |
| 德化县 | 村民建房每户宅基地面积限额为80平方米至120平方米。利用空闲地、荒坡地和其他未利用地建设村民住宅的，或对原旧住宅进行改建的，每户可以增加不超过30平方米的用地面积。宅基地面积是指住宅建筑物、构筑物（含基础）垂直投影范围内的占地面积。<br>农村独栋式、并联式或联排式自建住宅建设层数均控制在3层以内，每户住宅建筑面积控制在300平方米以内；建设多层单元式住宅，每户住宅建筑面积控制在200平方米左右，楼层层高不超过3.5米。建筑单体应满足村民生产、生活的需求，住宅平面布局应设有客厅、卧室、厨房、卫生间、储藏间（农具堆放间），应满足面积、通风、采光等要求。房屋造型简洁美观，特色鲜明，宜采用坡屋面，外观应进行一次性装修，并同步配套三格化粪池等设施，接入村庄生活污水处理系统。集中建设住宅小区的，给水排水、电力通信、道路、广电、绿化等配套设施要同步规划建设，有条件的实施缆线下地 | 《德化县规范农村宅基地审批和建设管理实施意见（试行）》（德政办〔2020〕46号） |

续表

| 不同层级 | 具体规定 | 政策文号 |
|---|---|---|
| 德化县葛坑镇 | 农村新建住房占地面积原则上控制在120平方米以内，严格控制建筑层数不超过3层，建筑面积不得突破350平方米 | 德化县葛坑镇人民政府《关于进一步加强农村宅基地管理试点的实施方案》（葛政〔2020〕29号） |

资料来源：作者整理。

其次，有些政策规定得不清楚。在调查中发现，在具体的相关宅基地政策中，有些规定不够明晰，导致农民在具体申请时遇到很多困难。在农民对于宅基地申请资格和条件方面，尽管许多政策规定，宅基地的适用对象应该是集体经济组织成员或遵守相关政策的村民。根据相关政策法规，符合下列条件之一，没有为生产经营目的出售、出租、捐赠、迁出原居住地的人可以申请宅基地：第一，有两个以上子女的家庭，除了一个与父母同住的孩子以外，其他孩子达到了法定结婚年龄。第二，由于地质灾害、搬迁、新村建设等原因，按统一规划批准使用宅基地。第三，由于交通不便、饮水等原因，经村民委员会同意，他们可以在村里申请搬迁。第四，国家工程等公益性建设占用了原有的住房基础，没有安置房屋。第五，其他符合法律法规的情况。但是很多被调查的农民还不理解什么是具体的"一户一宅"，也不明白到底多少人为一户。关键这里的"户"是具有本村常住户口，还是享受集体资产分配的集体经济组织成员家庭，这要依靠公安机关印发的户口簿为准，单身汉一个人也是一户，父母子女6口之家也是一户。所以，要依据自家的户口簿来确定怎样才算一户。在现实操作中，一些地方对于户也分大小，一般认为1-3人为小户，4-5人为中户，6人以上（含6人）为大户。相应的大户应该多分宅基地，小户应少分宅基地。

再次，履行宅基地审批手续烦琐（图5-11）。随着法制宣传、贯彻水平提高，在研究区，农民都认为要依法规范履行宅基地审批手续，但在实际操作过程中，要办理的手续非常多。通常，首先，村民应向村委会提交书面申请，以申请宅基地。村民会议或村民会议授权的村民代表会议复核并宣布无异议后，应上报乡镇政府；其次，乡政府要严格按照村计划，通过现场检查后，对有关规定进行审批。依法批准的宅基地，村民委员会应当及时公布审批结果。最终，乡政府批准宅基地后，应立即组织有关人员现场钉桩，下线。但如果遇到申请的宅基地涉及农用地、林地等，那还要经过县级自然资源部门申请对国土空间规划（含村庄规划）、用途管制（含地质灾害预防、用地审查）进行审核，以及林业部门审批等，这一圈程序走下来非常烦琐。特别是在乡镇，如有些地方存在干群矛盾的，农民根本就没有办法获批宅基地。

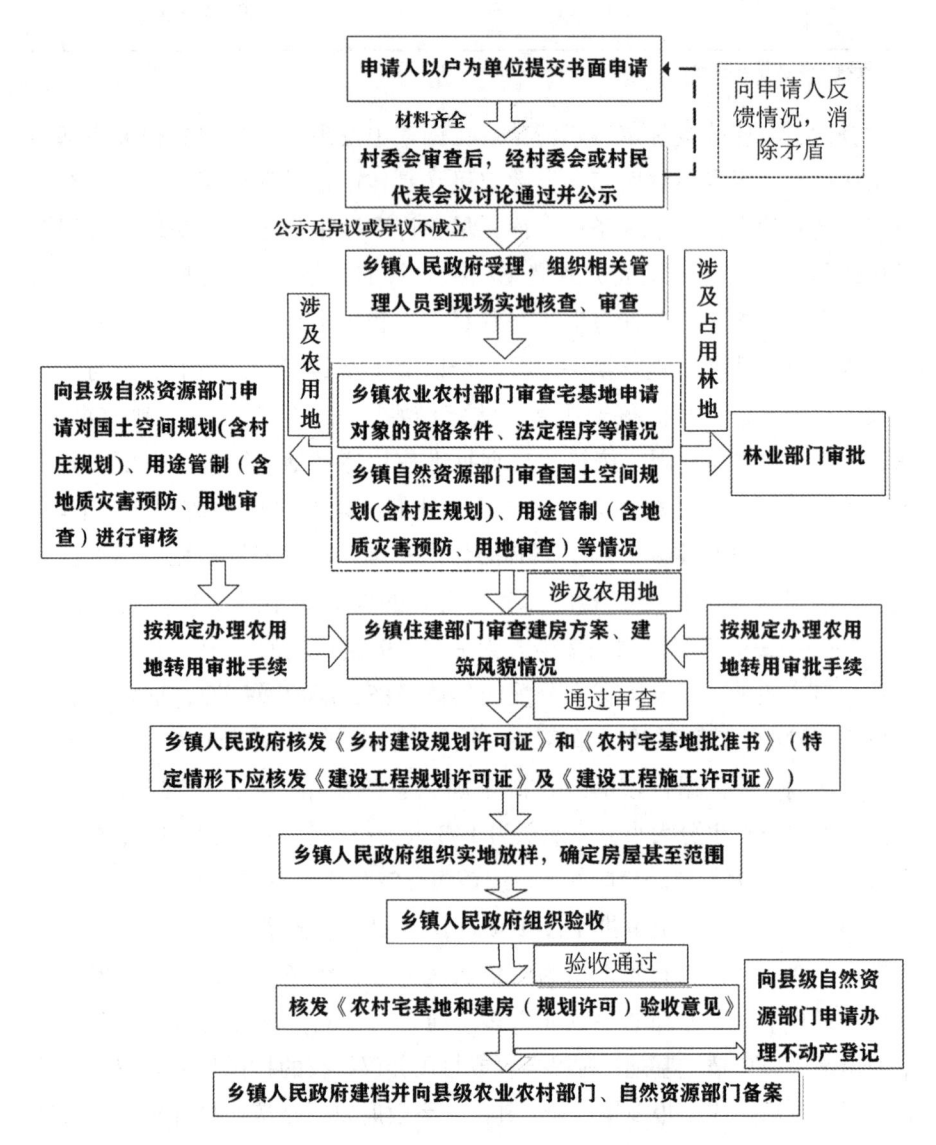

图 5-11 农村宅基地和建房审批流程图

资料来源：作者整理

最后，村民、城镇居民与宅基地的关系存在问题。虽然农民的住房建设成本由自己承担，但农民的宅基地是免费获得的。因此，农民的宅基地权利是不完整的。他们建设的宅基地和住房具有特殊的保障性质，不能像商品房一样自由买卖，并限制进入市场交易。宅基地所有权属于集体，只有集体经济组织的成员才有资格取得宅基地使用权。宅基地不同于承包地。对于承包地经营权，国家政策鼓励其流转，鼓励耕地适度集中；对于宅基地，不鼓励集中在少数人。在一些村庄，将宅基地违规违法进行建造小产权房或对其他厂房等进行买卖，导致宅基地被村干部或其他人滥用，引发干群矛盾等。有些村庄农民将宅基地出售、出租或赠予他人后，过若干年后又向村集体申请宅基地，造成其他村民不服气。对于宅基地和农户的关系，我国法律规定，农村村民一户只能拥有一处宅基地。2020年实施的新《土地管理法》规定了农村村民出售、出租、赠予住宅后，再申请宅基地的，不予批准。在调查中还发现，一些城镇居民，原来是该村村民，后来由于种种原因脱离了该村，变成了城镇居民，但是其还拥有该村宅基地。对于宅基地和城镇居民的关系，我国法律规定，城镇居民不能购买农村宅基地，但在符合用途管制前提下，可以依法承租其农房。

合理的宅基地管理政策不仅要有助于更好地解决农村住房问题，而且要防止宅基地的非法使用。要看到中央提出的宅基地制度改革的目的是要进一步振兴宅基地，发展农村新产业、新业态，拓宽农民增收渠道。晋江市的试点项目是探索一种既能为集体组织成员提供基本住房保障，又能最大限度节约农村建设用地的制度。即既要保障农民生活，又要最大集约利用农村土地，使得土地资源得到最大化的利用。宅基地改革不是让城市居民到农村购买房屋和土地，也不是改变土地规划和使用控制，在农村进行大规模的非农业开发或商品房建设。

特别是在一些地方，正在进行农村集体经营建设用地使用权入市。《中共中央关于制定国民经济和社会发展第十四个五年规划和二〇三五年远景目标的建议》明确，"十四五"期间我国将探索宅基地所有权、资格权、使用权分置实现形式。保障进城落户农民土地承包权、宅基地使用权、集体收益分配权，鼓励依法自愿有偿转让。宅基地所有权、资格权、使用权"三权分置"意味着落实宅基地集体所有权，保障宅基地农户资格权和农民房屋财产权，适度放活宅基地和农民房屋使用权。在这个过程中，我国的土地管理法对宅基使用权的一些法律问题规定也比较模糊，缺乏统一性。在实践过程中存在缺乏法律法规的依据，区域发展失衡，农民积极性不高，实效不明显等问题。

第三，对宅基地满意程度。

农民是宅基地的直接利益相关者，其满意程度很大程度上影响宅基地政策实行以及改革的顺利实施。在农村，不同的家庭人口数、家庭状况、家庭收入等直接影响对宅基地的满意程度。

不同家庭人口数。由于宅基地是给农民盖房子用的集体土地，因此家庭人口对于宅基地有着最直接的需求，而拥有不同人口的家庭对于宅基地的需求也会不同。在调查区域，2010年全市常住人口家庭户2267970户，家庭户人口为6948685人，平均每个家庭户的人口为3.06人[①]；2019年全市2132892户，家庭户人口为7607043人，平均每个家庭户的人口为3.57人[②]。从这可以看出，泉州市家庭人口数有所上升，比2010年每个家庭户的人口增加了0.51人。对于农村居民家庭而言，2010年平均每户常住人口4.12人，2019年为3.28人，农村家庭人口在减少[③]。被调查的小于等于3人的农户家对于目前宅基地满意的占66.38%，不满意的占33.62%；家庭人口3到6人之间的，对拥有的宅基地满意的占34.82%，不满意的占65.18%；家庭人口大于6人的，对拥有的宅基地满意的占44.84%，不满意的占55.16%。从这可知，随着家庭人口的增加，其对拥有的宅基地满意程度在下降（图5-12）。

笔者在德化县龙门滩镇政府所在地硕儒村调研得知，2019年土地总面积26.55平方千米，其中耕地面积为620亩，林地面积27369亩，果园1549亩。全村共有290户971人，其中男493人，女478人，劳动力310个。从家庭类型来看，人口多且儿子比较多的算作大家庭，如果人口多但儿子较少，则不能算作大家庭，这主要是因为女儿终究是要嫁出去的，也不会存在分家的现状，自然宅基地就不用了。因此，分家后，一家一户就是小家庭，总体上比较多的是"小家庭"，人口小于等于3人，"大家庭"比较少。

---

① 数据来源：2010年泉州市统计局第六次全国人口普查公报。
② 数据来源：泉州统计年鉴（2020年）。
③ 数据来源：泉州统计年鉴（2020年）。

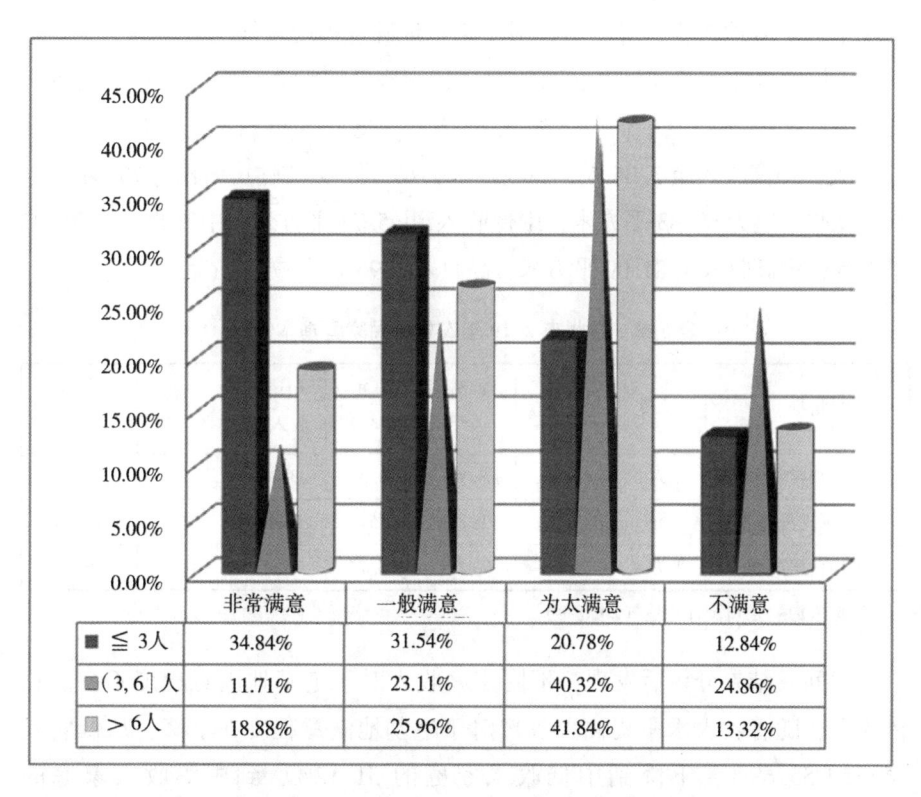

| | 非常满意 | 一般满意 | 为太满意 | 不满意 |
|---|---|---|---|---|
| ≦3人 | 34.84% | 31.54% | 20.78% | 12.84% |
| (3,6]人 | 11.71% | 23.11% | 40.32% | 24.86% |
| >6人 | 18.88% | 25.96% | 41.84% | 13.32% |

**图 5-12 不同家庭人口对于宅基地满意情况**

资料来源：作者整理

在村中，平均家庭人口为3-6人。其中，核心家庭（由一对夫妇及未婚子女，无论有无血缘关系组成的家庭。通常称"小家庭"，成员是夫妻两人及其未婚孩子），有151户，占所有户数的52.07%；主干家庭134户［以父母为主干的一种家庭形式，由父母（或父母一方）和一对已婚子女组成的家庭。由父母（或父母一方）及一对已婚子女及子女的子女共同组成的家庭］，占所有户数的46.21%。曾经是我国主要家庭类型的主干家庭，随着社会的发展，我国家庭在少子化和小型化基础上，因家庭成员外出上学、谋生等增加呈现出不完整性，导致原来的主干家庭类型已不再占主导地位；联合家庭（父母和多对已婚子女组成的家庭。如果已婚子女在父母去世后仍不分家，也叫联合家庭）没有；其他家庭（单亲家庭、残缺家庭等）4户，占所有户数的1.72%。在该村调查时，对于宅基地满意程度方面，主干家庭比核心家庭的满意程度有所下降。由于该村海拔485米，村庄在群山环绕中，宅基地较少，导致村民对于宅基地满意程度较低。

不同家庭收入。通过对全市农村居民家庭情况调查，农民家庭平均每户常住人口 3.28 人，其中低收入组 3.74 人，中低收入组 3.5 人，中等收入组 3.41 人，中高收入组 3.05 人，高收入组 2.69 人；人均住房面积为 75.04 平方米，低收入组为 60.83 平方米，中低收入组 65.74 平方米，中等收入组 75.07 平方米，中高收入组 81.09 平方米，高收入组 96.66 平方米（表 5-3）。

表 5-3　泉州市 2019 年农村居民家庭基本情况

| 指标 | 单位 | 总计 | 低收入组 | 中低收入组 | 中等收入组 | 中高收入组 | 高收入组 |
| --- | --- | --- | --- | --- | --- | --- | --- |
| 平均每户常住人口 | 人 | 3.28 | 3.74 | 3.5 | 3.41 | 3.05 | 2.69 |
| 人均可支配收入 | 元 | 22142 | 7239 | 13511 | 18901 | 25141 | 45965 |
| 人均住房面积 | 平方米 | 75.04 | 60.83 | 65.74 | 75.07 | 81.09 | 96.66 |

数据来源：泉州统计年鉴（2020 年）

对问卷结果分析后发现，不同家庭收入对于宅基地满意程度不一。总体来看，随着收入水平提高，农户对于宅基地满意程度在下降，从低收入家庭的 55.69%，下降到中低收入家庭的 51.12%，到中等收入家庭的 45.65%，到中高收入家庭的 47.10%，最后到高收入家庭的 42.61%；不满意程度正好相反，从低收入家庭的 44.31%，上升到中低收入家庭的 48.88%，到中等收入家庭的 54.35%，到中高收入家庭的 52.90%，最后到高收入家庭的 57.39%（图 5-13）。

随着农民收入的增加，农民的生活水平越来越好了。如果农民靠种田的话，一亩田一年两季的纯收入，比如种水稻和经济作物，一年差不多纯收入能达到 1000 元。如果农民靠种田、种粮食的话，需要种 15 亩田，收入才能达到 15000 元，这还是在风调雨顺的情况下。而在农村，仅凭一个劳动力是无法完成 15 亩田两季农作物耕种的。如果一个家庭是 5 个人，那这个家庭靠种田，需要有 75 亩田，才能达成这个收入目标。而对泉州市农村来说，全市有耕地 14.84 万公顷（222.67 万亩），主要集中在安溪县、南安市、惠安县、永春县、晋江市等地。其中有灌溉设施的耕地 11.35 万公顷（170.22 万亩），比重为 76.44%；无灌溉设施的耕地 3.50 万公顷（52.46 万亩），比重为 23.56%。据 2019 年土地变更调查数据显示，2019 年全市耕

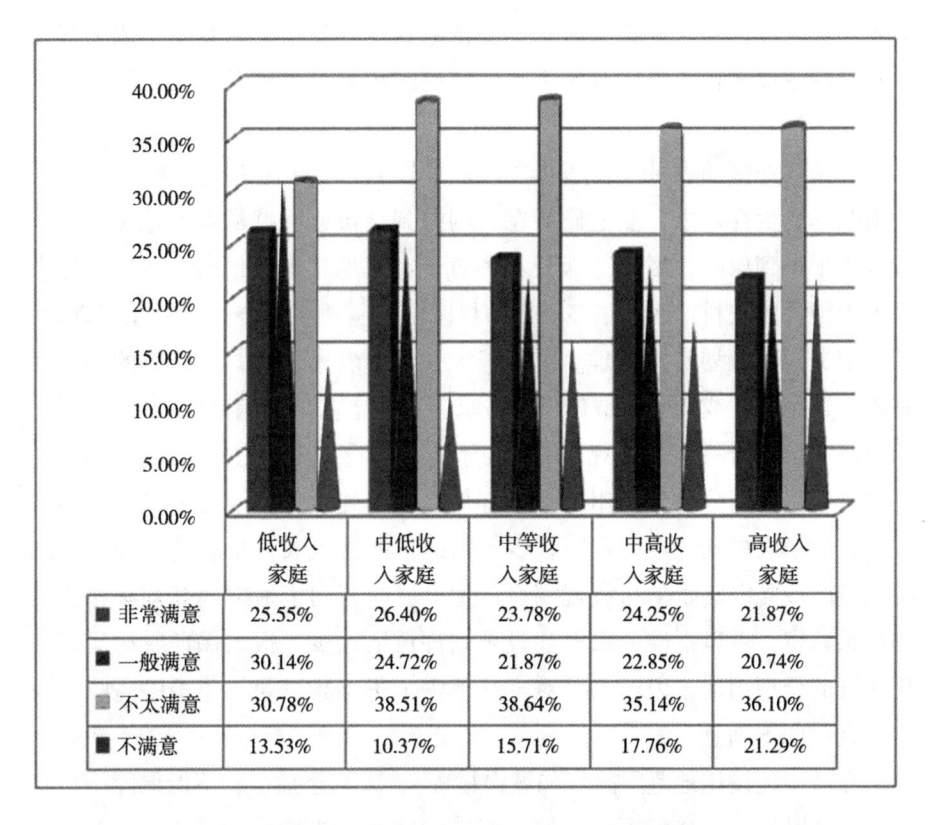

| 第五章 | 农村宅基地流转中的农民需求分析

| | 低收入家庭 | 中低收入家庭 | 中等收入家庭 | 中高收入家庭 | 高收入家庭 |
|---|---|---|---|---|---|
| 非常满意 | 25.55% | 26.40% | 23.78% | 24.25% | 21.87% |
| 一般满意 | 30.14% | 24.72% | 21.87% | 22.85% | 20.74% |
| 不太满意 | 30.78% | 38.51% | 38.64% | 35.14% | 36.10% |
| 不满意 | 13.53% | 10.37% | 15.71% | 17.76% | 21.29% |

图 5-13 不同家庭收入对于宅基地满意情况

资料来源：作者整理

地 14.84 万公顷（222.67 万亩），人均耕地 0.022 公顷（0.33 亩），仅为全省人均耕地 0.037 公顷（0.55 亩）的 59.46%，为全国人均耕地 0.106 公顷（1.52 亩）的 21.52%，可见耕地保护形势十分严峻。在泉州，农户基本上种地都不会超过一亩，显然，农民靠种田达成这个收入的目标是不现实的。现在农村居民家庭收入来源分为家庭经营性收入、工资性收入、财产性收入和转移性收入四个方面，具体有家庭经营性收入包括种植、养殖、加工等；工资性收入包括劳务收入等；财产性收入包括土地承包权流转收益、财产租赁或变卖收入，集体分红和股息、储蓄存款和利息收入，股票、基金等有价证券及其收益；转移性收入包括赡养、抚（扶）养费，依法继承遗产或接受的赠予，社会养老保险金、商业养老保险金、商业医疗保险金、土地征用补偿和安置费、水库移民后帮扶补助、粮食直接补贴等。因此，对于农民来说，其家庭收入已不主要依靠农业种植了，兼业收入成为其发家致富的主要途径，当然对于不同区域的农民来说，还可能存在不一样的情况。

在偏远地区的农村，农民的收入水平较低，有了宅基地能够解决其家庭最基本的生存需求，使他们能在农闲时到城镇或县城从事其他工作，其收入水平得到保障，因此这部分农民对于宅基地获得感最高。在城镇建设用地范围外的农村地区，很多城郊的村庄已编制"多规合一"村庄规划的，严格依据村庄规划实施管理。对于很大一部分农民来说，其原来的房屋面临着改建翻新，或孩子结婚分户等需求，对于宅基地的满足程度就在下降。未编制"多规合一"村庄规划的，由于本县的建设用地指标本来就很紧张，县政府将绝大部分的建设用地指标都放在工业建设、城镇住宅等发展经济方面，对于农村宅基地的指标很少，因此根据县级农村房屋建设规划管理控制措施或县级制定的村级规划设计通则，与新的土地空间规划和村级规划联系紧密，可以批准的农村建设规划许可证很少，很难保证农村居民住房建设的合理用地，因此农民对宅基地需求得不到满足，使得中高收入农户家庭对此不满意。

在城镇建设用地范围内（如城中村等），人均土地少，不能保障一户拥有一处宅基地，农户就更加迫切需要新的宅基地或增加宅基地面积等。对于地方政府来说，虽然想采用不同措施分类保障农村村民建房，实现户有所居，但是受限于建设用地指标，对于已列入近期城市更新计划的村庄应与更新方案相衔接，统筹解决村民住宅需求，不得新增农村村民住宅用地；未列入近期城市更新计划的村庄，应充分利用现有存量建设用地，通过建设公寓式住宅或联排式住宅解决新增分户住房要求，所以严格管理农户不得新建单家独院式住宅，导致农户对宅基地不满意。例如，在南安等县市区，很多村庄很多年都没有审批宅基地了。以前农民建房非常随意，建房也没有很正规的手续，很多农民都是在自家老宅上又扩大了建筑面积，想盖多大盖多大，这就导致农村的宅基地管理十分混乱。随着农村宅基地越来越紧缺，未来农村宅基地的审批手续将更加严格，按照规定的条件，只要有一条不符合的都不能申请新的宅基地，由于政策的调整，使得一些农民对宅基地不满意。另外，随着宅基地确权登记，在农村一些私搭乱建、一户多宅以及违规使用耕地建房等问题暴露出来，而这些违规使用的宅基地就成了重点清理的对象。在这个过程中，农民们过于担心，害怕一旦被查出来自己的宅基地就要被清理或被拆除或者收回，所以也对宅基地不满意。还有一些村庄在城郊，其地理位置较佳，村委会将村中建设用地出租或从事经营活动，导致本村农民没有宅基地可分，从而产生怨恨。随着城市化进程的加快，不少农村出现了大量拆迁的现象，盲目的扩大拆迁给广大农民的生活也造成了非常大的影响。有的地方拆迁之后甚至一直荒芜在那里，土地资源被白白浪费。而农民在拆迁的时候很容易因超前安置和款项拨付不到位产生不满的情绪，大范围的拆迁加重了农民的经济负担，使得他们今后的生活更加困难，这也导致了农民对于宅基地不满意。

针对这种情况，应该充分发挥村集体的组织引导作用，鼓励和支持村集体通过自营、合作或统一组织对外出租等方式开展经营，对经村集体同意后开展经营的成员，村集体要切实加强管理。村集体可通过统一组织、提供公共设施和服务等方式，获取合理的经营收益和管理费用，并严格纳入集体资产进行管理、分配和使用。在尊重农民意愿并符合规划的前提下，村集体应积极稳妥开展闲置宅基地整治工作，整治出的土地优先用于满足农民新增宅基地需求、村庄建设和产业发展。闲置宅基地盘活利用产生的土地增值收益应惠及集体经济组织全体成员，村民易地搬迁节省出的宅基地指标应优先用于村集体发展产业。盘活利用闲置宅基地和闲置住宅，要严格按照村庄规划和村庄建筑风貌管控要求进行。地质灾害易发区等存在安全隐患的村庄以及已列入搬迁计划、拟拆迁腾退和已纳入城市开发边界内的村庄不得开展盘活利用工作。享受过政策性搬迁的旧村址，要严格执行调整后的规划，已经调整为非集体建设用地的，必须复垦复绿；仍规划为集体建设用地的，在消除安全隐患前不得开展盘活利用工作。严禁社会资本利用宅基地建设别墅大院和私人会馆，严禁借租赁、盘活利用之名违法违规圈占、买卖或变相买卖宅基地。

第四，对宅基地需求方面。

对于宅基地需求，一方面是宅基地可以用来修建住宅和农房，具有特殊保障性质，另一方面，宅基地还具有财产性收入功能。除此之外，宅基地还具有其他需求，如可以用来体现集体经济组织的身份权等。据调查结果显示，泉州市不同家庭人口数对于宅基地的具体需求不同。总体来看，数量不同的家庭人口样本都希望用来盖房子以让其提供一种社会保障性质，这占被调查的平均比重为96.24%；另外就是依靠出租房屋等，从宅基地方面获得经济收入，平均比重为86.44%；最后其他方面，主要体现在外嫁女对于宅基地的需求（见图5-14）。

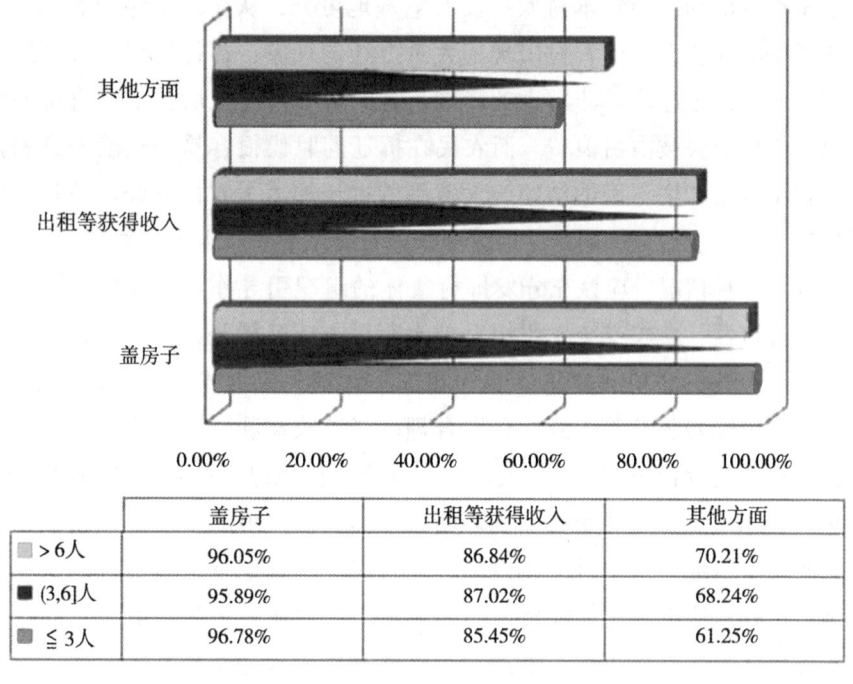

|  | 盖房子 | 出租等获得收入 | 其他方面 |
|---|---|---|---|
| >6人 | 96.05% | 86.84% | 70.21% |
| (3,6]人 | 95.89% | 87.02% | 68.24% |
| ≤3人 | 96.78% | 85.45% | 61.25% |

图5-14 不同家庭人口对于宅基地需求

资料来源：作者整理

在农村存在一种现象，就是"农村新批宅基地历来都是以男方为主"。很多农户认为，"因为女方一般情况下结婚了，到男方（那边）去，女方已不在这儿生活了。所以说男方批了（宅基地），女方就不再批了"。还有一些农户认为，"具体到这个宅基地的分配，我们要参照公序良俗。如果了解农村宅基地政策的话，在几千年的传统生活习俗中，它就是这样……一直沿革下来的就是以家庭为单位、给男方（分配宅基地），女方一般情况是外嫁，符合政策的话女方家庭也一定会有一块宅基地，这个方案是很人道、很合理的"。农村宅基地之所以一般情况下只分给男性农民，那是因为女性农民是随同样为农民身份的男方享受宅基地使用权。如果说本村的女性农民要享有宅基地使用权，除非是倒插门女婿也在本村生活，而至于什么情况才符合倒插门女婿身份并没有一个具体明确的说法。事实上，如何依法保障农村妇女土地权益的问题由来已久。"宅基地分男不分女"在全国农村曾是一种比较普遍的现象。据《人民法院报》2019年11月报道，全国妇联委托农业部农研中心在固定观察点所做的抽样调查显示，有80.2%的女性在宅基地使用权证上没有登记姓名，在我国北方这种情况更严重，这个数据更是达到99%。

随着城镇化进程的不断加快，从土地承包权衍生出的集体经济组织收益分配权、土地征用补偿收益等财产权益，也是许多农村妇女的主要经济来源和生活保障。因此，在这一轮农村宅基地使用权的确权过程中，必须让农村女性"证上有名、名下有权"。

在调查过程中，由于建设用地指标限制，一些地方已经很多年没有审批新的宅基地了。特别是一些农户的孩子长大后分户，原有的宅基地不够新分户的农户使用，因为很多村本身就没有多余的宅基地，这造成农民对于宅基地的渴望。对于一些农户在进行分户时申请宅基地问题，对于分户登记申请不予受理的情形主要包括：夫妻之间的分户申请；在独立成套住宅内共同生活的分户申请；居住在违法建造的房屋的分户申请；落户在虚拟地址的分户申请等。

还有一些农民对申请宅基地条件不熟悉，如依据相关法律规定，以下情形不能申请宅基地：原有宅基地面积已达到相关规定标准或现有住宅条件已经能够解决分户需要的（家庭现有人均住宅建筑面积已达60平方米的或有宅基地、房产可以继承，其继承份额分摊至家庭成员后，人均住宅建筑面积已达60平方米的）；申请宅基地不符合国土空间规划、村庄规划、河道生态保护蓝线规划或涉及占用永久基本农田、生态保护红线、水利工程管理范围的，地处行洪区、蓄滞洪区、泛洪区、地质灾害点的；将原宅基地出卖、出租、赠予他人或将原住宅出卖、出租、赠予或擅自改作生产经营用途的；户口虽已迁入，但原有宅基地未退回村集体的；夫妻双方均为农村集体经济组织成员，但双方户口未迁至同一农村集体经济组织，其中一方已有宅基地的；有非法占地建房行为，尚未依法处理到位的；其他不符合"一户一宅（居）"政策规定的；分户前人均住宅建筑面积已超过60平方米的；国家法律法规及政策或市人民政府规定不予批准的。

另外就是在一些区域要进行城市经济发展，其宅基地管理就非常必要。如泉港区，该区是规划建设中的现代化石化港口城市，也是全省最大的石化基地。全区耕地面积8.51万亩，人均耕地面积不到0.24亩，耕地后备资源匮乏，建设用地日显不足。根据规定，炼化一体化、石化园区周边需预留宽1000米的卫生安全防护隔离带，泉港区防护带区总面积4.13万亩，需要拆迁安置34个村庄、1.2万户居民，涉及土地9423.2亩。为保护耕地，保障发展，泉港区建立旧宅基地有偿退出机制，有效缓解了农村宅基地供需矛盾，促进节约集约用地，确保农村村民住有所居。

在我国市场经济发展过程中，土地、劳动力、服务等多种要素总是存在相互促进、共同发展的关系。当城镇化快速发展时，城镇只有吸纳劳动力转移越多，才能得到更多的土地，这就涉及两种要素的互动。

从需求程度方面，无论是从促进新型城镇化发展的角度来看，还是从加强乡村振兴的制度供给的角度来看，振兴宅基地和农村住房使用权都迫在眉睫。随着农民进城，农村有许多闲置的房子。与此同时，很多城市人去农村创业，农村闲置房屋需求旺盛。因此，如果我们能利用好闲置的农村房屋，不仅可以增加农民的财产性收入，而且可以为农民工提供创业的场所。在此基础上，国家允许农村村民依法自愿退出宅基地，鼓励农村集体经济组织及其成员充分利用闲置宅基地和闲置住房。

为更好利用农村土地，国家提出了放活农民家庭宅基地和房屋使用权的问题，并与相关部门合作，通过促进农村改革来寻求适当放松对宅基地和房屋使用权的管制。一方面，我们将积极利用闲置宅基地和闲置农民的住房资源。为了解决农村住房和农民宅基地闲置问题，开展农村住房试点改革，主要是通过利用闲置宅基地、盘活利用闲置住房，探索乡村旅游、寄宿家庭和抵押贷款等方式来进行的，从而振兴农村闲置房屋和土地资源，增加农民收入。另一方面，不断探索宅基地的"三权分置"。为了适当地释放宅基地使用权，根据2018年中央一号文件的要求，试点地区是在强制执行宅基地集体所有权的基础上，保障农民宅基地的资格，探索其使用权。

实际上，城乡人口双向流动已经成为现实。2018年4月，农业农村部部长韩长赋表示，目前农民工总量达到2.8亿人。根据农业农村部的一项调查，城市居民的数量正迅速减少，有超过700万人流向农村。这种情况表明迫切需要规范和指导城市居民进入乡村的方式。我国目前进行的农村宅基地制度改革，也在要为城市居民来到农村参与乡村振兴各项事业提供居住生活、生产等空间。

第五,对宅基地进行流转、退出与有偿使用方面。

(1)宅基地使用权可以在农村集体经济组织内部以转让、出租、置换等方式进行流转。宅基地使用权流转的,地上房屋及附着物所有权一并流转。(2)宅基地使用权人向所在村(居)委会、经联社申请使用新增宅基地的,应退回全部旧宅基地并拆除地上建筑物,将旧宅基地移交给所在农村集体经济组织。利用集体经济组织拥有的土地,将闲置的房屋用于建设农村社区和建设开发除商品房之外的公共基础设施,在遵守空间规划的基础上,有计划地进行其他用途。(3)鼓励村经联社将退出的宅基地复垦为耕地,复垦新增耕地验收合格后,土地增减挂钩指标纳入指标交易平台。对农村旧宅基地退出后形成的闲置地、废弃地、空心村等,鼓励村经联社开展农村土地整治、进行盘活利用。(4)对自愿退还宅基地或符合宅基地申请条件但自愿放弃申请权利的农村集体经济组织成员,鼓励村经联社以适当增加股权份额的方式予以奖励。(5)依法依规、稳妥有序、分阶段处理历史上形成的宅基地超面积问题、一户多宅和未批先建等问题。(6)严禁城镇居民到农村购买宅基地,严禁下乡利用宅基地建设别墅大院和私人会馆,严禁借流转之名违法违规圈地、买卖宅基地。

第六,对宅基地流转方式需求方面。

目前在泉州农村宅基地流转主要方式有:出租房屋形式的出租(租赁)宅基地、买卖房屋形式的买卖宅基地、新农村建设名义下的"小产权房"流转、将自身合法拥有的宅基地及房屋进行银行等机构抵押、将自身拥有的宅基地及房屋为他人债务乡银行等机构担保以及将自身拥有的宅基地及房屋转让给他人使用,使自己丧失宅基地相关权利等。

不同家庭人口数对于宅基地流转方式需求也不一样。在调查区域,出租房屋是主要的宅基地流转方式,家庭人口小于等于3人的占95.63%,为最大部分。其次是3到6人的,占52.03%,大于6人的占30.45%;买卖房屋是第二种形式,家庭人口小于等于3人的占31.02%,其次是3到6人的,占23.40%,大于6人的占20.12%;抵押是第三种形式,家庭人口小于等于3人的占2.34%,其次是3到6人的,占1.47%,大于6人的占1.24%;"小产权房"是第四种形式,家庭人口小于等于3人的占1.02%,其次是3到6人的,占0.25%,大于6人的占0.63%;担保和转让的形式非常少(图5-15)。通过激活农村宅基地要素资源能增加农民财产性收入,因此不同收入家庭对于宅基地流转的方式需求也不一样。总体来看，不管是低收入家庭、中低收入家庭、中等收入家庭还是中高收入家庭、高收入家庭，都是非常看重出租房屋的，其次是买卖房屋，但是很明显买卖房屋的比重很少，"小产权房"和抵押这两种流转方式只有中等收入家庭、中高收入家庭以及高收入家庭三种类型拥有，最后担保和转让这两种方式只有高收入家庭才有（图5-16）。2019年对泉州12个区县市58个村的调研结果显示，闲置农宅比例为1.54%。2020年又对该市洛江区、安溪县、永春县、德化县4个山区县的32个村开展的调研结果显示，闲置宅基地面积占到了5.5%。这表明，随着城镇化的加速，该市闲置宅基地不断增加。因此，加快推动宅基地有效流转，既能让闲置宅基地发挥其应有作用，又能增加农民财产性收入。

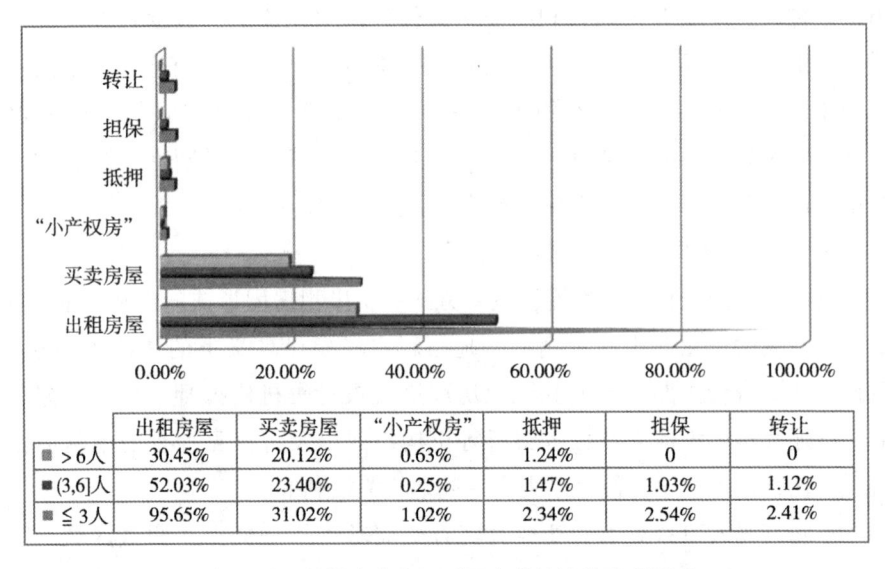

| | 出租房屋 | 买卖房屋 | "小产权房" | 抵押 | 担保 | 转让 |
|---|---|---|---|---|---|---|
| ■ >6人 | 30.45% | 20.12% | 0.63% | 1.24% | 0 | 0 |
| ■ (3,6]人 | 52.03% | 23.40% | 0.25% | 1.47% | 1.03% | 1.12% |
| ■ ≤3人 | 95.65% | 31.02% | 1.02% | 2.34% | 2.54% | 2.41% |

**图5-15　不同家庭人口对于宅基地流转方式需求**

资料来源：作者整理

出租（租赁）宅基地主要是将宅基地上的房屋出租，房屋出租是目前农村宅基地私下流转最为普遍的方式。农民在取得的宅基地上建房后，将房屋在一定期限内出租，个人获得租金收益，承租人将其作为住宅、办公、仓库或其他经营服务场所。此类流转多发生在城乡结合部等交通便利、经济活动较为活跃和适合于休闲度假的区域。

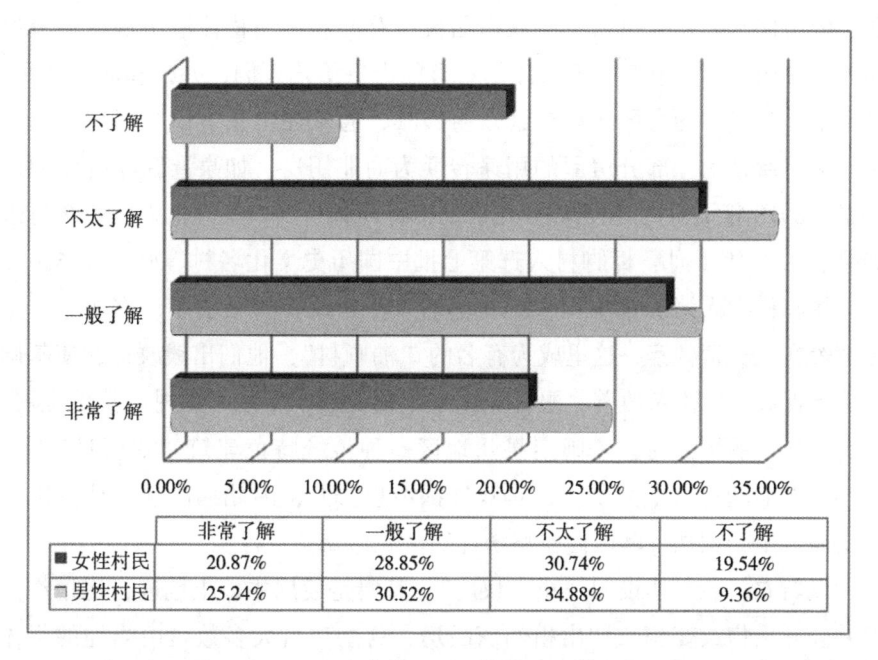

| | 非常了解 | 一般了解 | 不太了解 | 不了解 |
|---|---|---|---|---|
| ■女性村民 | 20.87% | 28.85% | 30.74% | 19.54% |
| □男性村民 | 25.24% | 30.52% | 34.88% | 9.36% |

图 5-16 不同家庭收入对于宅基地流转方式需求

资料来源：作者整理

比如晋江市陈埭镇 25 个行政村（社区），如岸兜村，全村总户数为 1124 户，常住人口 5457 多人，其中丁姓回族人口占 95%，外来人口有 3.6 万多人。出租房屋的农户占该村总农户的 35.4%。在南安市水头镇，约有三分之一的农户出租房屋，有些村甚至家家出租，租房客超过本村人，有的甚至超出本村人口的 4—5 倍。据有关方面调查，出租房屋以居住用途为主，在流转后一般不改变房屋的用途，出租期限一般为 1 年—2 年，短的几个月，但有些地区租期长达十几年、几十年，并且租金是一次性付清，出租人一般进城居住，不会再回来要房，承租人长期拥有此房。由于国家明令禁止宅基地出租、买卖，因此，城镇居民便采用这种变相手段租用农民的宅基地。流转的主体多为农户个体，但也有农村集体经济组织。

关于买卖房屋有两种情况，一是随着社会经济的发展和城市化进程的推进，不少务工、经商的农民逐步向城镇集聚，取得一定的经济收入后便在城镇购买商品房，而将原农村住宅连同宅基地出售给他人；二是一户多宅又长期无人居住的房屋，出售给他人。如安溪县和永春县的一些风景秀丽、依山傍水之地吸引了不少城市居民，有的农民便将住宅出售给城市退休人员，用于周末或夏季度假休闲；有的出售给艺人们，办公和居住两用。据了解，买卖后的房屋所有权证发生转移，通常还由买方出资修缮房屋甚至改造房屋结构，部分房屋的用途转变为商业用房。如泉港区涂岭镇的樟脚村，2018年12月，住房城乡建设部拟将樟脚村列入第五批中国传统村落名录。2019年1月，樟脚村入选第七批中国历史文化名村。2019年6月6日，樟脚村列入第五批中国传统村落名录。因此该村吸引了许多画家、摄影家等在此安营扎寨，这里成为有名的"油画村"，他们出钱改造，使基础设施条件和环境不断改善，服务业水平不断提高，带动了农村经济的发展。还有丰泽区的蟳埔村，是闽南泉州地区一种传统特色建筑"蚵壳厝"等，该类买卖活动是地下交易，买卖双方都不想公开，因此无法准确调查出具体交易数量，据估计辖区内概略统计约占2%—5%左右。

以新农村名义建设的"小产权房"，其实是使用集体土地进行房地产开发并公开出售或变相长期出租的商品房。这些项目大多数是由当地的集体经济组织与开发商共同开发的。根据我国现行法律，这类住房只能出售给集体经济组织的成员，但由于种种原因，实际上却卖给了城市居民。少数城市居民购买了这类房屋，它形成了涉及领域最广泛、数量最多的一种农村宅基地流转形式的房屋。例如，2006年，浙江湖州的一个村庄用了20多亩的耕地来建造高层房屋。根据北京一家机构进行的一项调查，在2007年上市的400家房地产中，有18%被以农村新居的名义出售，剩余的房屋在分配给村民后被出售。这是典型的"小产权房"。据有关资料显示，南京某地区有12个"小产权房"项目，占地约100亩。这种现象在泉州同样出现，南安炉中村有一占地800多平方米、高为8层的"小产权房"，这种小产权房是借集体土地之名进行房地产开发。

农村住宅抵押贷款。2015年12月，晋江等59个试点县（市、区）行政区域获准暂时调整实施《中华人民共和国物权法》《中华人民共和国担保法》关于集体所有的宅基地使用权不得抵押的规定。也就是说，相关法律正在修改，允许农民将自己合法拥有的住房财产权（含宅基地使用权）等向金融机构进行抵押贷款。2014年泉州出台新的《农业贷款风险补偿专项资金管理暂行规定》，贷款额度，一般来讲，单户贷款额度在5万元以上且不足30万元，力争占贷款总额的80%以上。其他个体开发项目具有较好的收益和大量的资金需求，可以适当放松。单栋房屋的最高贷款额不超过人民币100万元。2015年12月28日，晋江陈埭镇花厅口村的丁先生用自家的房屋和宅基地使用权作抵押，从晋江农商银行拿到了90万元贷款。据悉，这是晋江农村宅基地使用权抵押贷款的第一单，也是全省第一单。从20世纪90年代末，晋江就开始办理农民住房抵押业务。截至2015年12月底，晋江全市农房抵押贷款余额为5.34亿元，户数643户，累计发放30亿元，受惠群众超过1万户，贷款总量占全省金融机构的55%，在全国居于领先位置。

晋江从"三闲"起步，随着经济社会的发展，宅基地用途出现功能性剩余，在满足自主功能的同时，也发挥着租赁、物业、经营等功能，其财产属性更加明显。放活宅基地和农民房屋使用权，出台《晋江市精准帮扶发展壮大村级集体经济九条措施》，鼓励村集体盘活闲置宅基地和农房及旧宅基地退出，发展开心农场、农家乐、度假民宿等乡村"旅游"项目，探索形成了"指标置换、资产置换、货币补偿、借地退出"等4种宅基地退出方式，村民可以拿宅基地和房屋，换安置房、店面、商铺、公寓、现金和股权。此外还出台实施宅基地抵押贷款由独立授信向批量授信提升，允许宅基地从村内流转到全市范围跨村流转等政策。

不同婚姻状况。调查结果显示，转让这种形式只有已婚的家庭才出现，占0.20%；担保这种形式出现在丧偶、离异和已婚的家庭，分别占0.40%、0.50%和1.12%；出租房屋也是不同婚姻状况最为主要的宅基地流转方式，其次是买卖房屋和"小产权房"，他们的占比非常小（图5-17）。

随着我国对于宅基地政策不断调整，宅基地继承等方式也发生了变化，直接影响到农民对于宅基地的财产权利的实现。对于一些农村家庭成员脱离原来农户家庭到城镇或其他地区生活的，其对于宅基地的继承权产生直接影响。2016年6月《不动产登记操作规范（试行）》规定：非本农村集体经济组织成员（含城镇居民），因继承房屋占用宅基地的，可按相关规定办理确权登记，在不动产登记簿及证书附记栏注记"该权利人为本农村集体经济组织原成员住宅的合法继承人"。这意味着，城镇子女继承得到的权利与集体经济组织成员的宅基地权利是有本质不同的。城镇子女继承得到的是"使用权"，而集体经济组织成员享有的是"资格权"+"使用权"。是否拥有资格权，涉及很多后续问题。比如，按照现行规定，同一集体经济

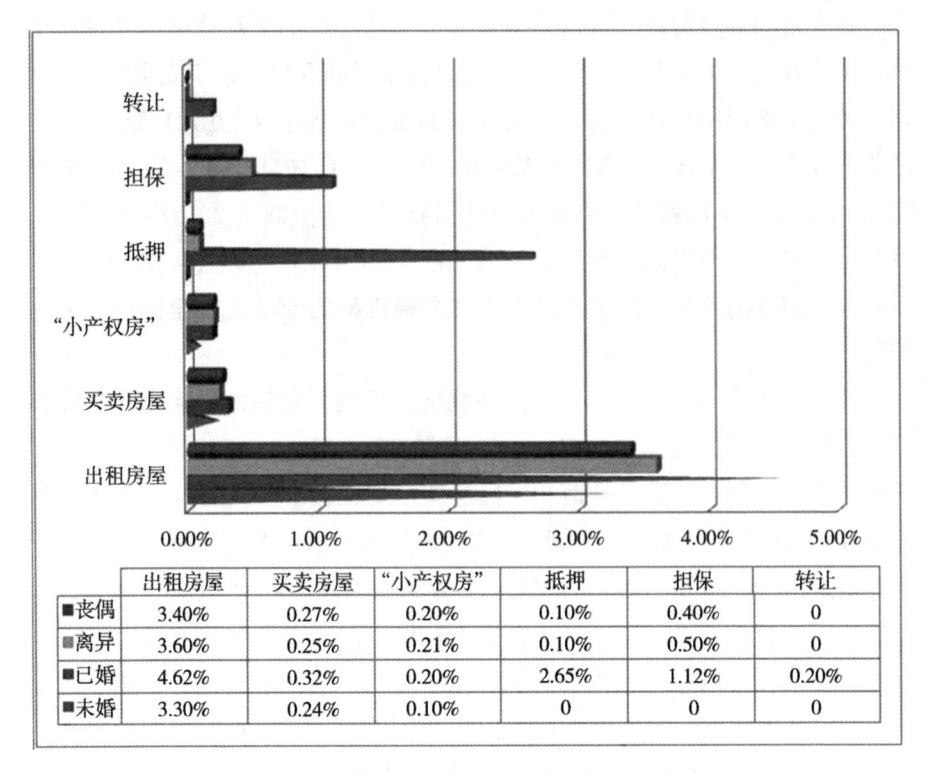

|       | 出租房屋 | 买卖房屋 | "小产权房" | 抵押   | 担保   | 转让   |
|-------|---------|---------|-----------|-------|-------|-------|
| ■丧偶 | 3.40%   | 0.27%   | 0.20%     | 0.10% | 0.40% | 0     |
| ■离异 | 3.60%   | 0.25%   | 0.21%     | 0.10% | 0.50% | 0     |
| ■已婚 | 4.62%   | 0.32%   | 0.20%     | 2.65% | 1.12% | 0.20% |
| ■未婚 | 3.30%   | 0.24%   | 0.10%     | 0     | 0     | 0     |

图5-17 不同婚姻状况对于宅基地流转方式需求

资料来源：作者整理

组织的成员之间，是可以交易宅基地的，同时，农村村民出卖、出租住房后，再申请宅基地的，不予批准。也就是说，这种交易是以资格权的存在为前提的，在交易过程中，转出者同时丧失了宅基地的资格权。如果按照这一逻辑，作为继承者的城镇子女本身就没有这种"资格权"，是否可以参与交易，在现行制度安排下就成了一个悬而未决的问题。现行我国的宅基地"三权分置"规定中，宅基地的使用权是可以跨越集体经济组织边界进而与其他组织进行流转的。然而，城镇子女继承者只拥有使用权——这是一种相对固化的"使用权"。大体上讲，农民在农村享有三项权益，分别是：农村土地承包权、宅基地资格权和集体经济收益分配权。这三项权益都是由农民的集体成员权转化而来的。要想让进城农民踏踏实实在城市落户，不但需要解决宅基地的继承问题，还需解决土地承包权和集体经济收益分配权的继承问题。宅基地使用权可以依法由城镇户籍的子女继承并办理不动产登记,这是从制度上明确规定,取得城市户籍的农村子女(城市化农村家庭)可以依法继承房屋所有权以及宅基地使用权。

此举从制度上突破了基于农村户籍制度规定的村社成员权限制,既然城市户籍子女可以继承,那么城市户籍的其他市民、其他非村社成员按照目前制度规定,应该也可以,因为"其他非村社成员,可以继承,也可以由赠予取得"。

此外,根据《继承法》规定,被继承人的房屋作为其遗产,由继承人继承,按照"房地一体"的原则,继承人继承取得房屋所有权和宅基地使用权,不能单独继承农村宅基地。

安溪县一名分管村镇土地工作的镇干部告诉笔者,从他的角度来看,规定城镇户口可继承农村宅基地是件好事。"一个村子在三四十年后,土生土长的祖辈在农村,而子孙都在大城市定居,会导致村里的宅基地一直荒废着。"他说,一旦国家法规改变了,村民的宅基地能够被子孙后代使用,并且如果有需求,可以租用或重建房屋以供第二次使用,至少宅基地和房屋将被激活,其价值能够被重新利用。

前述镇干部称,其实现在在当地祖辈宅基地上的房子也是由子女继承,如果子女常年在外,房子盖好没人住,给叔叔或大伯等亲戚住也可以,实在没人住就一直空置着。"村里一般也不会收回宅基地的使用权,除非是五保户,没有下一代的。"

"这个制度从法律层面来看是最好不过了。"该镇干部认为,如果家庭成员对宅基地的归属有争议,那么这个规定就是最明确的依据。他举例说,像老宅子被在农村的叔叔占用,子女从城镇回来之后要住,这中间也就说得清了。

总之,宅基地使用权的取得不再限于特定"村民"身份,一方面,为有意下乡生活发展的城市居民或城市资本打开了原本封闭的农村宅基地和房屋市场;另一方面,为有意进城的农村青年子女进城解除了政策担忧、提供了制度保障。城镇户籍子女可继承农村宅基地使用权。在2020年年初开始施行新《土地管理法》、宅基地使用权可流转的背景下,这一笃定的回复,无疑给许多人服下了一颗定心丸——"农二代"可以放心外出打拼了,已经在外打拼的也落叶可归根了。农村宅基地具有自然福利的性质。在我国,土地承包经营权解决了农民的基本衣食来源,宅基地使用权解决了农民的基本住房问题。宅基地使用权可以由城镇户口的子女来继承，这既是一种合乎历史的制度安排，也体现了国家对民众财产权的尊重。此次国家明确答复，将打消进城农民工，包括来自农村的大学生等"农二代"的后顾之忧，让他们回望家园时少一些犹豫、多一份踏实。如此安排，也会成为推动城镇化和城市反哺乡村的一种助力。

宅基地是农民安身立命之所，也是农民最后的退路。农民工、"农二代"进城，满足了城市用工需求；农民工、"农二代"回乡，可以继续建设乡村。这一群体联结着城市与乡村，是中国现代化进程重要的推动人群，在各项改革制度安排中，必须切实平等保障群体每一位成员的根本利益。城里有房，农村有家。千百年来，一处农村的宅子是中国人情感的寄托，也映射出一种合乎理想的人生。家宅之所，固本之基。宅基地使用权可继承，是为有序、健康的乡村城镇化建设打下的坚实地基。

（二）基于农户住房特征的宅基地流转的多元性需求分析

不同区域的农户具有不同住房特征，农民拥有这种住房特征对宅基地流转的需求是不同的，本部分是在房屋使用年限、房屋结构、建筑面积对于农户住房特征的宅基地流转的多元性需求进行分析。

根据第三次全国农业普查对该市 117.96 万农户的生活条件所进行的调查显示，2016 年末，99.8%的农户拥有自己的住房。其中，拥有 1 处住房的有 100.86 万户，占 85.5%；拥有 2 处住房的有 15.33 万户，占 13.0%；拥有 3 处及以上住房的有 1.56 万户，占 1.3%；拥有商品房的有 14.41 万户，占 12.2%（表 5-4）。

家庭人口方面。随着社会发展，中国少子化、老龄化进程加快，继 2018 年中国出生人口下降 200 万后，2019 年出生人口再下降 58 万至 1465 万。2019 年出生人口减幅明显收窄，主要在于主力育龄妇女数量减幅边际明显收窄和生育率基本稳定，一孩和二孩出生数减幅均较 2018 年明显收窄。泉州市 2000 年农村居民家庭平均每户常住人口 4.48 人，到了 2010 年是 4.12 人，2019 年是 3.28 人[①]。

---

① 数据来源：泉州统计年鉴（2020 年）。

表 5-4 泉州市农户住房数量与结构构成

| | 按拥有住房数量划分构成（%） | | | | 按住房结构划分构成（%） | | | | | 拥有商品房农户 | |
|---|---|---|---|---|---|---|---|---|---|---|---|
| | 拥有1处住房 | 拥有2处住房 | 拥有3处及以上住房 | 没有住房 | 钢筋混凝土 | 砖混 | 砖（石）木 | 竹草土坯 | 其他 | 户数（万户） | 比重（%） |
| 泉州市 | 85.5 | 13.0 | 1.3 | 0.2 | 30.3 | 42.6 | 25.0 | 1.1 | 0.9 | 14.41 | 12.2 |
| 鲤城区 | 82.0 | 15.3 | 2.7 | 0.0 | 13.0 | 70.9 | 15.4 | 0.5 | 0.3 | 0.05 | 11.5 |
| 丰泽区 | 74.0 | 18.2 | 7.5 | 0.3 | 32.1 | 52.7 | 14.1 | 0.2 | 1.0 | 0.08 | 9.2 |
| 洛江区 | 80.9 | 16.8 | 2.0 | 0.2 | 35.5 | 42.4 | 21.3 | 0.4 | 0.4 | 0.66 | 17.4 |
| 泉港区 | 85.9 | 12.8 | 1.2 | 0.1 | 12.0 | 51.3 | 36.5 | 0.1 | 0.3 | 0.60 | 9.1 |
| 惠安县（包含台商投资区） | 83.1 | 15.2 | 1.6 | 0.1 | 9.9 | 51.4 | 38.1 | 0.0 | 0.5 | 2.12 | 11.3 |
| 惠安县（不含台商投资区） | 84.1 | 14.3 | 1.5 | 0.1 | 9.0 | 57.1 | 33.5 | 0.1 | 0.4 | 1.75 | 11.8 |
| 台商投资区 | 79.6 | 18.4 | 1.9 | 0.1 | 13.5 | 30.4 | 55.1 | 0.0 | 1.0 | 0.37 | 9.3 |
| 安溪县 | 87.2 | 11.9 | 0.8 | 0.1 | 43.5 | 34.2 | 18.1 | 2.7 | 1.5 | 2.78 | 13.5 |
| 永春县 | 87.6 | 11.4 | 0.8 | 0.2 | 12.0 | 73.0 | 10.2 | 3.6 | 1.2 | 1.30 | 11.1 |
| 德化县 | 74.1 | 23.9 | 1.5 | 0.5 | 34.9 | 25.2 | 35.9 | 2.8 | 1.2 | 1.81 | 28.9 |
| 石狮市 | 88.3 | 10.2 | 1.0 | 0.4 | 39.5 | 9.8 | 48.1 | 0.1 | 2.6 | 0.28 | 11.0 |
| 晋江市 | 82.9 | 14.5 | 2.3 | 0.4 | 32.0 | 33.3 | 32.3 | 0.4 | 1.5 | 1.98 | 11.3 |
| 南安市 | 89.8 | 9.3 | 0.9 | 0.1 | 42.7 | 39.9 | 16.8 | 0.2 | 0.4 | 2.74 | 9.6 |

数据来源：泉州市第三次全国农业普查主要数据公报（2018年9月26日）、泉州市第三次全国农业普查领导小组办公室、泉州市统计局、国家统计局泉州调查队

从问卷结果来看，在调查区域中的农户对宅基地的需求总体非常旺盛。农民家庭人口小于等于3人的农户，需要的比重为54.17%；大于3人小于等于6人的农户，需要的比重为56.82%；大于6人的农户，需要的比重为65.60%。不同家庭人口对于宅基地需求的平均数的比重为27.68%，家庭人口越多，其对于宅基地的需求程度所占的比重也就越高（图5-18）。

不同婚姻状况农民对宅基地的需求差异。在调查区域，不同的婚姻状况农民对于宅基地的需求差异不大。未婚家庭对于宅基地需求的比重为73.21%，已婚家庭的比重为61.76%，两者相差11个多百分点（图5-19）。在继续对不同子女状况农户对宅基地的需求差异调查中，把农户家庭子女状况分为三种情况，分别是"未育子女"、"子女未成家"和"子女已成家"。不同子女状况农户对于宅基地需求差异表现在：对于宅基地的需求，"子女已成家"的农户认为不需要宅基地的比例为23.65%，"未育子女"的为10.25%，"子女未成家"的农户比重为9.15%，这说明，"子女已成家"的农户对于宅基地的需求非常强烈，目前的宅基地还不能满足其需求（表5-5）。

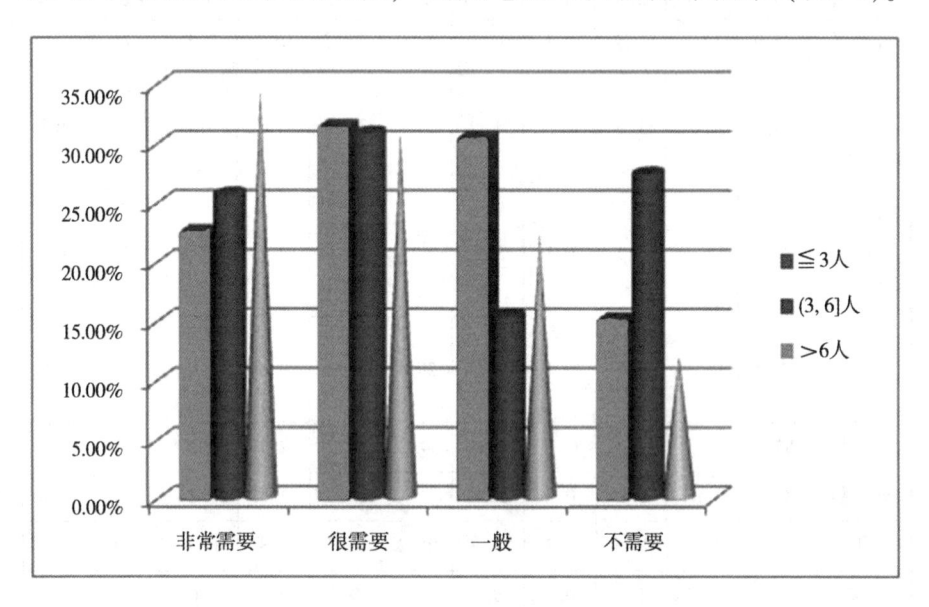

图5-18　家庭人口对宅基地需求程度

资料来源：作者整理

表5-5　农户家庭不同子女状况对于宅基地需求

| 子女状况 | 非常需要 | 很需要 | 一般 | 不需要 |
|---|---|---|---|---|
| 未育子女 | 10.23% | 12.03% | 67.49% | 10.25% |
| 子女未成家 | 30.25% | 30.04% | 30.56% | 9.15% |
| 子女已成家 | 50.26% | 20.28% | 5.81% | 23.65% |

资料来源：作者整理

第五章 农村宅基地流转中的农民需求分析

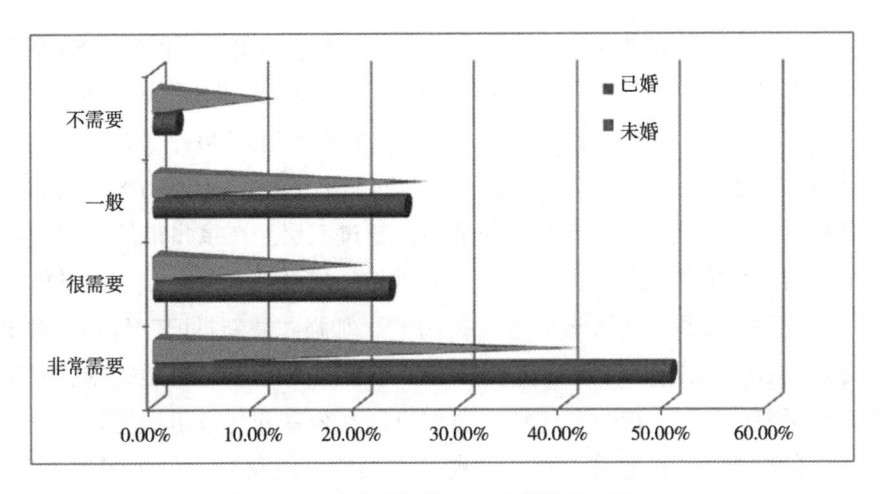

图 5-19 家庭婚姻状况对宅基地需求程度
资料来源：作者整理

不同家庭住房面积的农户对宅基地的需求差异。在调查中，不同的农户其住房面积对宅基地的需求不同。人均住房面积小于等于60平方米的农户，需要宅基地的比重为60.08%，大于60小于等于75平方米的农户比重为61.17%，大于75小于等于81平方米的农户比重为61.72%，大于81小于等于95平方米的农户比重为50.78%，大于95平方米的农户比重为40.26%（图5-20）。

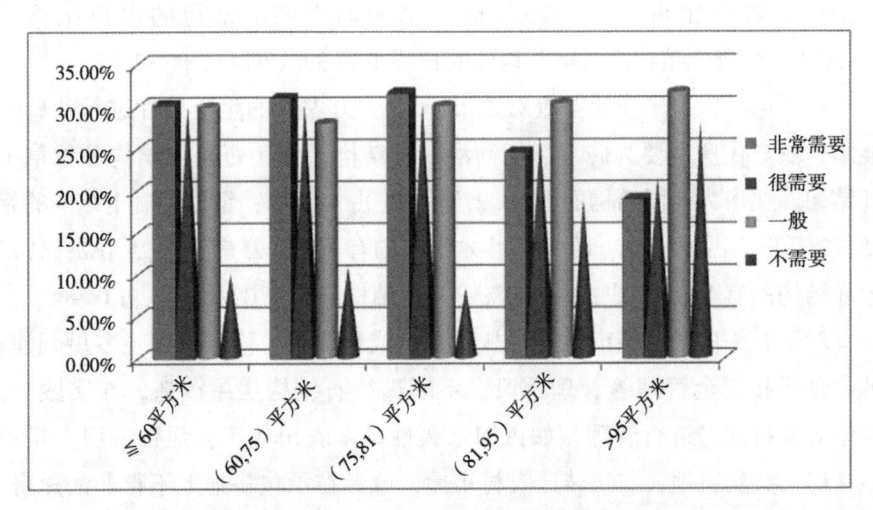

图 5-20 家庭住房面积状况对宅基地需求程度
资料来源：作者整理

福建省农村村民的住房建设规定，每户宅基地的面积不得超过80平方米至120平方米。如果农户使用闲置土地、荒坡和其他未使用的土地来建造房屋或重建房屋，则每个家庭可以增加土地面积不超过30平方米。人均住宅建筑面积限额标准为现有人均住宅建筑面积小于等于60平方米；农村单户独栋式、并联式、联排式自建住宅不得超过三层。在泉州市按照《福建省农村村民住宅建设管理办法》规定条件申请宅基地，每个县市区具体规定了家庭住房面积，严格落实"一户一房"，加强"建新拆旧"管理。对于要搬迁的农户，先拆除再建造新建房屋，将优先考虑其宅基地需求；对于先建后拆除的村民，应与乡（镇）协调机制办公室和村级组织签署三方协议，并做出承诺。在数月之内，旧房屋将被拆除或移交给村级组织处置，而旧房宅基地将被退还给村级组织。

农户家庭住房结构状况对宅基地需求情况。农村地区的农户住房是生活空间最主要的承载体，也是抵御自然灾害，如地震等灾害最主要的抵抗物体，房屋的建筑材料和结构形式与其抗震性密切相关，即使在同一震级下，不同的结构房屋的损失率存在很大差别，因此农户不同的住房结构关系也会影响其对宅基地的需求。在研究区域，主要存在砖木结构、混凝土结构和石头结构三种，截至2019年，泉州市共有石头房1.6亿平方米，总户数达82万，其中鲤城区有342万平方米，涉及6万多人。石头房子需要宅基地的农户比重为62.87%；砖木结构的需要宅基地的农户比重为50.30%；混凝土结构需要宅基地的农户比重为39.12%（图5-21）。

根据第三次全国农业普查对该市117.96万农户的生活条件进行的调查显示，农户住房主要为砖混、钢筋混凝土结构、砖（石）木结构和竹草土坯结构。住房为砖混结构的有50.27万户，占42.6%；钢筋混凝土结构的有35.78万户，占30.3%；砖（石）木结构的有29.50万户，占25.0%；竹草土坯结构的有1.33万户，占1.1%；其他结构的有1.09万户，占0.9%。

对于石头房子，该市通过帮扶改造、成片改造、修缮加固、零星翻建、征收盘活和安全管理等管理手段，不断进行石结构房屋改造。在实践中，该市对农村建房进行管理，如占用永久性基本农田建房，强行占用大量耕地建房，买卖耕地，非法转让农村房屋，或者在承包耕地上不得非法建房。禁止占用农田来盖房，并禁止非法出售占用农田的房屋。深化农村住房改造，对农户建立奖励代替补助的积极激励机制，违反现行的"裸房"和建

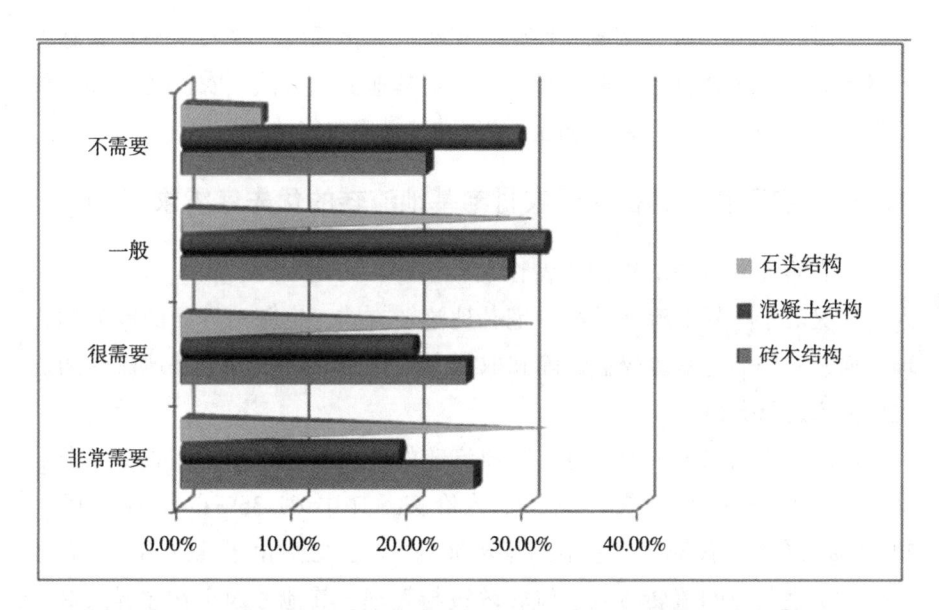

**图 5-21　家庭住房结构状况对宅基地需求程度**

资料来源：作者整理

设计划许可证，各村严格控制彩钢板屋顶，屋顶储水箱的暴露，这都会影响村庄的整体建筑风格，并带来潜在的安全隐患。由于历史原因，还将认真解决诸如宅基地占用等问题。如果房屋是在1982年之前，或者由于转让、继承、捐赠等原因，超出了当前的标准面积，则超出的面积符合当前的标准，并且该家庭符合分户的条件，允许其家庭内部分户后优先使用，但要遵循相关的宅基地批准程序。如果超过现行规定标准的，或者家庭不符合分户要求，村民继续使用，但要按照村庄规划进行转让或补缴款项，及时调整。对于非法占用农村土地建房等历史问题将逐步受到法律追究，并及时进行整治。

## 第三节　农村宅基地流转的优先序需求分析

对于广大农民来说，住有所居、住得安心是最基本的生活保障。随着社会的发展，宅基地流转已成为处理农村闲置宅基地的一种途径和方式，依法规范闲置宅基地和盘活利用闲置住宅。宅基地的流转直接关系到农民切身利益，农民对于宅基地流转的诉求，其优先排序也就不一样。

本研究从不同研究区域、性别、年龄、文化程度、收入水平及家庭人口状况等维度来分析宅基地流转价格、宅基地流转方式、农民的宅基地权益保障和取得方式、宅基地方面的政策和管理完善等的迫切程度。

## 一、农民基本特征对于农村宅基地流转的优先序需求

基于研究区域中的被调查者性别、年龄、文化程度、收入水平及家庭人口状况对于宅基地流转价格、宅基地流转方式、宅基地方面的政策和管理方面、农民的宅基地权益保障和取得方式等特征对农村宅基地流转的优先序需求进行分析。

不同性别的农户对于农村宅基地流转的优先序需求。在调查中，全部被调查者首先关注的是宅基地流转价格，其中69.36%的男性村民和72.29%的女性村民对于宅基地的流转价格关心；之后由于性别不同，导致他们对于宅基地的流转方式、流转政策与管理、其他方面存在差异。对于宅基地流转方式，15.28%的男性村民和6.55%的女性村民关注该内容，男性是女性的2倍多；对于宅基地流转政策和管理方面，20.04%的女性村民和10.58%的男性村民关注该内容，女性是男性的2倍左右；其他方面，男性和女性村民关注的比例较少，4.78%的男性和1.12%女性村民关注该内容（图5-22、图5-23）。

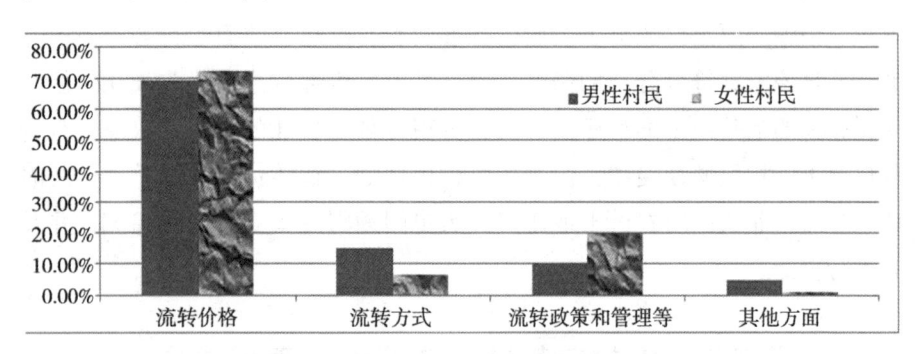

图5-22 不同性别的农户对于农村宅基地流转的优先序需求
资料来源：作者整理

不同年龄的农户对于农村宅基地流转的优先序需求。在调查中，平均52.14%的被调查农户首先关注的是宅基地流转价格，具体是60.22%的61岁以上村民、51%的51—60岁村民、50.36%的41—50岁村民、50.03%的

第五章 农村宅基地流转中的农民需求分析

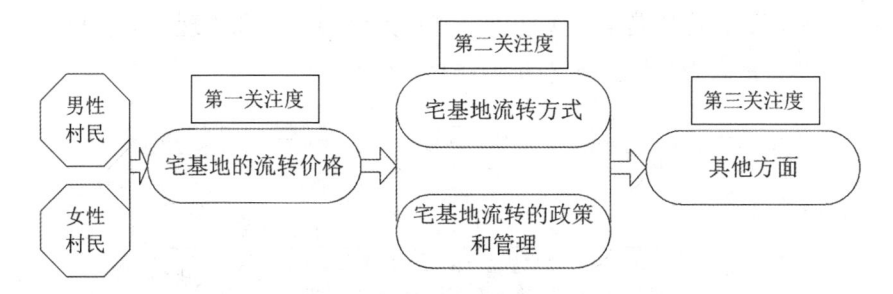

图 5-23　不同性别的农户对于农村宅基地流转的优先序

30岁以下的村民和49.07%的31—40岁村民对于宅基地的流转价格关心；之后由于年龄不同，导致他们对于宅基地的流转方式、流转政策与管理、其他方面的关注存在差异。对于宅基地流转方式，15.51%的被调查村民关注该内容，30岁以下的农民占比最多，为20.06%，51—60岁的被调查者最少，为10.67%。对于宅基地流转政策和管理方面，平均24.91%的村民关注该内容，51—60岁的村民占比最大，为30.87%，30岁以下的村民占比最小，为20.70%。其他方面，男性和女性村民关注的比例较少，平均7.44%的村民关注，30岁以下的村民占比最大，为9.21%，31—40岁的村民占比最小，为6.44%（图5-24）。

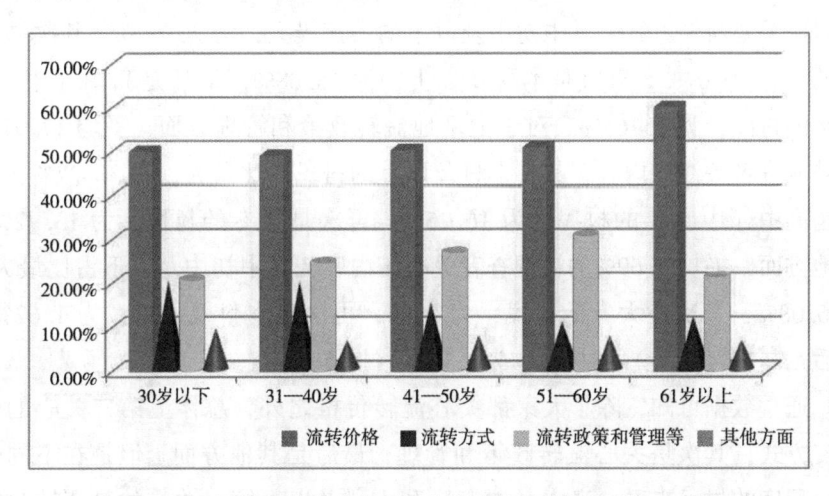

图 5-24　不同年龄的农户对于农村宅基地流转的优先序需求

资料来源：作者整理

从调查中发现，在不同年龄的农户对于农村宅基地流转的优先序需求

137

中，宅基地流转价格是第一关注度，其次是流转政策和管理方面，再次是流转方式，最后为其他方面（图5-25）。

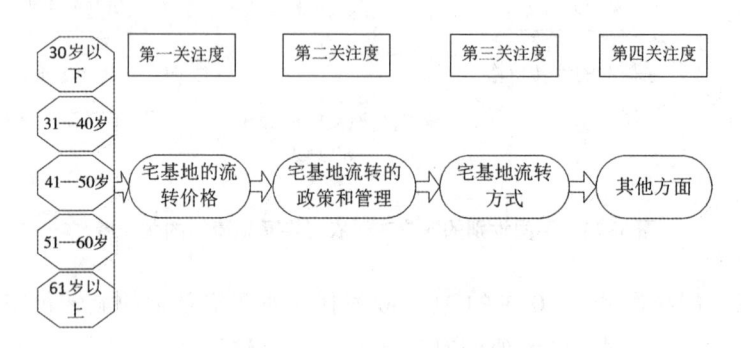

图 5-25 不同年龄的农户对于农村宅基地流转的优先序

不同受教育水平的农户对于农村宅基地流转的优先序需求。在调查中，全部被调查者首先关注的是宅基地流转价格，平均60.04%的村民首先关注流转价格，其中67.02%的高中（中专）村民占比最大，其次是62.06%的初中及以下村民，再次是61.05%的大专村民，最后是50.03%本科及以上的村民。由于受教育水平不同，导致他们对于宅基地的流转方式、流转政策与管理、其他方面存在差异。对于宅基地流转方式，平均18.37%的被调查村民关心流转方式，其中初中及以下的占比最大，为20.66%，其次是大专的，为19.07%，再次是本科及以上，为18.08%，最后是高中（中专）水平的村民，为15.65%。对于宅基地流转政策和管理方面，平均17.91%的被调查者关注该内容，其中本科及以上的村民占比最大，为30.27%，其次是高中（中专）的村民，为16.25%，再次是大专的村民，为13.92%。其他方面，平均3.69%的被调查者关心该内容，其中初中及以下占比最大，为6.08%，其次是大专的村民，为5.96，再次是本科及以上，为1.62%，最后是高中（中专）的村民，为1.08%（图5-26）。

通过数据可知，除了大家都关心流转价格之外，总体上第二关心的是流转方式，其次是关心流转政策和管理，最后是其他方面。但是在不同受教育程度的村民来看，高中（中专）和本科及以上第二关心的是流转政策和管理等，再次是流转方式（图5-27）。

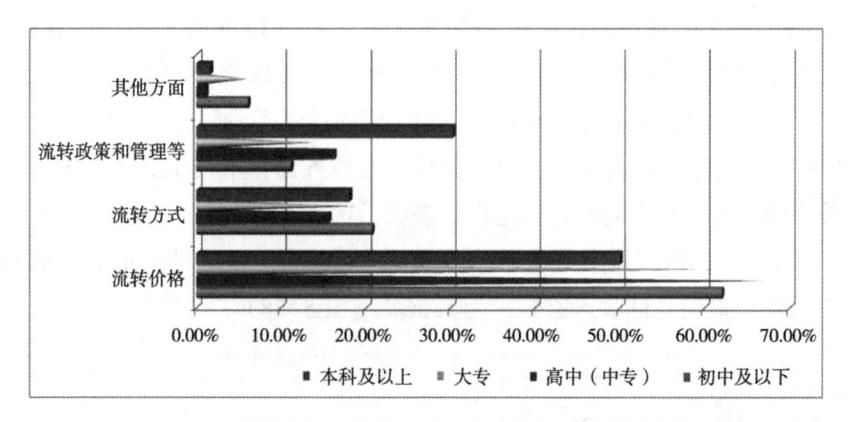

图 5-26　不同受教育水平的农户对于农村宅基地流转的优先序需求
资料来源：作者整理

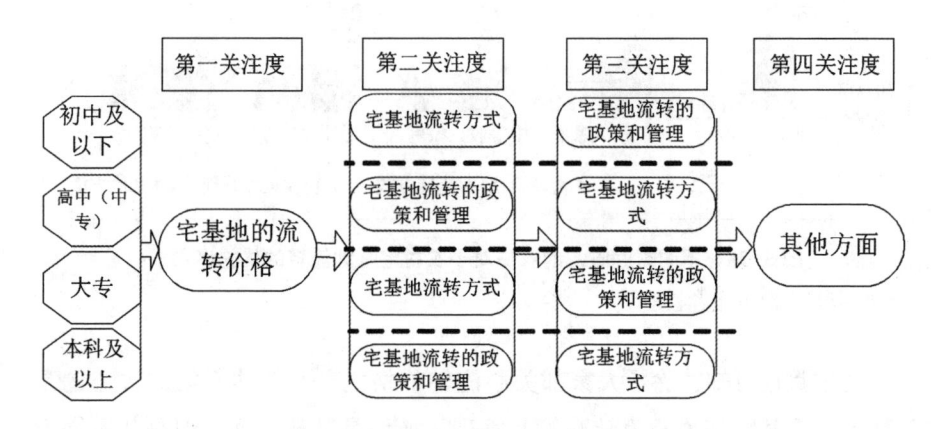

图 5-27　不同受教育水平的农户对于农村宅基地流转的优先序

不同家庭收入的农户对于农村宅基地流转的优先序需求。在调查中，全部被调查者首先关注的是宅基地流转价格，平均 61.72% 的村民首先关注流转价格，其中 75.69% 的低收入家庭占比最大，其次是 68.66% 的中低收入家庭，再次是 62.36% 的中等收入家庭，然后是 56.25% 的中高收入家庭，最后是 45.62% 的高收入家庭。由于家庭收入水平不同，导致他们对于宅基地的流转方式、流转政策与管理、其他方面存在差异。对于宅基地流转方式，平均 14.86% 的被调查村民关心该内容，其中低收入家庭占比最大，为 21.62%，其次是中低收入家庭，为 16.62%，再次是中高收入家庭，为 13.62%，然后是高收入家庭，为 12.22%，最后是中等收入家庭，为

10.24%。对于宅基地流转政策和管理方面,平均12.50%的家庭关注该内容,其中高收入家庭占比最大,为25.62%,其次是中高收入家庭,为13.70%,再次是中等收入家庭,为12.52%;然后是中低收入家庭,为9.62%,最后是低收入家庭,为1.03%。其他方面,平均10.92%的被调查者关心该内容,其中高收入家庭占比最大,为16.54%,其次是中高收入家庭,为16.43,再次是中等收入家庭,为14.88%,然后是中低收入家庭,为5.10%,最后是低收入家庭,为1.66%(图5-28)。

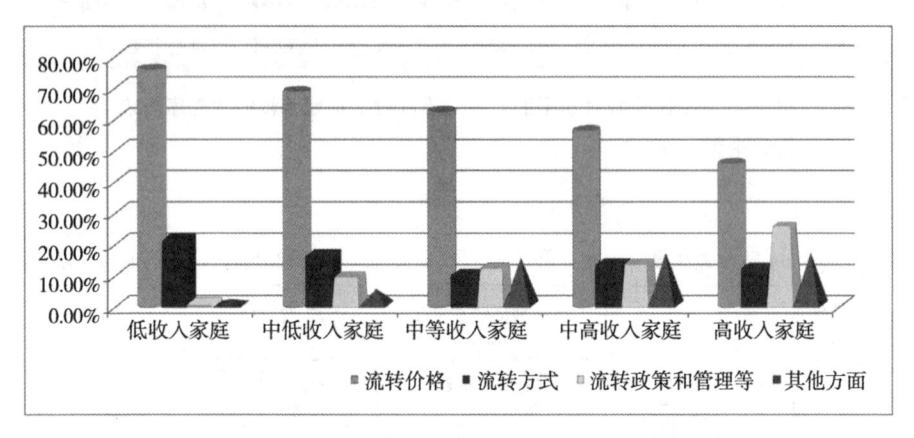

图5-28 不同家庭收入的农户对于农村宅基地流转的优先序需求

资料来源:作者整理

通过数据可知,除了大家都关心流转价格之外,总体上第二关心的是流转方式,其次是关心流转政策和管理,最后是其他方面。但是从不同家庭收入的村民来看,中等收入家庭、中高收入家庭和高收入家庭的第二关心的是流转政策和管理等,低收入家庭和中低收入家庭则更关心流转方式(图5-29)。

不同家庭人口的农户对于农村宅基地流转的优先序需求。在调查中,全部被调查者首先关注的是宅基地流转价格,平均57.89%的村民首先关注流转价格,其中62.28%的家庭人口小于等于3口人占比最大,其次是59.06%的大于3小于等于6口人,再次是52.32%的大于6口人。由于家庭人口不同,导致他们对于宅基地的流转方式、流转政策与管理、其他方面存在差异。

对于宅基地流转方式,平均16.09%的被调查村民关心该内容,其中家

| 第五章 | 农村宅基地流转中的农民需求分析

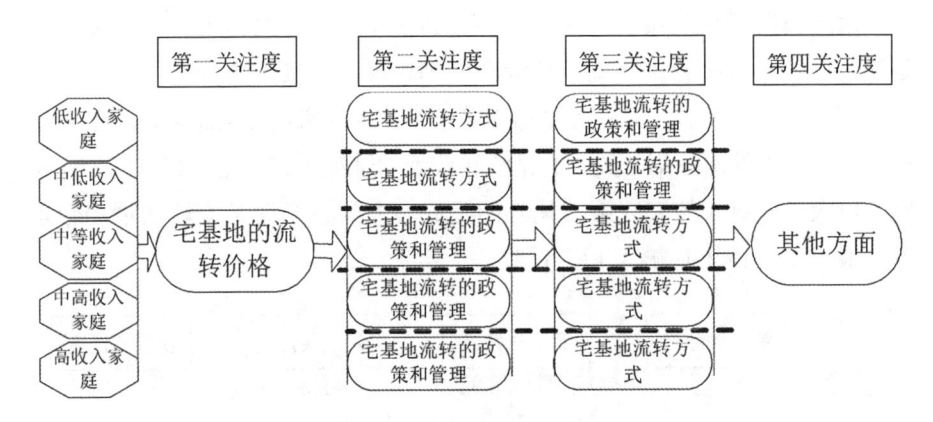

图 5-29 不同家庭收入的农户对于农村宅基地流转的优先序

庭人口大于 6 口人的占比最大，为 20.21%，其次是家庭人口大于 3 小于等于 6 口人，为 16.05%，最后是家庭人口小于等于 3 口人，为 12.02%。对于宅基地流转政策和管理方面，平均 15.84% 的被调查者关注该内容，其中家庭人口大于 3 小于等于 6 口人的占比最大，为 17.26%，其次是家庭人口小于等于 3 口人，为 16.62%，最后是家庭人口大于 6 口人的，为 13.65%。其他方面，平均 10.18% 的被调查者关心该内容，其中家庭人口大于 6 口人的占比最大，为 13.82%，其次是家庭人口小于等于 3 口人，为 9.08，最后是家庭人口大于 3 小于等于 6 口人的，为 7.63%（图 5-30）。

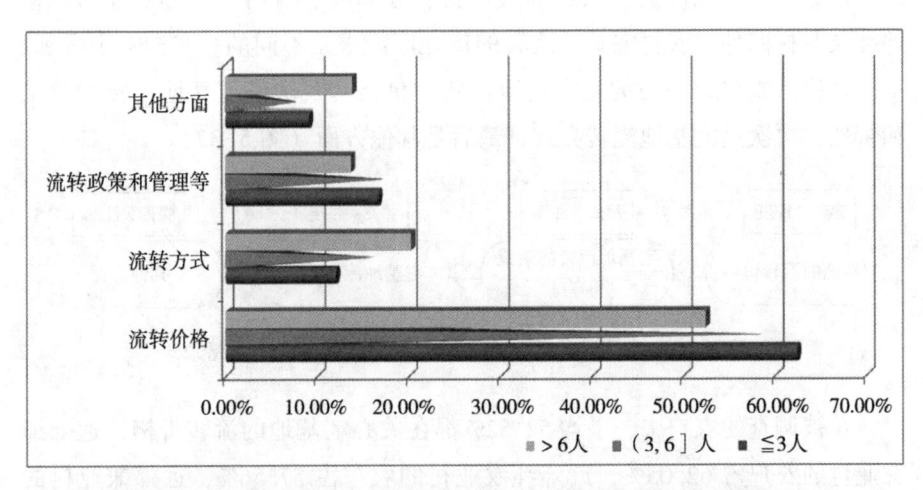

图 5-30 不同家庭人口的农户对于农村宅基地流转的优先序需求

资料来源：作者整理

141

通过数据可知,除了大家都关心流转价格之外,总体上,第二关心的是流转方式,其次是关心流转政策和管理,最后是其他方面。但是在家庭人口不同的村民来看,家庭人口小于等于3口人的家庭和家庭人口大于3小于等于6口人的家庭第二关心的是流转政策和管理等,再是流转方式,而家庭人口大于6口人的家庭第二关心的是流转方式,然后是流转政策和管理等,最后是关心其他方面(图5-31)。

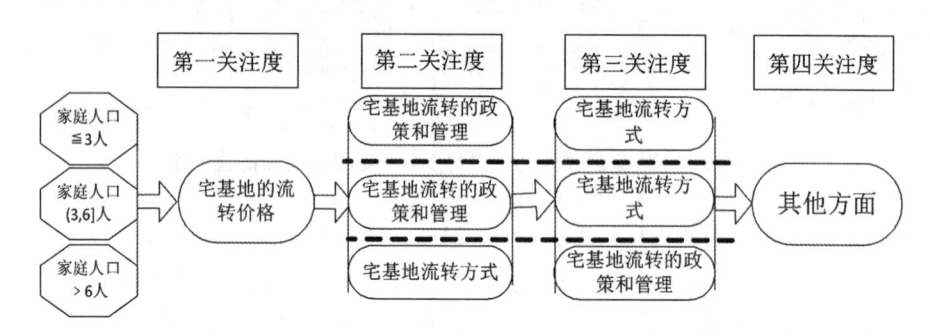

图5-31 不同家庭人口的农户对于农村宅基地流转的优先序

## 二、不同的所处区域对于农村宅基地流转的优先序需求

在现实生活中农村宅基地流转已大量发生,且较为普遍,而处于不同区域位置的宅基地位置,如近郊兼业村、近郊纯农业村、远郊兼业村、远郊纯农业村四种对农村宅基地流转的优先序需求是不同的。在调查中发现,不同区位的农户最关心的是宅基地流转的价格,其次是宅基地流转的政策和管理,再次是宅基地流转方式,最后是其他方面(图5-32)。

图5-32 不同区位的农户对于宅基地流转的优先序需求

在被调查的农户中,平均52.62%都在关心宅基地的流转价格,远郊纯农业村的农户占62.05%,近郊纯农业村的农户占57.56%,远郊兼业村的农户占50.72%,近郊兼业村的农户占40.14%。大家除了关心宅基地流转价格之外,就是流转政策和管理方面。在这些被调查的农户中,平均

19.56%对于宅基地流转的政策和政府管理办法、手段更为关注,其中近郊兼业村的27.15%的农户最为关注该内容,其次是远郊纯农业村的20.34%农户,再次是近郊纯农业村的16.76%农户,最后是远郊兼业村的14.00%农户。居于第三位值得被调查农户关心的是宅基地流转方式,在被调查的农户中平均19.10%关心,居于首位的是近郊兼业村的22.52%农户,其次是远郊兼业村的21.21%农户,再次是近郊纯农业村的17.05%农户,最后是远郊纯农业村的15.62%农户。大家最后关心的是其他方面,平均8.72%的被调查者关心,包括远郊兼业村的14.07%的农户,近郊兼业村的10.19%的农户,近郊纯农业村的8.63%农户,远郊纯农业村的1.99%农户(图5-33)。

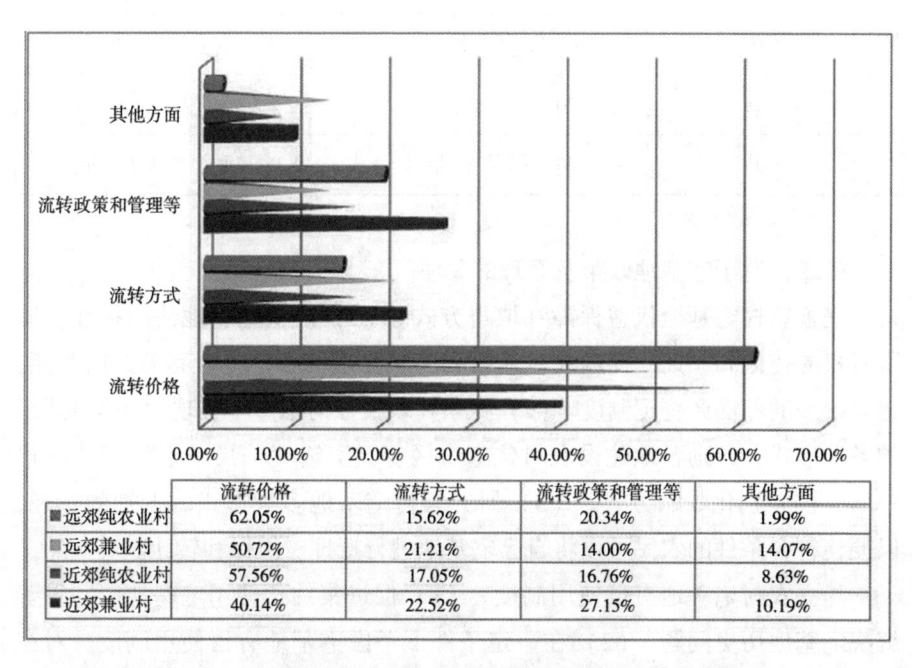

|  | 流转价格 | 流转方式 | 流转政策和管理等 | 其他方面 |
|---|---|---|---|---|
| 远郊纯农业村 | 62.05% | 15.62% | 20.34% | 1.99% |
| 远郊兼业村 | 50.72% | 21.21% | 14.00% | 14.07% |
| 近郊纯农业村 | 57.56% | 17.05% | 16.76% | 8.63% |
| 近郊兼业村 | 40.14% | 22.52% | 27.15% | 10.19% |

**图5-33 不同的所处区域对于农村宅基地流转的优先序需求**
资料来源:作者整理

第一,农户对于宅基地流转价格的关心,这是对农户宅基地的财产权的关注。在泉州市,宅基地流转中的出租房屋,其价格在100元/平方米/年左右,这是农户获得宅基地财产权最直接的经济来源,其次是宅基地转让,转让只有50年和70年产权,均价在1万元/平方米左右,这种流转的形式也不常见,在农村呈现有价无市(表5-6)。在调查中,在安溪某地一农户进行宅基地转让，房屋总占地为360平方米，房主年龄大了，想和儿女一起居住，院子非常方正，房后有自留地可以种瓜种菜。房屋四周边界清晰，车可以直接开到院子里，进城也非常方便，买菜就在门口买。流转年限为70年，流转金额为8万元。

表5-6 泉州典型的宅基地流转价格（均价）

| 地区 | 流转价格 ||
|---|---|---|
| | 出租 | 转让 |
| 南安市 | 90元/平方米/年 | 1万元/平方米（70年） |
| 晋江市 | 110元/平方米/年 | 1.1万元/平方米（70年） |
| 丰泽区 | 120元/平方米/年 | 0.8万元/平方米（70年） |
| 安溪县 | 70元/平方米/年 | 0.1万元/平方米（50年） |
| 惠安县 | 80元/平方米/年 | 0.12万元/平方米（70年） |

数据来源：调研收集得到

第二，对于宅基地政策及管理的关注。

完善农村宅基地权益保障和取得方式。（1）加快宅基地使用权和房屋所有权的登记和颁证，促进农村地籍和房屋测量调查，整合有关部门职能，建立统一的不动产登记制度。（2）探索在农民住房保障中实现"户有所居"的各种形式，鼓励各地建设农村住宅小区等，实施"一户一宅"和"一户一居"的差别化收购方式。（3）研究农村宅基地多种形式的抵押的实现，以便使符合条件的农民可以将自己宅基地进行抵押、担保和转让。

建立农村宅基地有偿使用制度。（1）促进集约化使用宅基地，并妥善解决宅基地历史问题。（2）在一定条件下考虑宅基地有偿使用制度。对在指定区域内对初次分配的宅基地可以无偿取得。而超出部分，如"一户多宅"，超占宅基地面积的，将多余部分实行有偿使用。（3）积极探索建立有偿收入的征收和使用管理制度，制定有偿使用宅基地的征收标准，并将有偿使用费纳入地方集体资产的统一管理。

探索农村宅基地的自愿和有偿退出机制。（1）建立村庄内部的宅基地流通机制，根据自愿和补偿的原则，农民的房屋将在村内重新安置，出租或交换。（2）鼓励农民以各种方式退出自己的宅基地。那些自愿撤离宅基地或放弃其房屋申请权的人可以优先考虑在城市申请保障性住房或领取相关购买房屋的补贴。(3)建立宅基地流转平台。不仅可以在交易平台上转让宅基地使用权,还可以转让其承包土地和林地的经营权等。

完善宅基地管理制度。(1)加强对宅基地总规模的控制,加强村庄规划控制,严格控制宅基地规模。(2)发挥村民自治组织的作用,制定村级土地利用和建设计划,建立村务委员会,负责宅基地的配置、有偿使用、流通和有偿退耕的管理。(3)完善宅基地审批管理制度,改革宅基地审批管理方法,下放宅基地审批权限,建立在线审批系统,实现宅基地信息化和精细化管理。同时,每个地方根据自身实情起草并制定有关宅基地制度改革的相关文件,完善有关扶持政策,完善宅基地管理制度。

建设规模方面。个人建房的占地面积不得超过150平方米。中心城区和镇区规划控制区建房层数原则上不超过三层,第四层不计入层数且建筑面积不超过占地面积的20%,建筑总高度不得超过15米;中心城区和镇区规划控制区范围以外的农村区域,建房层数原则上不超过四层,第五层不计入层数且建筑面积不超过占地面私的20%,建筑总高度不得超过18米。在本规定出台前已批准未建设的宅基地,可参照上述技术标准执行。集中建设的住宅小区要编制修建性详细规划,引导参照城市居住区规划设计相关标准,建设多层单元式住宅。建筑密度控制在30%左右,绿地率不低于30%,单户建筑面积控制在200平方米左右,具体标准参照《福建省农村村民住宅建设管理办法》执行。

在保证居民拥有自己的住所和满足村民住房需求的前提下,村集体经济组织及其成员可以通过激活和利用闲置的宅基地和闲置房屋,发展乡村旅游、饮食和文化体验产业。闲置的住宅应为在合法宅基地上,并且预计将闲置2年以上的住宅,原则上,应以现有的集体建设用地(宅基地)使用权证为基础,自然资源部门及城乡建设部门或乡镇的住房建设等政府签发的住房建设手续作为权利证明依据。如果没有上述手续或证明依据的,村委会可以出具相关证明。在确保村民的合法权益的前提下,有必要兼顾到集体和个人的利益,规范和引导村集体经济组织及其成员通过自我维护来盘活利用宅基地资源。出租房屋或用于经营企业,必须严格遵守国家和本地方的有关规定,执行租赁登记程序,租赁合同期限不得超过20年。严禁出租不合格的房屋，严禁非法团体租赁。

积极探索建立有偿取款和转移机制。各地可以通过多种渠道筹集资金，探索各种方式，鼓励因定居、捐赠或购房而定居城市，形成"一户多宅"的村民，自愿有偿从闲置宅基地中撤出，并给予一定的补偿。房屋补偿标准由集体经济组织民主组织来确定。鼓励和引导村民在获得村集体经济组织同意的前提下，将其宅基地转移到在集体经济组织内符合宅基地使用要求的村民。各地方要通过制定示范合同和其他方式，探索规范和指导转移行为和转移合同的方式。生效后，应及时处理改变宅基地使用权的程序。严禁城市居民在农村购买宅基地和房屋。严格执行国家和本市的户籍政策。除法律、法规规定的情况外，严禁将城镇居民户口转移到农村，严格管理户籍在农村之间的迁移。

适当放宽对宅基地流转限制，对于改善农民的融资环境，增加农民收入，拓宽农民视野，增进城镇居民和农民的交流，提高农民生活质量，推进农村文化建设大有益处，符合国家的"三农"政策；也有利于加快农村经济发展，推进城乡一体化进程。

建立合理的宅基地取得、使用和退出机制。宅基地原始取得应当奉行无偿原则，宅基地继受取得应当奉行有偿原则，应当明确规定，宅基地上的房屋转让、继承、捐赠、抵押等，受让人可以取得使用宅基地的权利。如果受让人是集体经济组织的成员，则宅基地的使用标准可能会相对较低；如果受让人是非集体经济组织的成员，则可以根据基准土地价格确定使用宅基地的成本。建立有偿使用宅基地的制度。依法继承宅基地使用权时，如果家庭拥有一个以上宅基地，则相继取得的宅基地应向集体经济组织每年支付土地使用费或租金。建立宅基地恢复系统。宅基地使用权的所有者必须在规定的期限内开发和使用其宅基地。如果不按规定使用或者宅基地闲置超过一定时间，宅基地使用权人必须向村集体经济组织付款。如果宅基地在一段时间内仍处于闲置状态，村集体经济组织有权免费收回宅基地。同时，建立宅基地退出的激励和压力机制。激励机制是利用经济手段，使农民自愿退出多余的宅基地，允许有条件的宅基地流转，并补偿地面建筑物的价值；压力机制也是利用经济手段使农民持有过多宅基地的成本高于收益，促使他们主动退出宅基地。（表5-7）。

表 5-7 农村宅基地退出方式及价格

| 退出方式 | 含义 | 价格 | 泉州 | 特征 |
|---|---|---|---|---|
| 货币补偿 | 农民每退出一亩宅基地，即支付农民一定货币补偿 | 上海市农民退出宅基地的货币补偿可达上百万元/亩，重庆的"地票"每亩 15 万元，湖北沙洋县 2.58 万元/亩，安徽省对自愿将宅基地退还给农村集体经济组织的，县政府按亩不低于 5 万元给予奖励。对自愿退出宅基地，宅基地复垦为耕地或其他农用地后，由原宅基地使用者承包经营的，县政府按每亩不低于 3 万元给予奖励 | 每平方米的价格是按照周围的商品房来进行调整的，甚至所得到的金额也会比售价高一些。如果是土地石头房的话，那么只是按照 2000 元/平方米来进行赔偿；如果是砖制的瓦房，那么则是按照 2400 元/平方米来进行赔偿；如果是两层楼集上的砖瓦房的话，那么则是按照 2800 元/平方米来进行赔偿 | 农村集体经济组织支付自愿有偿退出的补偿，资金主要来源为宅基地有偿使用费收入、土地整理后新增耕地指标交易收益、集体经营性建设用地使用权入市收益、租金收入、社会捐赠及其他方面的资金等。农村集体经济组织按协议约定向退出人支付宅基地退出补偿费用 |
| 拆旧建新 | 拆掉农民旧房子，将农民集中迁居到由地方政府新建的楼房中 | 成都市按每亩 30 万元来补偿"农民上楼"，农民拆掉旧房子可以住上条件较好的新房子，所以满意度较高。而有些地方用较少的财政资金来补偿"农民上楼"，农民就不愿"上楼" | 通过置换房产来进行补偿，也就是给原户主一套全新的房子，一般按照 1:1.33 的比例，对原住户进行产权上的置换，也就是赔给该住户一套更大的房子 | 一般按照 1:1.33 的比例进行补偿，或免物业费等。农村宅基地收回补偿标准由农村集体经济组织在与宅基地使用人民主协商的基础上，经集体经济组织成员会议或成员代表会议决定，并在本集体经济组织范围内进行公示 |
| 拆旧置换 | 将农民住房拆掉，置换相同面积的城市或城镇商品房 | 江苏常州的海虞镇、上海嘉定的外冈镇，都是通过权利置换来让农民拆房子复垦宅基地。相对农房，商品房可以入市，具有极高的价值，这种权利置换，农民最为欢迎 | 将农民住房拆掉，置换相同面积的城市/城镇商品房 | 利用宅基地置换房屋 |

资料来源：作者整理

赋予宅基地完整产权，充分体现其财产价值。在历史上，宅基地大多承担了"居者有其屋"的基本担保功能，但随着社会经济的发展，其财产性质逐渐凸显。作为农民的主要财产，房屋可以通过出售、出租、抵押和

147

购买股份为农民带来巨大利益。只有使宅基地具有完全的产权意识,并将土地与房屋一起搬迁,才能充分体现宅基地的财产价值,才能促进农村房屋价值的实现,以及购房和购房的价格的实现。可以增加租赁,从而可以出售、租赁、抵押农村宅基地等,形成财产性收入和增加农民收入的方式。宅基地改革必须以节约和集约利用土地资源为目标。在现阶段,在获取和使用农村宅基地方面存在严重的不规则、不经济和不公平的问题。一些农民随意占用家园,造成土地资源的严重浪费。根据原国土资源部的数据,我国城市建设用地面积为 91612 平方千米,农村建设用地面积为 191158 平方千米,其中农村宅基地面积为 13 万平方千米,约占 70%。山东省 2013 年使用农村宅基地土地 2083 万亩,户均规模 1.23 亩,占城乡建设用地总量的 68%。尽管有大量人口从农村移民到城市,但农村宅基地仍在增加,从 2005 年到 2012 年,每年增加 270 万亩。该省德州的农村宅基地总面积约为 150 万亩,人均面积 260 平方米,而国家规定人均宅基地面积为 150 亩,山东省规定 100 平方米。

许多农民占用的土地超过了标准的宅基地面积,主要是由于缺乏规划的居住区,未能严格执行批准程序以及缺乏农民自己的职业管理。如果我们能够按照法律法规来规范和整治过多的宅基地,则可以分别节省 60 万亩和 100 万亩土地(根据与储蓄指数交易有关的增加或减少,按每亩 30 万元计算,可筹集资金 180 亿元—3000 亿元)。宅基地改革应与解决宅基地过度占用和任意占用问题结合起来。

放松宅基地管制,构建科学合理的农村宅基地流转制度。放宽农村住房流转限制,推进农村住房及宅基地流转市场化。通过宅基地流转,可以提高农村的整体购买力,振兴农村市场,加强城市居民与农民之间的交流,并有益于农民改变生活方式和改善生活质量。允许无限制地出售农村房屋不会改变房屋所有权的性质。房屋所有权仍归集体经济组织所有。受让人取得宅基地使用权和房屋的所有权。同时,严格执行《土地管理法》的规定,如果农村居民在出售或出租房屋后申请房屋,将不予批准。

要实现宅基地流转的市场化,就必须推进制度建设,建立健全农村房屋流转过户登记制度,使得农村住房及宅基地流转有法可依。国家应当建立健全农村房地产监管机构,完善农村住房和宅基地强制性登记制度,加强对流通市场的管理,明确农村住房和宅基地交易的有效性的条件、方式和方法。此外，还应当充分发挥市场调节机能，顺应市场规律，加强对农民的风险意识教育，倡导理性交易，促进流转市场的科学管理和有序运行。

建立健全的管理机制。加快建立市级领导，区级领导，乡级领导主要职责，建立村级主体宅基地和房屋建设管理体制和机制。各级、各部门必须依法履行职责，加强监督管理。加快建立宅基地统计调查制度，组织开展宅基地和农村住房利用现状调查，充分了解本地区宅基地的规模、布局和利用情况。逐步建立宅基地建设基本数据和管理信息系统，完善不动产登记系统，促进宅基地建设的标准化和信息化管理。

明确市政部门的职责。市农业和农村事务局负责宅基地的改革和管理，指导闲置宅基地和闲置房屋的分配、使用、流通和盘活利用，并责令村民归还非法占用的土地用于建房。市计划和自然资源委员会负责指导村庄规划的编制和宅基地的合理布局，宅基地建设的审批，综合房地产权的登记和发行。市住房和城乡建设委员会负责宅基地住房建设的指导和技术服务。其他有关单位应当按照各自的职责，共同做好宅基地和房屋建设的管理工作。

加强区级领导责任。有关的区政府一般负责各自地区的宅基地管理和房屋建设，执行统一的监督和管理职责，指导乡镇制定村庄计划，负责村庄规划的批准，涉及农用地转换申报的宅基地，闲置的宅基地，以及建设用地。组织和协调闲置房屋的盘活利用，村民房屋建设的指导和技术服务等。要加强组织领导，切实加强宅基地建设和房屋管理体系建设，加大支持力度，最大限度发挥实力，落实资金，改善条件，确保工作有人做，责任有人担。

巩固乡镇的属地责任。乡镇政府负责本辖区内的宅基地和房屋建设管理，负责组织村级规划和整备，合理安排宅基地土地，闲置宅基地和闲置房屋的使用管理，宅基地建设和房屋建设审批，房屋建设监督管理。探索和建立统一的宅基地和房屋建设管理机制，建立联合审计和联合办公制度。对宅基地和房屋建设进行动态检查，及时发现并处理各种违法违规行为。擅自使用宅基地建设村民住房的，符合村计划的，责令其办理审批手续；不符合村计划的，责令其在规定时间内拆除；有租金收入的，没收其租金收入或加倍罚没其收入。

充分发挥村庄的主要作用。村民委员会应当依法完善宅基地村民的自我管理程序，加强对村庄规章制度和民间协议的监督约束，并具体负责村庄宅基地的核实和房屋的使用情况，及时调整相关宅基地使用情况，对于过度占用耕地用于宅基地建设的要及时处置，对宅基地纠纷进行调解，劝说村民对非法使用宅基地进行举报；积极与村集体经济组织合作，开展闲置宅基地和闲置住房盘活利用等工作。村集体经济组织负责与村民委员会合作，确定集体经济组织的成员身份。对于在集体经济组织之外的人或组织使用集体土地的，村集体经济组织应收取有关费用。

# 第六章 农村宅基地流转的感知利益与感知风险权衡的感知价值维度构建

## 第一节 农村宅基地流转中农民感知价值分析

我们处于一个以顾客为主的商品经济时代,顾客对于商品价值的感知是拥有和使用该产品所获得的价值与取得该产品所支付的成本之比,即对于拥有与使用该商品所得与支付的比较。顾客感知价值的创立者Zaithaml认为感知价值是基于客户的收益和付出对产品或服务效用进行的总体评价。Morne将感知价值定义为购买者的价值感知,代表了他们在产品或服务中感知的质量或利益与他们通过支付价格而感知的付出间的一种权衡[1]。这同样适用农民对于其宅基地。对于农村宅基地,虽然宅基地不能完全称为商品,但是也具有同商品一样的属性,其核心是农民必须考虑宅基地流转满足其需求的预期,以及对需求满足过程、需求满足后所得结果的感知。农民对其宅基地感知价值的核心是农民对宅基地感知利得与感知利失(或称感知成本)进行权衡。

由于个体对于商品的感知角度或阅历不同,导致感知价值的维度和内容不同。Indrajit和Wayne认为价格、质量、利得、利失驱动的多维结构组成了顾客感知价值,并通过对汽车行业进行实证调查研究[2],发现存在利得

---

[1] Haroon Bhorat, Morme Oosthuizen, Carlene van der Westhuizen.Estimating a poverty line: An application to free basic municipal services in South Africa [J]. Development Southern Africa, 2012: 291.

[2] Indrajit Sinha, Wayne S.De SARBO.An Integrated Approach Toward the Spatial Modeling of Perceived Customer Value [J]. Journal of Marketing Research.1998, (5): 236-249.

与利失两维度。Sheth 认为商品的消费价值具有五个维度：社会价值、情感价值、功能价值、认知价值、情景价值。Sweeny 和 Soutar 设计了一个量表用来衡量客户对耐用消费品的感知价值，认为情感价值（顾客消费商品中所得到的效用）、社会价值（产品的社会方面给顾客带来的效用）、质量价值（顾客从产品感知质量和期望的比较中所得到的效用）、价格价值（短期和长期感知成本的降低给顾客带来的效用）是顾客感知价值的四个维度[①]。

根据作者实地调研，结合以上相关研究，认为农民对于宅基地流转的感知价值包括感知所得与感知风险，其中感知所得（Perceived gains）包括经济价值（EV）、社会价值（SV）和心理价值（PV），感知风险（Perceived risk）包括经济风险（ER）、社会风险（SR）和心理风险（PR）（图6-1）。

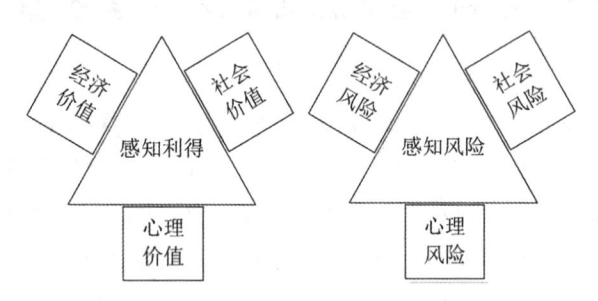

图 6-1 农民对于宅基地流转的感知价值中的感知所得与感知风险
资料来源：作者整理

## 第二节　农民宅基地退出感知价值维度

### 一、构建感知价值维度

为了检验闽南沿海经济发达地区农民对宅基地流转的感知因素，笔者对农民宅基地退出感知价值维度列举了一张表（表6-1），对宅基地退出感知价值维度进行了一次实证研究，调查对象为闽南地区泉州市的一些乡镇农民。问卷根据相互控制的配额抽样方法，将调查范围的性别和区域确定

---

① Sweeney Jillian C. and Soutar Geoffrey N. Consumer perceived value：The development of a multiple item scale [J]. Journal of Retailing, 2001, 77（2）：203-220.

# 第六章 农村宅基地流转的感知利益与感知风险权衡的感知价值维度构建

为控制特征，按照配额数随机选择受访者。

表 6-1 农民宅基地退出感知价值维度表

| 变量 | 具体内容 | 内在含义 |
| --- | --- | --- |
| 经济价值（EV） | 宅基地流转获得经济收入（EV1） | 收入增加 |
|  | 宅基地流转生活水平提高（EV2） | 生活水平 |
|  | 宅基地流转获得其他奖励（EV3） | 其他奖励 |
|  | 增加其他就业渠道（EV4） | 就业机会 |
| 社会价值（SV） | 获得更多社会资源（SV1） | 社会资源 |
|  | 新住所的社会治安更好（SV2） | 社会秩序 |
|  | 新住所的基础设施完备（SV3） | 基础设施 |
|  | 新住所的环境良好（SV4） | 环境良好 |
|  | 新住所生活更方便（SV5） | 生活方便 |
| 心理价值（PV） | 响应国家号召（PV1） | 政治情怀 |
|  | 建设美丽家园（PV2） | 乡土情怀 |
|  | 维护宅基地公平（PV3） | 责任意识 |
|  | 提升个人威望（PV4） | 尊重意识 |
| 农户感知利得（PG） | 农户对于宅基地流转带来的利益（PG） | 感知所得 |
| 经济风险（ER） | 退出后生活成本增加（ER1） | 成本增加 |
|  | 补偿标准较低（ER2） | 补偿不公 |
|  | 相关补贴不到位（ER3） | 补贴不公 |
| 社会风险（SR） | 工作难找（SR1） | 就业风险 |
|  | 农业生产不方便（SR2） | 耕作艰难 |
|  | 搬迁住宅面积不能满足需求（SR3） | 生活不便 |
|  | 宅基地越来越值钱（SR4） | 土地增值 |
|  | 与亲戚朋友邻居关系疏远（SR5） | 社会交往 |
| 心理风险（PR） | 退出的周围环境压力（PR1） | 环境压力 |
|  | 缺少配套政策（PR2） | 配套政策 |
|  | 宅基地退出手续烦琐（PR3） | 手续烦琐 |
|  | 增加社会其他风险意识（PR4） | 其他风险 |
| 农户感知风险（PR） | 农户对于宅基地流转带来的风险（PR） | 感知所得 |

本次研究共发放问卷 310 份，回收 303 份，回收率为 97.74%；其中有

效问卷为 279 份，有效问卷回收率为 90%。

## 二、感知维度的测量

使用 SPSS16.0 统计分析软件分析有效问卷中的数据并检验假设。首先，进行因素分析。通过因子分析来分析问卷的 25 个变量，包括 13 个感知收益变量和 12 个感知风险变量。巴特利特球体检验统计值为 1514.451，其对应的概率值为 0.000；KMO 统计值是 0.754，大于 0.7。使用主成分分析对以上变量进行探索性因子分析，以特征值大于 1 作为控制条件，然后使用正交旋转法使方差最大化以旋转因子轴获得因子载荷矩阵（表 6-2）。

表 6-2 方差极大正交旋转后的因子载荷矩阵

| 变量代号 | 因子具体项目 | F1 | F2 | F3 | F4 | F5 | F6 |
|---|---|---|---|---|---|---|---|
| Q1 | 宅基地流转获得经济收入 | 0.550 | | | | | |
| Q2 | 新住所的社会治安更好 | | 0.502 | | | | |
| Q3 | 宅基地流转获得其他奖励 | 0.578 | | | | | |
| Q4 | 增加其他就业渠道 | | 0.624 | | | | |
| Q5 | 响应国家号召 | | | 0.500 | | | |
| Q6 | 新住所的基础设施完备 | | 0.642 | | | | |
| Q7 | 提升个人威望 | | | 0.499 | | | |
| Q8 | 新住所的环境良好 | | 0.678 | | | | |
| Q9 | 新住所生活更方便 | | 0.508 | | | | |
| Q10 | 维护宅基地公平 | | | 0.511 | | | |
| Q11 | 建设美丽家园 | | | 0.501 | | | |
| Q12 | 工作难找 | | | | | 0.745 | |
| Q13 | 宅基地流转生活水平提高 | 0.506 | | | | | |
| Q14 | 获得更多社会资源 | | 0.501 | | | | |
| Q15 | 退出后生活成本增加 | | | | 0.512 | | |
| Q16 | 补偿标准较低 | | | | 0.507 | | |
| Q17 | 退出的周围环境压力 | | | | | | 0.510 |
| Q18 | 相关补贴不到位 | | | 0.489 | | | |

续表

| 变量代号 | 因子具体项目 | F1 | F2 | F3 | F4 | F5 | F6 |
|---|---|---|---|---|---|---|---|
| Q19 | 农业生产不方便 | | | | | 0.721 | |
| Q20 | 搬迁住宅面积不能满足需求 | | | | | 0.512 | |
| Q21 | 增加社会其他风险意识 | | | | | | 0.785 |
| Q22 | 与亲戚朋友邻居关系疏远 | | | | | 0.758 | |
| Q23 | 宅基地越来越值钱 | | | | | 0.503 | |
| Q24 | 缺少配套政策 | | | | | | 0.501 |
| Q25 | 宅基地退出手续烦琐 | | | | | | 0.614 |

注：本表中只列出了大于0.450的因子载荷值

旋转因子载荷矩阵结构清楚地表明，25个变量分别属于6个因子。根据因子中包含的变量的共性，为每个因子命名。表6-3列出了每个因子的名称、特征值、方差贡献率和累计方差贡献率。

表6-3 因子分析的结果

| 因子名称 | 特征值 | 方差贡献率 | 累计方差贡献率 |
|---|---|---|---|
| 经济价值 | 2.547 | 12.78% | 12.87% |
| 社会价值 | 3.354 | 12.35% | 25.62% |
| 心理价值 | 2.197 | 11.25% | 36.54% |
| 经济风险 | 1.848 | 10.25% | 45.52% |
| 社会风险 | 1.895 | 9.85% | 45.78% |
| 心理风险 | 1.654 | 8.51% | 54.51% |

资料来源：作者整理

在分析各个因子所包含变量含义的基础上，逐个对6个因子进行深入阐述。调查区农民对宅基地流转的感知利得（PG），即农户对于宅基地流转带来的利益（PG）方面，因子1：经济价值因子。因子1解释了最大的方差，反映了农民对宅基地流转的感知经济方面的利益需求。Q1宅基地流转获得经济收入、Q13宅基地流转生活水平提高、Q3宅基地流转获得其他奖励在因子1上有较高的载荷，分别为0.550、0.506和0.578。它们最大限度地解释了农民在宅基地流转过程中对于经济利益的考虑。Q1是从农民最直接的宅基地流转获得经济收入方面，Q13是农民在宅基地流转对于其生活水平提高的考虑，Q3是农民在宅基地流转中获得其他奖励，如提前搬迁获得一些额外的奖励，挑选朝向好的房屋，提前发放资金等。

因子2：社会价值因子。这个因子包含了最多的变量，Q2新住所的社会治安更好、Q4增加其他就业渠道、Q6新住所的基础设施完备、Q8新住所的环境良好、Q9新住所生活更方便和Q14获得更多社会资源，这6个具体问题在因子2上有较高的载荷，分别为0.502、0.624、0.642、0.678、0.508、0.501。以上这6个问题通过问卷最大程度解释了农民在宅基地流转过程中对于社会利益的考虑。Q2是农民对于新住所的社会治安环境的考虑，Q4是农民对于流转的宅基地能够帮助其增加其他就业渠道的考虑，Q6是农民对于流转之后的新住所的基础设施完备的考虑，Q8是农民对于搬迁后新住所的环境的考量，Q9是农民在宅基地流转后新住所生活方便程度的考量，Q14是农民在流转宅基地过程中能否获得更多社会资源的顾及。

因子3：心理价值因子。这个因子包含4个变量，Q5响应国家号召、Q7提升个人威望、Q10维护宅基地公平、Q11建设美丽家园。这4个具体因素在因子3上有较高的载荷，分别为0.500、0.499、0.511、0.501。这4个因素在调查问卷中最大程度的解释了农民在宅基地流转过程中除了经济和社会方面的考虑外，对于其他方面的顾及。其中Q7提升个人威望为最低，也就是农民并没有想从宅基地流转过程中提升个人威望，甚至宅基地归属与村集体的比例呈现递减趋势，由30岁以下农民群体的31.41%，到31—40岁的28.57%，到41—50岁的25.61%，到51—60岁的22.01%，到61岁以上的21.27%；认为宅基地归属国家所有的占调查样本的30%以上，三分之一以上的调查农民认为是属于国家所有；在调查中不知道的比例很少。

Q5是从响应国家号召出发，也即是从整个国家利益角度来考虑的，而Q10是维护宅基地公平，从目前来看，农村的宅基地分配还存在一定的问题，所以农民也想通过宅基地流转来实现一定程度的公平，Q11是从建设自己所居住的美丽家园来考量的。

因子4：经济风险因子。这个因子包含3个变量，Q15退出后生活成本增加、Q16补偿标准较低、Q18相关补贴不到位。这3个变量在因子4上的载荷分别为0.512、0.507和0.489。它们在因子中最大程度解释了农民在宅基地流转过程中存在的经济利益损失。其中Q15是农民在宅基地流转退出后生活成本增加，其载荷也较为明显；Q16 是农民对于宅基地流转后的补偿标准的考虑，担心宅基地流转后补偿较低；Q18 是农民对于宅基地流转后的相关补贴不到位的考虑。

因子 5：社会风险因子。这个因子包含 4 个变量，Q19 农业生产不方便、Q20 搬迁住宅面积不能满足需求、Q22 与亲戚朋友邻居关系疏远、Q23 宅基地越来越值钱。这 4 个变量是农民对于社会风险的考虑，它们在因子 5 上的载荷分别为 0.721、0.512、0.758 和 0.503。其中 Q19 是农民在宅基地流转后对于再想从事农业生产的考虑，Q20 是农民在宅基地流转后考虑到其搬迁住宅面积不能满足需求，这可能是担心其后代对于住房需求等的考虑，Q22 是农民在宅基地流转后对于社会关系的顾及，担心搬迁后与亲戚朋友邻居关系疏远，Q23 是农民在宅基地搬迁后，其原来的宅基地越来越值钱，所以有点不舍得进行宅基地流转。

因子 6：心理风险因子。这个因子包含 4 个变量，Q17 退出的周围环境压力、Q21 增加社会其他风险意识、Q24 缺少配套政策、Q25 宅基地退出手续烦琐。这 4 个变量在因子 6 上的载荷分别为 0.510、0.785、0.501 和 0.614。它们是农民在除了经济和社会风险后对于宅基地流转后的其他方面的考虑。Q17 是农民在宅基地退出对周围陌生环境压力的考虑，Q21 是农民在宅基地流转后会增加社会其他风险，如生病等方面的顾及，Q24 是农民在宅基地流转过程中担心缺少配套政策，Q25 是农民在宅基地流转过程中宅基地退出手续烦琐等的考虑。

### 三、维度的回归总结

笔者将因子分析中提取的因子得分保存为变量值，并将其作为自变量，把消费者行为倾向作为因变量进行多元回归分析，得到的结果如表 6-4。

表 6-4　回归结果

| 变量 | 标准化的回归系数 | t 值 | 显著性 |
| --- | --- | --- | --- |
| 常数项 | 1.245 | 65.255 | 0.000 |
| F1 | 0.214 | 7.954 | 0.000 |
| F2 | 0.201 | 3.215 | 0.000 |
| F3 | 0.120 | 2.547 | 0.000 |

续表

| 变量 | 标准化的回归系数 | t 值 | 显著性 |
| --- | --- | --- | --- |
| F4 | -0.254 | 2.548 | 0.000 |
| F5 | -0.230 | 2.578 | 0.000 |
| F6 | -0.010 | 1.242 | 0.000 |

由表6-4，笔者可以写出6个因子为自变量的回归方程：

流转过程感知价值=1.245+0.214*F1+0.201*F2+0.120*F3-0.254*F4-0.230*F5-0.010*F6

综上所述，农民对于宅基地流转过程中的感知价值的维度有六个，即经济价值、社会价值、心理价值、经济风险、社会风险和心理风险。其中经济风险是对农民在宅基地流转行为倾向影响最大的因素，其次为社会风险因素、经济价值因素、社会价值因素、心理价值因素和心理风险因素。

# 第七章 泉州市农户宅基地退出感知价值的影响因素实证分析

## 第一节 调查数据来源与特征分析

### 一、调查数据来源

地处闽南沿海经济发达地区的泉州在农村宅基地退出实践过程中探索出"借地退出、指标置换、资产置换、货币补偿"四种宅基地退出模式。其中,借地退出模式是针对农户存在"一户多宅",某个祖宅已废弃坍塌的宅基地,村集体利用废弃的宅基地以集体借用的方式退出,再将其用于村庄基础设施建设配套等,采用该方式对农户本身的生产生活影响较小。选择货币补偿模式的农户大多为一户多宅或已迁入城镇、在海外居住的居民,宅基地退出意愿较强,风险较小。指标置换和资产置换这两种模式在泉州晋江适用范围广、涉及农户数量规模大、对农户的生产生活有较大影响。在放活宅基地和农房使用权方面,积极推动宅基地抵押贷款从独立授信向批量授信转变,推动宅基地功能从保障型居住向多元开发拓展,激发宅基地的经济价值,推动宅基地从村内流转到全市范围跨村流转,实现宅基地作为宝贵的土地资源的价值性。从主导形式来看,指标置换流转方式是由政府引导+村集体组织,或者政府主导来进行;货币补偿流转方式是由政府引导+村集体组织+其他组织,或者是政府主导来开展的;资产置换流转方式是政府引导+村集体组织+其他组织,或政府主导进行的;借地退出流转方式是由政府引导+村集体组织+其他组织,或政府主导进行的。从调查情况来看,政府主导是主要的进行农村宅基地流转的组织形式,占农村宅基地流转数量80%以上(表7-1)。泉州晋江市在放活宅基地和农房使用权方面，一方面进行探索宅基地的各项改革，以激活农村宅基地权能为切入点，另一方面积极探索宅基地三权分置，落实宅基地集体所有权、保障宅基地农户资格权、放活宅基地和农房使用权，农村宅基地制度改革试点取得阶段性成效。

表7-1 泉州典型的农村宅基地流转情况（晋江市为例）

| 主导形式 | 流转数量（宗） | 流转方式 | 农户类型 | 典型区域 |
| --- | --- | --- | --- | --- |
| 政府引导+村集体组织 | 201 | 指标置换 | 一户一宅、一户多宅 | 晋江N镇X村 |
| 政府引导+村集体组织+其他组织 | 45 | 货币补偿 | 一户一宅、一户多宅 | 晋江X镇Z村 |
|  | 0 | 资产置换 | 一户一宅、一户多宅 |  |
|  | 10 | 借地退出 | 一户多宅 | 晋江C镇Y村 |
| 政府主导 | 0 | 指标置换 | 一户一宅、一户多宅 |  |
|  | 352 | 货币补偿 | 一户一宅、一户多宅 | 晋江G镇S社区 |
|  | 841 | 资产置换 | 一户一宅、一户多宅 | 晋江J镇E社区 |
|  | 0 | 借地退出 | 一户多宅 |  |

资料来源：作者实地调研整理加工

截至2019年8月，全市已办理宅基地和农房抵押2501宗，发放贷款17.2亿元；通过宅基地和农房抵押，农民将资金投入相关的产业中，宅基地和农房的重新盘活和规划利用在实践中形成了休闲农业型、文化保护型、旅游观光型、电商带动型等多种形态，为乡村振兴提供了重要的产业支撑，带动数万农户增收；允许符合条件的宅基地"跨村流转"，即在村集体经济组织间流转，进一步显化宅基地和农民住房财产属性，目前已办理跨村转让21宗。

为了搞清楚有关感知价值角度的研究区域的农户宅基地流转影响因素，项目组深入晋江市、南安市、惠安县、安溪县等区县市调研。总共发放2000份问卷，有效问卷1822份，有效率为91.1%。在晋江市发放了243份，有效份数为231份，有效率为95.06%；南安市发放了254份，回收有效问卷为225份，有效率为88.58%；惠安县发放了260份，有效回收241份，有效率为92.69%；安溪县发放了230份，回收有效问卷为214份，有效率为93.04%；

永春县发放了201份，回收有效问卷为184份，有效率为91.54%；德化县发放了224份，回收有效问卷为201份，有效率为89.73%；石狮市发放了140份，回收有效问卷为124份，有效率为88.57%；洛江区发放了140份，回收有效问卷为130份，有效率为92.85%；丰泽区发放了174份，回收有效问卷为152份，有效率为87.35%；泉港区发放了134份，回收有效问卷为120份，有效率为89.55%。

## 二、调查数据特征

表7-2列出了调查区域内被调查的农村家庭的个体样本的特征。从性别样本的特征来看，男性占样本的76.48%，女性占23.52%。由于在宅基地转让过程中，男人通常是一家之主，拥有家庭的支配权和话语权，并对于整个退出宅基地等流转过程、补偿标准和相关政策了解更加详细，而妇女参与较少。在访谈过程中，男性的问卷回复率比女性更有效，因此他们占了样本的大部分。从年龄样本的特征来看，被调查的农民主要集中在30—60岁的人群中，其中30—50岁的人群占35.45%，51—60岁的人群占24.14%。许多40岁以下的年轻工人外出工作。被调查的农民大多数是普通农民，村干部只有100名（或者曾经是村干部），占5.48%。农民受教育程度大部分处于义务教育阶段，占83.63%，符合调查的预期。家庭年纯收入集中在1万元至12万元之间，占家庭年纯收入的90.73%。关于耕地面积，由于被调查地区的农民已经放弃或出租他人承包的土地进行耕种，因此选择耕地面积更加客观合理。农民家庭的耕地面积基本不到4亩，占80.65%，农业收入很小。家庭收入主要来自农民工的收入。住宅数量是该农户家庭拥有的农村宅基地数量与城镇住房数量之和。76.95%的农村家庭属于"一户一宅"。宅基地利用现状中，有91.52%的宅基地正在使用中。村庄基础设施条件和村庄居住环境样本中，大部分农户选择便利和一般的达到54.02%和41.52%，总体上村民对所居住农村的生活条件较为满意。

表 7-2 调查数据特征

| 项目 | 类别 | 数量 | 频率（%） | 项目 | 类别 | 数量 | 频率（%） |
|---|---|---|---|---|---|---|---|
| 性别 | 男 | 1393 | 76.48 | 拥有耕地面积 | ≤1亩 | 422 | 23.14 |
| | 女 | 429 | 23.52 | | 1—4亩 | 1048 | 57.51 |
| 年龄 | <30 | 278 | 15.28 | | 4—10亩 | 337 | 18.48 |
| | 30—50 | 646 | 35.45 | | ≥10亩 | 16 | 0.87 |
| | 51—60 | 440 | 24.14 | 拥有宅基地数量 | 0 | 6 | 0.33 |
| | 61—70 | 367 | 20.13 | | 1 | 1402 | 76.95 |
| | >70 | 91 | 5 | | 2 | 392 | 21.51 |
| 村干部 | 是 | 100 | 5.48 | | 3 | 22 | 1.21 |
| | 否 | 1722 | 94.52 | 宅基地使用情况 | 使用中 | 1667 | 91.52 |
| 文化程度 | 小学 | 781 | 42.85 | | 部分闲置 | 153 | 8.41 |
| | 初中 | 743 | 40.78 | | 全部闲置 | 1 | 0.07 |
| | 高中/中专 | 280 | 15.35 | 村庄生活条件 | 便利 | 984 | 54.02 |
| | 大专及以上 | 19 | 1.02 | | 一般 | 756 | 41.52 |
| 家庭年纯收入 | 1—6万 | 1186 | 65.09 | | 不方便 | 81 | 4.46 |
| | 6—12万 | 467 | 25.64 | 宅基地区位 | 农村 | 1236 | 67.84 |
| | 12—16万 | 160 | 8.78 | | 郊区 | 586 | 32.16 |
| | ≥16万元 | 9 | 0.49 | | | | |

资料来源：作者整理

表 7-3 调查变量描述性统计

| 项目 | 类别 | 变量赋值 | 最小值 | 最大值 | 平均值 | 标准差 |
|---|---|---|---|---|---|---|
| 性别 | 男 | 1 | 1 | 2 | 1.26 | 0.433 |
| | 女 | 2 | | | | |
| 年龄 | <30 | 1 | 1 | 5 | 2.78 | 1.1578 |
| | 30—50 | 2 | | | | |
| | 51—60 | 3 | | | | |
| | 61—70 | 4 | | | | |
| | >70 | 5 | | | | |

续表

| 项目 | 类别 | 变量赋值 | 最小值 | 最大值 | 平均值 | 标准差 |
|---|---|---|---|---|---|---|
| 村干部 | 是 | 1 | 1 | 2 | 1.85 | 0.187 |
| | 否 | 2 | | | | |
| 文化程度 | 小学 | 1 | 1 | 4 | 2.5 | 0.184 |
| | 初中 | 2 | | | | |
| | 高中/中专 | 3 | | | | |
| | 大专及以上 | 4 | | | | |
| 家庭年纯收入 | 1—6万 | 1 | 1 | 4 | 5.3 | 2.842 |
| | 6—12万 | 2 | | | | |
| | 12—16万 | 3 | | | | |
| | ≧16万元 | 4 | | | | |
| 拥有耕地面积 | ≦1亩 | 1 | 1 | 4 | 2.03 | 2.478 |
| | 1—4亩 | 2 | | | | |
| | 4—10亩 | 3 | | | | |
| | ≧10亩 | 4 | | | | |
| 拥有宅基地数量 | 0 | 1 | 0 | 4 | 1.05 | 0.145 |
| | 1 | 2 | | | | |
| | 2 | 3 | | | | |
| | 3 | 4 | | | | |
| 宅基地使用情况 | 使用中 | 1 | 1 | 3 | 1.36 | 0.154 |
| | 部分闲置 | 2 | | | | |
| | 全部闲置 | 3 | | | | |
| 村庄生活条件 | 便利 | 1 | 1 | 3 | 3.04 | 0.965 |
| | 一般 | 2 | | | | |
| | 不方便 | 3 | | | | |
| 宅基地区位 | 农村 | 1 | 1 | 2 | 1.25 | 0.465 |
| | 郊区 | 2 | | | | |

资料来源：作者整理

## 第二节 模型设定与结果分析

为了探究闽南沿海经济发达地区农民基于感知价值的农村宅基地流转情况，在对农户个体基本特征、家庭特征、宅基地现状情况以及村庄情况对农户宅基地退出感知价值的影响进行调查的基础上，本书采用农户宅基地退出感知价值（PV）为因变量，由于农户宅基地退出感知价值设置为1到5，表明因变量的取值为[1,5]，因而在研究过程中使用受限因变量Tobit回归模型，它主要是因变量满足某种约束条件下取值的模型，即在一些连续应变量的值域是以某种受约束的形式出现。

$$y' = x_0 + x_1 FIC + x_2 FFC + x_3 FHC + x_4 FVC + \varepsilon$$

$$y = \begin{cases} 0, & y' < 1 \\ y', & 1 \leq y' \leq 5 \\ 0, & y' > 5 \end{cases}$$

上式中，$y'$为观测不到的变量或者潜变量，$y$为实际被观测的被解释变量(农户对于宅基地流转的感知价值)，$FIC$、$FFC$、$FHC$、$FVC$为解释变量，分别表示被调查农户个体特征、农户家庭特征、宅基地现状、村庄基本情况等方面的变量。$X_0$为常数项，$X1$、$X2$、$X3$、$X4$分别为$FIC$、$FFC$、$FHC$、$FVC$各个变量所对应的估计系数，$\varepsilon$为随机扰动项。模型结果如表7-4所示。

表7-4 模型估计结果

| 项目 | Coef. | t值 | p值 |
| --- | --- | --- | --- |
| 性别 | 0.645582 | 3.01 | 0.001*** |
| 年龄 | -0.121455 | -1.25 | 0.007** |
| 村干部 | -0.12111008 | -0.015 | 0.614 |
| 教育程度 | -0.42111 | -0.212 | 0.004*** |
| 家庭年纯收入 | 0.22425 | 5.124 | 0.000*** |
| 拥有耕地面积 | -0.022274 | -0.21 | 0.847 |
| 拥有宅基地数量 | -0.2154 | -1.03 | 0.451 |
| 宅基地使用情况 | 1.021 | 1.51 | 0.014* |

## 第七章 泉州市农户宅基地退出感知价值的影响因素实证分析

续表

| 项目 | Coef. | t值 | p值 |
| --- | --- | --- | --- |
| 村庄生活条件 | -0.2154 | 5.21 | 0.124** |
| 宅基地区位 | 0.56414 | 3.45 | 0.005** |
| 常数项 | 5.51457 | 3.6488 | 0.000 |

其中：*、**、***、分别表示10%，5%和1%的显著性水平

（1）在调查中，受访者性别对农村宅基地流转感知价值的影响系数为0.645582，且在1%水平下显著，这表明，在农村宅基地流转中，性别对农户宅基地退出感知价值呈现显著的积极影响，即在泉州等地的宅基地流转过程中，女性对于宅基地的感知价值高于男性，分析其中的原因在于不同性别在家庭中分工不同，在宅基地流转中男主人的影响力要大于女主人，且闽南男性性别平等意识要滞后于闽南女性①。作为家庭主要劳动力，男性更加关注宅基地流转后各种情况，如重新购置房屋的成本，如果要在城镇购买新的住房，其价格很高且随时间的推移而上涨，大部分农户的收入无法负担起城镇住房的高额房价，况且按照目前的补偿标准，其货币补助不是很多，因此其更注重农村宅基地的住房保障功能。在很多农村中都存在男主外女主内的习惯，大部分农村女性主要在家负责教育子女、抚养老人以及在家照顾家庭生活，她们认为在城镇居住能够让子女接受更好的教育资源、家庭生活条件更好、享受到更好的城镇公共服务和基础设施，因此女性感知价值高于男性，更愿意退出宅基地。

（2）年龄对农民宅基地转移感知价值的影响系数为-0.121455，在1%的水平上具有显著性。可以看出，年龄对宅基地转让的感知价值具有显著的负面影响，即年龄越大，农民的宅基地出口的感知价值就越低，更不愿退出宅基地。分析原因，一是与年轻的劳动者相比，农村老年人由于劳动力弱或丧失劳动力，不愿意放弃宅基地。二是由于他们在农村生活了很长时间，因此他们很难离开并且不再愿意尝试新的生活环境，从而导致年老的农民在宅基地流转或退出时对宅基地的感知价值较低。

（3）二是受教育程度对农户宅基地退出感知价值的影响系数为-

---

① 林宝荣，叶文振. 男女平等意识的性别比较研究——以福建闽南地区为例［J］. 中共福建省委党校学报，2015，（11）：66-73.

0.42111，且在1%水平下显著，由此可见农户的受教育程度对其宅基地流转感知价值呈显著负向影响，即受教育程度越高，农户感知价值越低，越不愿意退出宅基地。存在的原因可能，一是我国目前的宅基地有偿退出政策还存在一些问题，同地不同权，同地不同利，宅基地流转的相关政策在具体实施中，依然存在农民利益得不到保障、补贴不合理、流转的相关信息不公开等问题，且大部分农户属于"风险规避型"。二是受教育程度越高，对相关政策和制度就了解越多，对出台的宅基地相关政策信息处理能力越强，他们会基于利益与风险衡量是否流转或退出宅基地，而受教育程度更低的农户会更加谨慎选择宅基地流转或退出。

（4）家庭年纯收入对农村家庭宅基地退出感知价值的影响系数为0.22425，在1%的水平上具有显著性。可以看出，家庭的年净收入对农村家庭的宅基地转让的感知价值产生了显著的积极影响。农户家庭年纯收入越高，其感知价值就越高，并且更愿意转让房屋。分析主要原因是家庭收入越高，农民获得其他资源和生存与发展机会的能力就越强。对于这些农民，宅基地的住房保障功能明显减弱，在宅基地退出过程中宅基地的感知价值更高。在闽南沿海地区，如泉州有很多民营经济，一些农民也在经营各种小生意或到城镇打工，其家庭的年纯收入就会增加，导致其有一定的经济能力能保障其家庭的各项开支，从而对宅基地的流转就看得比较开，因而其感知价值中更在乎其感知利得，而对其风险感知就比较少。

（5）宅基地使用情况对农户宅基地流转感知价值的影响系数为1.021，且在10%水平下显著，由此可见宅基地利用现状对农户宅基地退出感知价值呈显著正向影响。分析闽南沿海地区，有些地方其民营经济发达，农民在沿街或商业、手工业发达的城郊或城中村，其宅基地用于出租或用来进行生产，宅基地体现了生产功能；另一些宅基地纯粹用来自住时，宅基地主要体现其住房保障功能。当宅基地处于闲置或废弃状态时，其住房保障功能或其他功能已经消失，这类宅基地就慢慢被考虑流转，这一部分的农户利益感知远远高于风险感知，其感知价值越高，退出意愿愈强。在闽南沿海地区一些海外华侨的房屋也处于荒废的状态，宅基地完全无人使用，导致其感知价值较低，其流转的意愿就比较强烈。在晋江等地，就鼓励处于荒废宅基地退出，截至2018年8月22日，晋江市通过出租、退出、放活使用等方式将15343宗、5638亩闲置宅基地和闲置农房重新激活。

(6) 村庄基础设施对农户宅基地流转感知价值的影响系数为-0.2154，且在1%水平下显著，由此可见村庄基础设施的完备程度对农户宅基地流转感知价值呈显著负向影响。对自然条件恶劣、"空心化"程度高的村庄，这部分村庄的感知价值就会升高，可以顺势引导农民进行集中安置，也可以整村或分散移民搬迁；在一些村庄，年轻人进城务工，农村人口继续外流，对宅基地和农房商品化的需求很小，"空心村"现象很严重。由于乡村相对封闭，因此宅基地的流转很少，并且该村庄的设施普遍较差。而我国一些制度规定，宅基地流转通常仅限于同一村庄的熟人。对于"一户多宅"和超标准的宅基地，要么让他们无偿退出，要么收取一定的使用费。对于退出的宅基地，可以复垦为耕地或林地，也可以转变为村集体建设用地。对于现行的建设用地增减挂钩政策，其实就是将城市建设用地与农村耕地、建设用地进行置换，虽可以暂时获得短期利益，但也只是一种方式而已，并不能解决本质问题。村庄的基础设施越好，农民宅基地流转的感知价值就越低。随着村庄基础设施的不断改善或完善，农民的居住满意度也随着提高，其宅基地转让的感知价值也将降低，从而降低了他们的转让意愿。

(7) 宅基地区位对农户宅基地流转感知价值的影响系数为0.56414，且在5%水平下显著，由此可见宅基地的区位对农户宅基地流转感知价值呈显著正向影响。处于郊区的村庄对于宅基地的感知价值就会升高，而处于农村的宅基地的感知价值会偏低，主要原因是位于城镇郊区的宅基地，其村民有更多其他的机会，如就近到城镇打工，做点小生意等，并且郊区的宅基地本身就存在出租等一些流转的机会。另外，位于郊区的宅基地在流转退出时由于地理位置的原因，可以获得更多的补偿，因此对于位于郊区的宅基地，农户更愿意将其进行流转（见表7-5、7-6）；对于远离城镇的农村的宅基地流转的机会较少，其宅基地的价值没有郊区的高。从宅基地流转后对农户家庭的补偿标准来看，位于郊区农户家庭要稍高于农村农户家庭的补偿；而且从补偿模式来看，补偿的方式比较单一，主要以货币补偿为主，以房屋安置为辅。

表 7-5 泉州市农村宅基地流转的补偿标准①

| 流转形式 | 补偿内容 |
|---|---|
| 对村民退出的旧宅基地 | 可按建房成本给予适当补偿 |
| 采用产权置换方式退出宅基地 | 由当地政府在规划集中居住区内建设安置房，进行置换 |
| 退出旧宅基地复垦为耕地 | 用于城乡建设用地增减挂钩指标收益分配支付给原土地使用权人的比例不低于指标收益的60% |

资料来源：作者整理

表 7-6 泉州市典型农村宅基地流转的补偿标准

| 调查村庄 | 区位 | 补偿内容 | 补偿标准 | 调查村庄 | 区位 | 补偿内容 | 补偿标准 |
|---|---|---|---|---|---|---|---|
| 南安市H社区X村 | 郊区 | 平房 | 400—500元/M² | 安溪县G镇RZ村 | 郊区 | 平房 | 400—500元/M² |
|  |  | 楼房 | 500—700元/M² |  |  | 楼房 | 450—700元/M² |
|  |  | 附属建筑物/构筑物 | 250—300元/M² |  |  | 附属建筑物/构筑物 | 250—300元/M² |
|  |  | 菜园等 | 500元/亩 |  |  | 菜园等 | 500元/亩 |
|  |  | 成年树 | 60元/株 |  |  | 成年树 | 50元/株 |
|  |  | 未成年树 | 20元/株 |  |  | 未成年树 | 20元/株 |
|  |  | 绿化树挂果树 | 40元/株 |  |  | 绿化树挂果树 | 40元/株 |
| 南安市M乡Y村 | 山区农村 | 平房 | 400元/M² | 安溪县L乡Q村 | 山区农村 | 平房 | 350元/M² |
|  |  | 楼房 | 500元/M² |  |  | 楼房 | 450元/M² |
|  |  | 附属建筑物/构筑物 | 260元/M² |  |  | 附属建筑物/构筑物 | 250元/M² |

① 泉州市人民政府办公室．关于进一步加强农村村民住宅用地管理的通知（泉政办〔2015〕15号）［Z］．2015.02.27．

续表

| 调查村庄 | 区位 | 补偿内容 | 补偿标准 | 调查村庄 | 区位 | 补偿内容 | 补偿标准 |
|---|---|---|---|---|---|---|---|
| | | 菜园等 | 500 元/亩 | | | 菜园等 | 500 元/亩 |
| | | 成年树 | 60 元/株 | | | 成年树 | 50 元/株 |
| | | 未成年树 | 20 元/株 | | | 未成年树 | 20 元/株 |

资料来源：对调查问卷和走访材料的整理，宅基地补偿以"户"为单位进行补偿

# 第八章　基于感知价值闽南沿海经济发达地区农村宅基地流转潜在意愿研究

## 第一节　理论研究

### 一、研究理论分析及假设

宅基地作为我国农村土地的重要利用方式和类型，是我国农村集体经济组织分配给本组织内成员居住使用的住宅用地及附属用地，以保障其生活居住及从事副业生产的需要。宅基地使用权是一项用益物权，具有初始取得无偿性、使用无期限性、权利主体特定性和客体的使用限定性等特征。由于各种原因，农村宅基地面积较大并且闲置宅基地规模较大，据相关研究表明，我国农村闲置宅基地的比例约为宅基地规模的15%左右；2018年，农村宅基地闲置程度平均为10.7%[①]。随着经济社会和城镇化发展，大量闲置的宅基地对我国的耕地保护、粮食安全和农村社会稳定等造成了不良的影响。在经济发达地区，宅基地流转更为普遍，流转方式包括转让、出租和抵押等；欠发达地区和远郊地区，农民倾向于出卖宅基地进行投资或搬迁。宅基地流转方式的选择受其所处的区位及经济发展水平的影响，城市近郊区的农民倾向于出租宅基地获得长期稳定收入，实践中，宅基地流转虽然一定程度上缓解了建设用地供给紧张的矛盾，但也从管理和经济利益分配等角度带来了新的问题，包括规划的土地用途管制失效、土地流转中收益分配不合理、容易产生矛盾并影响社会稳定等。泉州市是福建省三大

---

① 李婷婷. 中国农村宅基地闲置现状及整治模式［R］. 中国农村经济形势分析与预测（2018—2019），2019-05-01.

## 第八章 基于感知价值闽南沿海经济发达地区农村宅基地流转潜在意愿研究

中心城市之一，主要经济指标名列福建省前列。2017年全市农村宅基地面积约为25403.73ha，占全市建设用地面积的15.76%，占全市农村集体用地面积的30.3%，人均宅基地面积为249m²，高于国家约200m²的平均水平。因此，特别是在经济发达地区，社会经济发展需要土地保障，而大量宅基地处于沉睡状态，造成土地的利用缺口与土地闲置之间的矛盾。因此，非常有必要探索经济发达地区农村宅基地流转潜在意愿。本章在感知利益维度与感知风险维度构建的基础上，结合经济发达地区宅基地流转特征，构建基于感知利益与感知风险权衡的感知价值模型，基于感知价值的闽南沿海经济发达地区农村宅基地流转潜在意愿分析，着重进行因素权衡研究。

在国外如美国、日本等发达国家对于农村土地（宅基地）研究方面，主要关注土地（宅基地）可持续利用与发展、有效管理农村土地，如村落被废弃后土地利用整理[1]，农村宅基地拓展的驱动力及其实证分析[2]，注重地方政府科学决策对有效管理农村宅基地拓展的重要性等方面[3]，这些研究对于探讨农户宅基地退出机制的构建有一定的借鉴意义，即重视公众参与，尊重农户意愿，重视政府的科学决策，善于利用计量方法分析相关影响因素，重视城乡统筹和农村宅基地的科学规划及区域土地可持续利用开发。

国内对农户宅基地退出意愿影响因素的研究成果日益深入，其影响因素大致概括为农户个体特征因素、家庭特征因素、国家级地方政策（制度）因素和其他因素四个方面（表8-1）。在农户个体特征方面，一般认为对农户宅基地退出意愿有显著影响的因素包括：年龄、受教育程度、收入、就

---

[1] Daniels, T.When City and Country Collide: Managing Growth in the Metropolitan Fringe [M]. Washington, DC: Island Press, 1999.

[2] Patricia H. Gude, Andrew J. Hansen, Ray Rasker; et al. Rates and drivers of rural residential development in the Greater Yellow stone [J]. Landscape and Urban Planning, 2006, (77): 131-135.

[3] Seong-Hoon Cho, David H. Newman. Spatial analysis of ruralland development [J]. Forest Policy and Economics, 2005, (7): 732-744.

业情况、户口类型[1][2][3][4],还有学者从农户分化角度[5],将农户划分为职业分化、人口、经济分化等不同类型[6]。在家庭特征方面,主要的因素包括:农户家庭总人口、劳动力人口数、家庭年收入、家庭年总支出、家庭赡养的老人数和抚养的小孩数[7][8][9][10]。在政策因素方面,城乡差别的土地制度、户籍制度和社会保障制度等均深刻地影响着农户宅基地退出意愿。其中,户籍制度作为一套在计划经济体制下建立和完善起来的、如附着各种资源配置和权利分配制度的社会管理制度,严重阻碍农村土地使用权的自由流转,制约着农村土地的社保功能向资产功能转化,是影响农村宅基地退出制度改革的关键因素[11][12]。在其他因素方面,一些研究者从农地流转对于农户宅基地退出意愿影响,认为农地流转对转出户宅基地退出意愿的促进作

---

[1] 许恒周.基于农户受偿意愿的宅基地退出补偿及影响因素分析[J].中国土地科学,2012,26(10):75-81.

[2] 黄忠华,杜雪君.农户非农化、利益唤醒与宅基地流转:基于浙江农户问卷调查和有序Logit模型[J].中国土地科学,2011,25(8):48-53.

[3] 宁涛,杨庆媛,苏康传,等.农村宅基地流转影响因素实证分析[J].西南师范大学学报(自然科学版),2012,37(2):119-125.

[4] 陈霄.农民宅基地退出意愿的影响因素[J].中国农村观察,2012,(3):26-37.

[5] 张梦琳,舒帮荣.农民分化、福利认同与宅基地流转意愿[J].经济体制改革,2017,(3):95-100.

[6] 周丙娟,叶琦,诸培新.农户分化下的宅基地退出意愿及选择偏好实证分析—基于江西省314个农户调研[J].农林经济管理学报,2017,16(2):216-223.

[7] 王兆林,杨庆媛,张佰林,等.户籍制度改革中农户土地退出意愿及其影响因素分析[J].中国农村经济,2011,(11):49-61.

[8] 胡银根,张曼.农民工宅基地退出的补偿意愿及影响因素研究-基于武汉市城市圈的问卷调查[J].华中农业大学学报(社会科学版),2013,(4):90-95.

[9] 许恒周,殷红春,石淑芹.代际差异视角下农民工乡城迁移与宅基地退出影响因素分析——基于推拉理论的实证研究[J].中国人口·资源与环境,2013,23(8):75-80.

[10] 邓海峰,王希扬.户籍制度对土地承包经营权流转的制约与完善[J].中国人口·资源与环境,2010,20(7):97-101.

[11] 朱新华.户籍制度对农户宅基地退出意愿的影响[J].中国人口·资源与环境,2014,24(10):129-134.

[12] 朱新华.户籍制度改革视角下农村宅基地资本化研究[J].农村经济,2015,(9):15-18.

| 第八章 | 基于感知价值闽南沿海经济发达地区农村宅基地流转潜在意愿研究

用最高,其次是未流转户,对转入户的退出意愿呈负影响[1],然后是土地确权方面,如宅基地"三权分置"等对宅基地处置意愿影响[2][3]。

表8-1 国内对于宅基地流转意愿影响因素研究

| 代表学者 | 影响宅基地流转意愿的因素 | 特征 |
| --- | --- | --- |
| 傅倩倩、张全景、彭文龙等 | 职业、受教育水平、非农收入占比、是否在城镇买房、宅基地数量、是否拥有宅基地使用权证书、宅基地所有权归属以及是否了解宅基地"三权分置"政策对农户宅基地流转意愿具有显著正向影响;性别和家庭人口数对农户宅基地流转意愿具有显著负向影响。宅基地"三权分置"改革的实施在一定程度上影响了农户对宅基地流转的意愿认知和行为决策 | 宅基地"三权分置"背景下农村宅基地流转意愿及其影响因素 |
| 刘艳婷、陈美球、邝佛缘等 | 家庭经济禀赋中非农收入比重、家庭存款、家庭人均年收入对农户宅基地流转意愿具有显著正向影响;政策认知中"一户一宅"认知、流转规定认知程度对农户宅基地流转意愿具有显著负向影响 | 家庭经济禀赋、政策认知与农户宅基地流转意愿 |
| 龚宏龄 | 从影响农户退出意愿的主要因素来看,安居工程、风险保障和资金补偿是构建宅基地退出补偿机制 | 基于宅基地不同持有情况 |
| 朱新华 | 户籍制度改革对实验地区农户宅基地退出意愿产生了显著的影响 | 户籍制度对农户宅基地退出意愿的影响 |
| 许恒周、殷红春、石淑芹 | 对第一代农民工宅基地退出意愿产生较大影响的因素主要是年龄、受教育程度、宅基地在住房养老中的作用、供养系数和对农村基础设施满意程度;对新生代农民工宅基地退出意愿产生较大影响的因素主要有性别、教育程度、供养系数和对农村基础设施满意程度。在拉力因素方面,对第一代农民工宅基地退出意愿产生较大影响的因素主要是有无专业培训经历或证书、是否签订劳动合同、区位、单位性质和外出务 | 代际差异视角下农民工乡城迁移与宅基地退出影响因素 |

---

[1] 王敏,诸培新,张建.农地流转对农户宅基地退出意愿影响研究——基于江苏省855户农户的调查结果分析[J].南京农业大学学报(社会科学版),2016,16(4):81-89.

[2] 彭长生,王全忠,钟钰.确权、农民分化与宅基地处置意愿——基于安徽、湖南两省农户调查数据的实证分析[J].南京农业大学学报(社会科学版),2019,19(05):118-129.

[3] 傅倩倩,张全景,彭文龙.宅基地"三权分置"背景下农村宅基地流转意愿及其影响因素分析——以山东省日照市为例[J].山东农业科学,2021,53(01):143-149+156.

续表

| 代表学者 | 影响宅基地流转意愿的因素 | 特征 |
| --- | --- | --- |
|  | 工时所利用的方式；对新生代农民工宅基地退出意愿产生较大影响的因素主要是有无专业培训经历或证书、是否签订劳动合同、区位、单位性质、外出务工时所利用的方式和是否同城里的人交过朋友 |  |
| 许恒周 | 临清市农户退出宅基地的平均受偿意愿为 704.22 元/m²；年龄、外出务工年限、家庭农业收入占比、家庭供养系数、对宅基地政策是否了解及其在住房养老中的作用等变量对农户宅基地退出补偿受偿意愿具有正向显著影响；而是否参加新农合或其他保险、区位变量、非农就业稳定性变量则对宅基地退出补偿受偿意愿具有负面影响 | 基于农户受偿意愿的宅基地退出补偿 |
| 周婧、杨庆媛、张蔚、等 | 农户宅基地流转意愿普遍偏低，且从纯农业户到非农业户意愿逐渐减弱，兼业程度由低到高，宅基地流转决策因子沿生存——经济——社会方向转移，纯农业型为生存理性，农业主导型为生存与经济理性，农工兼具型为经济理性，非农主导型与非农业型以社会理性为主导；农户普遍倾向"以房换房"的置换流转方式，其次是"以房换钱"为入股的流转方式，出售、抵押、出租等方式较少 | 贫困山区不同类型农户对宅基地流转的认知与响应 |
| 彭长生、王全忠、钟钰 | 确权对留传和征收意愿的影响非常显著，而对流转意愿的影响不显著。不同分化类型农民的处置意愿选择存在显著差异：在留传和流转之间，从事非农就业、就业地点越远、文化程度越高和已参加农村社保的户主更希望保留宅基地；在留传和征收之间，宅基地确权、受教育程度越高、参加社保、农村住房为平房、山区、距离县城越远和经济发展程度越低的农民，更希望留传宅基地，拥有城镇住房、距离县城越近和地方经济发展水平较高的农民更希望宅基地被政府征收 | 确权、农民分化与宅基地处置意愿 |
| 吴郁玲、石汇、王梅 | (1) 宅基地使用权确权仅在近郊农村对农户宅基地流转行为有显著的正向驱动作用，而在远郊纯农村和远郊风景秀丽农村不存在显著影响。(2) 除确权因素外，户主年龄、农户家庭人口数、农户家庭非农就业人数占比和宅基地拥有状况对农户的宅基地流转行为也存在较显著的影响，但在3类农村地区的具体影响存在一定差异 | 农村异质性资源禀赋、宅基地使用权确权与农户宅基地流转 |
| 钱龙、钱文荣、郑思宁 | 随着个体收入中非农收入比例的提升，农户参与宅基地流转可能性加大。已经在城镇购买住房的农户有着更高的宅基地流转参与率；熟知法律流转规定的农户有着更高流转参与率 | 市民化能力、法律认知与农村宅基地流转 |

| 第八章 | 基于感知价值闽南沿海经济发达地区农村宅基地流转潜在意愿研究

续表

| 代表学者 | 影响宅基地流转意愿的因素 | 特征 |
| --- | --- | --- |
| 杨雪锋、董晓晨 | 供养系数和对农村基础设施满意程度对两代农民工都有较大影响，但第一代农民工较新生代农民工所受影响要大。除此之外，第一代农民工还看重宅基地在住房养老中的作用，而农村养老保险及新型合作医疗等对新生代农民工影响更甚。来自城市推力的因素中，在个人特征方面，年龄对第一代农民工影响较大，性别和文化程度对新生代农民工影响较大。打工收入比重、职业技能、是否签订劳动合同、单位性质对两代农民工都有较大影响，但新生代农民工受影响更大。差别性因素是：第一代农民工还看重宅基地区位，新生代农民工则受就业依赖的社交媒介、定居城镇的意愿等影响 | 不同代际农民工退出宅基地意愿差异及影响因素 |
| 郭芬、黄丹、牛文浩 | 产权认知对农户宅基地流转的意愿具有显著正向影响；经济分化与职业分化对农户进行宅基地流转的意愿具有显著影响 | 产权认知、农户分化与宅基地流转意愿 |
| 郭茹、刘新平、原伟鹏 | 农户对宅基地流转的态度、心理和意愿，充分挖掘农户宅基地流转意愿的影响因素 | 基于农户行为视角的农村宅基地流转意愿因素 |
| 孙艳梅、刘新平、周义才 | （1）不同民族文化对宅基地退出影响差异明显；（2）农户户主的家庭决策权存在惯性认识偏差；（3）农户家庭与宅基地禀赋对宅基地退出影响显著；（4）农户宅基地退出政策认知亟须提升 | 少数民族聚居区农户宅基地退出意愿影响因素 |
| 黄贻芳 | 农户参与宅基地退出的意愿不高，参与程度偏低；而农户家庭需抚养的小孩数、拥有的宅基地数量、农户对农村宅基地退出政策的了解程度、是否支持农村宅基地退出改革、农户对参与退地收益的认知是影响宅基地退出的主要因素 | 农户参与宅基地退出的影响因素 |
| 张怡然、邱道持、李艳 | 农村宅基地具有保障安居、以房养老、储备家庭财产以及支持副业生产等效用，农民工退出农村宅基地的意愿主要受宅基地的保障功能、经济补偿期望值、家庭经济收入状况、技能培训状况、家庭赡养人口状况等因素的影响 | 农民工进城落户与宅基地退出影响因素 |
| 钱龙、陈方丽、卢海阳 | 是否拥有城市人"身份认同"显著影响农户宅基地流转意愿和流转行为。认同自己是城市人的农户，有着更强的流转意愿和更高比例的流转参与率，稳健性检验仍然支持上述结论 | 城市人"身份认同"对农村宅基地使用权流转的影响 |

续表

| 代表学者 | 影响宅基地流转意愿的因素 | 特征 |
| --- | --- | --- |
| 黄贻芳、钟涨宝 | （1）在现有退地补偿政策下农户意愿普遍偏低，不同类型农户退地意愿存在一定的差异性；（2）影响纯农户宅基地退出的因素有户主年龄、家庭拥有的房屋数量、对政策的支持度和退地收益；影响Ⅰ兼业户宅基地退出的因素有家庭宅基地面积大小、对政策的支持度和退地收益；影响Ⅱ兼业户宅基地退出的因素有家庭小孩数、对政策的支持度和退地收益；影响非农户宅基地退出的因素有户主年龄、户主文化程度、家庭人口数、宅基地面积和退地收益。其中，退地收益是影响各类农户退地决策最显著的因素，对政策的支持度是农户退地决策影响力最大的因素 | 不同类型农户对宅基地退出的响应 |
| 张淑娴、陈美球、邝佛缘 | 年龄、文化程度、家庭抚养系数、宅基地数量对农户宅基地流转意愿都有重要影响；家庭劳动力流动到县域外和到县域内非农就业的收入比重正向影响农户宅基地流转意愿，但县域外非农就业收入比重的影响程度大于县域内非农就业收入比重；家庭劳动力流动到县域外和县域内非农就业的数量比重正向影响农户宅基地流转意愿，但县域内非农就业数量比重的影响程度大于县域外非农就业数量比重 | 家庭劳动力流动对农户宅基地流转意愿的影响 |
| 邝佛缘、陈美球、鲁燕飞 | （1）不同类型农户的生计资本差异明显，总体呈现出由纯农业户到非农业户，由山区到平原，生计资本总产值递增的趋势。（2）农业为主，区位条件越差的农户，自然资本更好，更不愿意流转宅基地；非农为主，区位条件越好的农户，物质资本和金融资本更好，更愿意流转宅基地 | 生计资本差异对农户宅基地流转意愿的影响 |
| 祁黄雄、林伟立、邹晓萌 | 现行管理制度下宅基地流转的资金补偿、家庭人口数、宅基地面积、闲置宅基地面积大小等4个因素对农户的宅基地流转意愿的判别影响不太显著，年纯收入、受教育年限、年龄及宅基地升值预期等4个因素对农户的宅基地流转意愿的判别影响不太显著 | 基于农户行为的浙江农村宅基地流转判别模型构建 |
| 郑粟文 | 影响农户宅基地流转意愿的主要因素有经济因素、社会保险因素、生活环境因素及政府保障因素等 | 影响浙江省农户宅基地流转意愿的因素 |

# 第八章 基于感知价值闽南沿海经济发达地区农村宅基地流转潜在意愿研究

续表

| 代表学者 | 影响宅基地流转意愿的因素 | 特征 |
| --- | --- | --- |
| 关江华、黄朝禧、胡银根 | (1) 从农户生计资产的视角,对宅基地流转农户家庭资产进行量化分析,将农户划分为资产缺乏型农户和资产均衡性农户;(2) 当前农户流转宅基地的意愿仅为24.66%,资产均衡型农户宅基地流转意愿比例高于资产缺乏型农户;(3) 宅基地属性、农户对住房满意度、户主年龄及受教育水平对资产缺乏型农户流转意愿有显著性影响,而影响资产均衡型农户流转意愿因素依次为宅基地属性、非农收入比例、宅基地财产经营性收入、家庭生计资产值 | 基于农户可持续生计视角 |
| 沈陈华 | 文化程度、宅基地个数、家庭总收入等影响因素对流转意愿呈正相关;户主年龄、家庭人口数量等影响因素对流转意愿呈负相关。同一农户的影响因素在不同阶段对流转意愿度的贡献率不同,家庭收入和户主年龄是影响宅基地流转的主要因素,它们对宅基地流转分别起着推力和阻力作用,在相互作用过程中,两者之间彼此消长。实地抽样结果分析表明,丹阳农村户主文化程度若为初中且年龄在35岁时,家庭收入能达到34 000元的话,宅基地使用权流转意愿度超过50%。以后每年家庭收入能有一定增速的话,农户流转意愿度将持续保持在50%以上 | 丹阳市宅基地使用权流转意愿的影响因素 |
| 张文方、李林 | 文化程度、居住现状满意度、家庭宅基地数量对农户宅基地流转意愿影响较大,其中文化程度越高、居住现状满意度越低、家庭宅基地数量越多,农户宅基地流转意愿越强烈 | 基于宅基地功能演变视角 |
| 钱龙、钱文荣、陈方丽 | 农户职业分化对宅基地流转影响显著,但收入分化影响不显著;预期宅基地持有期越长,农户越不会参与流转。分样本检验和替代变量回归证实上述判断具有稳健性。此外,教育程度高的农户更可能进行流转;宅基地块数越多,农户越倾向流转 | 农户分化、产权预期与宅基地流转影响关系 |
| 关江华、黄朝禧、胡银根 | 影响农户宅基地流转意愿的因素依次为户主受教育程度、庭院经营性收入、家庭归属感、宅基地区位条件和家庭非农收入比例;其中户主受教育程度、家庭非农收入比例的影响方向为正,其他因素的作用方向为负 | 以微观福利为视角 |
| 宁涛、杨庆媛、苏康传 | 受教育程度、非农收入、务工距离、社会保障水平、宅基地距城镇距离、宅基地流转政策满意度、宅基地流转收益、人均住房面积等因素对农村宅基地流转具有明显正向影响,其中,非农收入和宅基地流转收益对农村宅基地流转正向影响最为显著;户主年龄、宅基地利用情况等因素对农村宅基地流转具有负向作用 | 基于重庆市300户农户调查 |

177

续表

| 代表学者 | 影响宅基地流转意愿的因素 | 特征 |
|---|---|---|
| 刘林 | 家庭人口数、非农就业比率等对流转意愿有显著的影响；宅基地闲置情况、非农就业比率等对退出意愿有较显著的影响；考虑宅基地流转意愿对退出意愿的中介作用，受教育程度、非农就业比率、其他参保比率对退出决策有显著影响 | 基于结构方程模型 |
| 胡方芳、蒲春玲、陈前利 | 新疆农户特征、相关政策与市场特征对农民宅基地流入和流出意愿具有不同程度和不同方向上的影响；与相关研究结果相比，既有相同之处，更有显著的地区特点。其相同之处主要表现在：宅基地流转范围的限制，阻碍宅基地流转；流转收入越高，农民流出宅基地的意愿就越强烈；流转花费时间越多，流入宅基地的意愿就越弱。其地区特点主要表现在：家庭人均收入与流出意愿关系不显著；农民非农化程度对农民流转宅基地意愿的影响并不显著；与少数民族农民相比，汉族农民并没有表现更强的宅基地流转意愿；农村新型合作医疗比重越大，农民流入宅基地的意愿越强，但对流出意愿影响并不显著；农民家庭参加农村养老保险比重越高，农民宅基地流入和流出的意愿并非越强；流入费用对流入意愿的影响并不显著；流转方式对农民流入意愿具有显著的正向影响；流转花费时间对流出意愿影响并不显著 | 欠发达地区农民宅基地流转意愿影响因素 |
| 夏志禹、尉伟杰、赵帮宏 | 文化程度、家庭主要收入来源、是否有两处及以上住房、对宅基地流转后医疗与养老保障的预期对农民流转宅基地意愿有正向影响；家庭人数、家中是否有老人、对宅基地使用权流转收益的预期对农民流转宅基地意愿有负向影响；家庭性质与家中是否有两处及以上住房、家庭主要收入来源存在交互作用，显著影响不同需求层次农户的宅基地流转意愿 | 基于河北省的调查 |
| 张振勇、杨立忠 | 农户宅基地自由流转的意愿主要受性别、年龄、家庭人口数、房屋建筑面积、村庄对外交通便利程度、是否发生过耕地流转、是否接触过宅基地流转、是否认可宅基地流转提高幸福指数8个因素的影响 | 基于对山东省481份问卷调查 |
| 廖阳、刘晓君 | 影响农户参与统筹型流转意愿的因素主要有：年龄、受教育程度、人均收入相对贫困、人均耕地相对贫困、人均宅基地面积、是否发生过耕地流转及该流转模式下能否获得长期收入、可能存在工作机会以及承担的风险 | 农村宅基地统筹型流转模式，基于关中地区294户农户调查 |

## 第八章  基于感知价值闽南沿海经济发达地区农村宅基地流转潜在意愿研究

续表

| 代表学者 | 影响宅基地流转意愿的因素 | 特征 |
|---|---|---|
| 李伯华、刘艳、张安录等 | (1) 整体上，调查区农户宅基地流转意愿偏低，影响不同类型农户决策的因子呈现整体一致、局部差异的特征；(2) 不同类型农户的共同影响因子是经济因素和社会因素，出租和出售是主要的流转方式。流转政策认知程度低、乡土情结重与就业压力大是农户流转决策的主要障碍因子；(3) 纯农业型农户宅基地流转意愿受到年龄、劳动力投入量与自然灾害频率的影响。但该类型农户宅基地流转意愿最高，以出售为主要流转方式；一兼农业型与农工兼具型农户的影响因子一致，以出租为主要流转方式；二兼农业型农户影响因素最少，流转意愿最低，流转方式以出租和入股为主；纯非农业型农户流转决策受外出务工收入和家庭人口数量影响较大，流转意愿最高，以出租和置换为主要流转方式 | 城市边缘区不同类型农户对宅基地流转的认知 |

纵观已有研究，不难发现，采用感知价值理论，从关于农户对宅基地感知价值的心理因素研究还有待进一步深入。感知价值理论已经在我国应用得比较成熟，运用的方面涉及对产品（商品）实物消费、选择等，虽然国内外学者对感知价值的定义不完全相同，但在核心观点上形成共识，即感知价值是消费者基于感知利得与感知利失二者之间的权衡[1][2]。将感知价值应用到闽南经济发达地区农村宅基地流转过程来研究，拓展其实践应用的范围。据此，农户宅基地退出的感知价值可理解为农户在宅基地退出决策过程中所能感知到的一系列利益和所付出的一系列成本。农民是否愿意退出宅基地，首先取决于他们对宅基地退出决策过程中的感知价值，即对宅基地退出的预期收益和成本的比较。

为了更好地运用感知价值理论，强化理论应用到农户宅基地退出过程中，加强两者的联系，本书将目标设置理论作为理论框架，理解农户宅基地退出首先要感知到自己将宅基地退出行为是"划算的"，其感知利得大于利失，从而产生内在动力。如果农户考虑将宅基地退出获得利益都没有，或其利失大于利得，就根本不会思考将宅基地流转出来了。

---

[1] Porter, M.E.Competitive Advantage [M]. NewYork : Free Press, 1985: 95-102.
[2] Flint D J, Woodmff R B, Gardlial S F. Exploring the Phenomenon of Customers' Desired Value Change Business-to-Business Context [J]. Joural of Marketing, 2002, (66): 102-107.

| 基于感知价值的闽南沿海经济发达地区农村宅基地流转研究——以泉州市为例 |

1985年波特在《竞争优势》一书中,提出顾客价值并进行表述,之后Zeitham、Sweeney和Soutar、Woodruff等西方学者对顾客感知价值进行研究。农村宅基地流转的感知研究是从农民的态度、价值观等角度探讨农民对宅基地流转的关系,以判断他们的反馈行为。农民对宅基地流转的感知价值是他们基于感知利得与感知利失之间的权衡结果[1]。农村宅基地流转感知价值是农民在宅基地流转决策过程中,对宅基地流转的预期所得收益与预期成本的权衡比较。从效用最大化角度来看,农户对宅基地流转具有正向作用。如果感知价值较高,那么农民认为宅基地流转所得大于所失,有利于宅基地流转。本书用渐进适应模型来分析感知价值理论下的农户宅基地退出意愿研究,假设感知价值对农户宅基地流转潜在意愿产生显著影响,那么"所得大于所失"的感知对流转具有正向作用,而"所失大于所得"的感知对流转具有负向作用。

渐进适应模型继承了组织选择和学习的行为模型。它允许在环境不稳定和模棱两可的情况下探索组织或个人在搜索策略、能力和期望方面的同时适应。该模型展示了组织或个人行为和绩效的变化在多大程度上反映了在模棱两可的环境中简单适应的分布结果以及快速学习的一些不利结果。该模型将绩效反馈视为目标设置的决定性因素,把学习过程纳入目标设置过程,所以决策者会根据前期的目标实现程度来制定和调整后期目标[2]。根据渐进适应模型,作为理性经济人的农户并不是直接地、孤立地考虑是否退出宅基地这一目标设置,而是根据前期目标设置的绩效反馈——对宅基地退出的价值感知度,判断在自身可行能力基础上能否融入城市,自己能否从宅基地流转中获利,并且利得大于利失,从而判断预期并做出宅基地退出决策。一方面,从物品效用最大化的角度,农户感知价值对其宅基地退出意愿具有正向作用。如果感知价值度较高,那么农民认为退出宅基地是利大于弊的,这将提高农户宅基地退出意愿。另一方面,在感知价值稳定及效用最大化假定下,农户会倾向于持续获得这种价值,即通过宅基地

---

[1] Statesboto.The use of comparison standards in customer satisfaction research and management: A review and proposed typology [J]. Journal of Marketing Theory and Practice, 1999, 06.

[2] Daniel Levinihal, James G.March.A Model of Adaptive Organizational Search [J]. Joural of Economis Behavior attd Orgattization, 1981, 2 (4): 307-333.

退出来确保已有价值的持续和累积,从而强化了其退出意愿。据此,提出第一个假设。

假设1:感知价值对农户宅基地退出意愿产生显著影响。"利大于弊"的感知对农户退出意愿具有正向作用,而"弊大于利"的感知对农户退出意愿具有负向作用。值得注意的是,由于成长环境和接受教育的差异,不同区域的农民的价值观、生活期望存在很大差异,已经形成了两种明显不同的土地价值观,因此他们对宅基地退出的价值感知也存在着很大的差异。一般认为,远郊或经济不发达地区的农民认为宅基地是他们上一辈流传下来的,承担着居住功能和社会保障功能,即使从经济角度能够衡量出宅基地流转是"利大于弊"的,也不足以影响其退出意愿;而经济发达地区的城郊地区的农民,其市场意识较强,对城市的认同感较高,交通便利,非农就业机会多,他们具有强烈的市民化意愿[1],更多的希望显化宅基地的资产功能,如果从经济角度能够衡量出宅基地退出是"利大于弊"的,则能显著地增强其退出意愿。据此,提出假设2。

假设2:对远郊或经济不发达地区的农民而言,"利大于弊"的感知对其退出意愿无法产生显著正向影响;而对经济发达地区的城郊地区的农民而言,"利大于弊"的感知对其退出意愿产生显著正向影响[2]。

## 二、变量设置及数据来源(表8-2)

(1)变量设置

问卷变量有被解释变量——宅基地退出意愿(LLYY)。宅基地退出是本文的被解释变量,在问卷中表述为:"你是否同意宅基地退出?"答案选项包括:"1=愿意,0=不愿意"。

感知价值度(Perceived-degree)。感知价值是本文重要的解释变量,为了让农户充分考虑退出宅基地的感知价值,在问卷中用两个问题逐层表述。解释变量——宅基地流转感知价值(GZJZ),一是,感知所得方面,包括"可以自己居住;可以租售,增加收入;留在农村,留住根";二是,感知

---

[1] 陈英,谢保鹏,张仁陆.农民土地价值观代际差异研究[J].干旱区资源与环境,2013,27(10):51-57.

[2] 孙雪峰,朱新华,陈利根.不同经济发展水平地区农户宅基地退出意愿及其影响机制研究[J].江苏社会科学,2016,(2):56-63.

所失方面，"如果进行宅基地流转，您能得到什么，失去什么？"，三是感知所得与感知所失比较，"0=说不清楚，1=所失大于所得，2=差不多，3=所得大于所失"。由此可见，感知价值属于分类变量，将其转化为虚拟变量；perceived1 表示弊大于利，perceived2 表示差不多，perceived3 表示利大于弊，其余为说不清楚。

另外，调查问卷还设计了控制变量——农户的基本情况，如年龄、职业（0=务农为主，1=非农为主）、教育程度（0=小学及以下，1=初中及以上）、家庭人口（0=3 口及以下，1=3 口以上）等。

（2）数据来源

本文利用分层抽样、整体和典型抽样，于 2018 年对泉州市晋江市、南安市、德化县、永春县等 10 个县、100 个村、2000 农户进行调查，回收问卷 1842 份，剔除无效样本后有效问卷 1822 份，有效率 95.45%。

表 8-2 变量描述性统计分析

| 变量 | 变量含义 | 频率（%） | 均值 | 标准差 |
| --- | --- | --- | --- | --- |
| LLYY | 愿意流转宅基地=1 | 31.6 | 0.264 | 0.452 |
|  | 不愿意流转=0 | 68.4 |  |  |
| perceived | 利大于弊=3 | 24.3 | 1.85 | 0.857 |
|  | 差不多=2 | 35.51 |  |  |
|  | 弊大于利=1 | 25.67 |  |  |
|  | 说不清楚=0 | 14.52 |  |  |
| 年龄 | 30 岁以下=0 | 20.64 | 3.962 | 0.6875 |
|  | 31—40 岁=1 | 18.54 |  |  |
|  | 41—50 岁=2 | 31.51 |  |  |
|  | 51—60 岁=3 | 16.85 |  |  |
|  | 61 岁以上=4 | 12.46 |  |  |
| 教育程度 | 本科及以上=4 | 5.6 | 0.7524 | 0.423 |
|  | 大专=3 | 10.4 |  |  |
|  | 高中（中专）=2 | 44.1 |  |  |
|  | 初中及以下=1 | 39.9 |  |  |
| 职业 | 务农为主=0 | 65.84 | 0.425 | 0.5142 |
|  | 非农为主=1 | 34.16 |  |  |

续表

| 变量 | 变量含义 | 频率（%） | 均值 | 标准差 |
|---|---|---|---|---|
| 家庭人口 | 小于等于3人 | 35.51 | 2.021 | 2.654 |
| | 3到6人 | 42.52 | | |
| | 大于6人 | 21.97 | | |

资料来源：作者整理

## 第二节　研究结果

通过调查结果分析，泉州市10县市，具有宅基地流转潜在意愿的农户占33.54%，认为宅基地流转"所得大于所失"的占比30.01%，"所失大于所得"的占比43.52%，差不多的占12.87%，剩余的为说不清楚。

表8-3　泉州市农户对农村宅基地流转潜在意愿的估计结果

| 变量 | Model 1 B | Model 1 EXP（B） | Model 2 B | Model 2 EXP（B） |
|---|---|---|---|---|
| Constant | -2.547*** | 0.078 | -2.306*** | 0.099 |
| 年龄 | -0.401** | 0.669 | -0.404* | 0.066 |
| 教育程度 | 1.809** | 6.104 | 1.916** | 6.793 |
| 职业 | 1.687** | 5.403 | 1.977** | 7.221 |
| 家庭人口 | -1.361*** | 0.256 | -1.587*** | 0.204 |
| 感知价值-说不清楚 | —— | -0.657** | 0.518 | |
| 感知价值-所失大于所得 | —— | -0.504* | 0.604 | |
| 感知价值-差不多 | —— | 0.257 | 1.293 | |
| 感知价值-所得大于所失 | —— | 0.641** | 1.898 | |
| Hogmer&Lemeshow P 值 | 0.785 | 0.524 | | |
| -2 倍对数似然值 | 1876.942 | 1785.962 | | |
| Cox&Snell $R^2$ | 0.042 | 0.065 | | |
| Nagelkerke $R^2$ | 0.030 | 0.052 | | |

注：*、**、***分别代表10%、5%、1%显著水平。

表8-3是采用回归模型计算的结果，模型1是以控制变量作为全部解释变量，模型2是在模型1为基础上加入农户感知价值。总体上看，

Hosmer&Lemeshow 检验的 P 值大于 0.1，说明在 10%的显著性水平上可以接受模型对数据的拟合程度；同时从两个模型的-2 倍对数似然值、Cox&Snell $R^2$ 和 Nagelkerke $R^2$ 的变化趋势来看，分别呈递减、递增和递增趋势，说明这两个模型的拟合程度逐渐提高。

第一，模型 1 的结果表明，控制变量均通过 5%的显著性检验。从年龄来看，其对农户宅基地退出意愿具有负向作用。因为随着年龄的增加，农民的生存保障意识增强，在没有城镇社保的情况下，更加看重宅基地的住房养老功能[1]。从受教育程度来看，其对农户宅基地流转意愿具有正向作用，而且相对"小学及以下文化"组而言，"初中及以上"组宅基地流转意愿的发生比率为其 6.104 倍。教育是个人人力资本和能力的积累，随着教育水平的提高，农户宅基地流转的意识在逐渐增强，所以农村宅基地退出流转的概率会随之变大。从职业来看，其对农户宅基地退出意愿产生正面影响，而且相对"务农为主"组而言，"非农为主"组宅基地退出意愿的发生比率为其 5.403 倍。从家庭人数来看，其对农户宅基地流转意愿具有负向作用，家庭每增加一人将导致具有流转意愿的发生比率变成原来的 0.256 倍，即降低 74.4%，可见家庭抚养的人口数会对宅基地流转意愿产生较大的影响。

第二，模型 2 的结果表明感知价值对农户宅基地退出意愿产生显著影响。各控制变量的符号和显著性与模型 1 基本保持一致，体现出模型具有较好的稳健性。感知价值-说不清楚的系数为-0.657，且通过 5%的显著性检验；感知价值-所失大于所得在 1%的显著性水平下，系数为-0.504；感知价值-差不多，其值不太显著；感知价值-所得大于所失在 5%的显著性水平下显著，且 EXP（B）为 1.898，即相对而言，"所得大于所失"的价值感知农户的宅基地流转意愿发生比率是前者的 1.898 倍。通过以上结果表明，农民是否愿意流转宅基地，取决于他们对宅基地流转的预期收益和成本的比较[2]，如果农民预期宅基地退出的收益大于其成本，则他们具有宅基地流转意愿，反之，则不具有。至此，验证了文中的假设 1。

---

[1] 许恒周，殷红春，石淑芹.代际差异视角下农民工乡城迁移与宅基地退出影响因素分析——基于推拉理论的实证研究 [J]. 中国人口·资源与环境，2013，23（8）：75-80.

[2] 王兆林，杨庆媛，张佰林，等. 户籍制度改革中农户土地退出意愿及其影响因素分析 [J]. 中国农村经济，2011，(11)：49-61.

## 第三节　研究结论及展望

对于泉州市农户而言，农户的年龄、家庭人数对农户宅基地流转意愿具有负向作用，受教育程度和职业对农户宅基地流转意愿产生正面影响；从感知价值来看，农民是否愿意流转宅基地，取决于他们对宅基地流转的预期收益和成本的比较，如果农民预期宅基地流转的收益大于其成本，则他们具有宅基地流转意愿，如果农民预期宅基地流转的收益小于其成本，则他们不愿意进行宅基地流转。论文尚未将农户从年龄等方面分为老一代农民和新一代农民，他们对宅基地流转的态度可能不同，这也是未来研究的方向。

# 第九章 基于感知价值的农村宅基地流转效益研究

## 第一节 农村宅基地流转前后效益的理论分析

### 一、效益与福利

效益是从经济角度来说的,包括两方面内容:效果和收益;其主要是劳动消耗与获得的劳动成果之间的比较,在评价上来说,是项目或某行为等本身对于国民经济所做的贡献大小,一般包括实施项目或行为而得到的直接效果和收益,这就是直接效益,还包括由此引起的间接效益等。从效益分类来看,效益既可以分为直接效益和间接效益,还可以分为经济效益、社会效益和生态效益三方面。经济效益,指该项目或行对实施与没有实施相比较所增加的收益或减少的损失,经济效益是经济评价的重要指标,是着重进行分析估算的内容;社会效益是实施项目或行为对于保障社会安定、促进社会发展和提高人们福利方面的作用;生态效益是实施项目或行为对改善生态环境所获得的收益和效果。效益具有随机性、综合性、发展性和复杂性等特性。其中随机性主要体现在实施某项项目或行为其收益受不确定的风险影响大,比较难于准确评估。综合性是项目或行为的目标是多方面的,有经济方面,也有社会方面,还可能存在环境方面。发展性是项目或行为会随着时间发展而情况有所变化,其效益也会发生变化。复杂性是项目或行为实施过程、效益评估是比较复杂的,需要全面分析研究。

据中共中央政策研究室原副主任郑新立的研究结果数据显示,2020 年全国农村的宅基地有 17 万平方千米①，约占集体建设用地的 54% 左右，且 10%—20% 是闲置的，部分地区闲置比例高达 30% 左右②。总的来看，农村宅基地流转效益包括两方面，一方面是对于开展农村宅基地流转项目或行为的地方进行效果的评价，另一方面，对实施农村宅基地流转项目的农民在流转过程中收获生活上的利益、经济利益等方面的评价，也就是农民的福利。从效益来看，农村宅基地流转可以实现经济效益（功效），这是直接经济效益，生活保障效益（功效）、生态效益（功效）等。

## 二、农村宅基地流转效益与福利

一般来说，福利是指生活方面的利益，这种利益其实就是效用。在学术界，很多学者认为福利偏重个人的主观感受。对于福利指标的选取和福利水平的度量没有统一的标准，在理性人的条件下，福利与效用是统一的。Kuhn 认为通过可观察到的生活标准可以衡量相应的福利水平③。农村宅基地流转是依照法律法规等程序和批准权限，履行相关手续，依法给予农村集体经济组织及农民补偿后，将农民拥有的宅基地及地上附属物的使用权转移给他人或经济组织等。宅基地流转不是土地产权的转移，只是使用权的转移，也可能会发生土地利用方式的改变，即将宅基地流转退出进行整理复垦，由农村建设用地变成耕地或其他土地，如空心村、废弃村、整村搬迁的宅基地等。在整个宅基地流转过程中，农民的福利变化是一个非常复杂的过程，也是非物质性的事态，其涉及的因素非常多。按照福利经济学的观点，农村宅基地流转中农民的福利，可通过流转前后农民的主观感受和相关的福利指标来进行计算。总体来看，农民在宅基地流转过程中的福利主要包括经济福利、社会福利和生态福利三类。经济福利是农民在宅

---

① 数据来源：中央政策研究室原副主任郑新立在 2020 年 12 月 12 日，由农民日报社、江苏省盐城市人民政府、中国农业风险管理研究会联合举办的 2020（首届）中国农业企业家峰会上讲话。
② 陈小卉．"十三五"农村土地制度改革对推进城镇化的影响——以江苏省为例 [J]．城市规划，2015，39（3）：29-33．
③ Wolfgang Strengmann-Kuhn．Theoretical Definition and Empirical Measurement of Welfare and Poverty：A Microeconomic Approach [A]．Poland：Paper Prepared for the 26th General Conference of the Internat ional Association for Research in Income and Wealth Cracow，2000：273-284．

基地流转过程中获得相应的经济补偿，使得其家庭收入、生活水平提高，生活质量发生改善。在流转前，宅基地纯粹作为一种资源来被看待，这种资源处于空闲或闲置状态，而流转后，农民将自己的宅基地出租、转让给他人等，获得一笔经济收入，从而成为家庭收入的来源之一，这是农民将宅基地流转后能够获得的最明显的效益。社会福利主要是农民可以获得社会保障和就业保障。流转之前，宅基地的功能主要是居住的保障，保障农民最基本的住房需求。流转之后，有些农民会搬迁到城镇，或将多余的宅基地空出来给他人使用，专心进行其他社会经济活动，其社会福利在宅基地流转过程中效益较不明显；另外还存在一种现象，如果是整村搬迁的村庄，其宅基地全部流转退出，农民获得征地补偿款，由于农民文化程度低、职业技能差，一旦失去土地很难找到工作，在这个时候，唯一的保障就是征地补偿款，而一旦补偿款吃光用尽，生活就会陷入毫无保障的境地。因此，整村拆迁的宅基地征地过程中，农民的社会福利是降低的。生态福利即环境福利。它是为农民生存和发展需要，以生态利益为内容的新型社会公共福利，包括农民的住房、交通、基础设施和环境绿化等。生态福利是一种新型公共福利，具有普惠性、政府主导性、整体性、系统性和非排他性等特征。生态福利的主体是全体公民，是社会福利在生态危机时代的延伸和拓展，是社会福利的组成部分。生态福利客体是生态系统，生态系统是生态中各种要素按照一定的结构形式组成的有机整体。生态福利的内容是生态利益，这种利益是由法律设定的，是为了保障和追求特定的利益，不光包括诸如阳光、空气、水和各种自然资源在内的基础物质需要，还包括安宁、安全、舒适环境等精神需要。宅基地流转退出之后，农民的宅基地可能变成建设用地，农民的住房、基础设施和交通条件都会有较大的改善，但是随之会带来噪音、环境污染和治安变差等问题，美丽的田园风光也遭到了破坏。如果宅基地流转就只是出租等，其生态福利不会发生大的变化；如果将宅基地流转退出，农民搬迁，宅基地变成城市建设用地，这是一个不可逆的过程，农业生态环境被破坏将很难恢复，为此损失的生态福利是巨大的。通过对宅基地流转前后农民经济福利、社会福利和生态福利的衡量可以全面评价农民的福利变化。

## 第二节 基于阿马蒂亚·森的可行能力理论的闽南经济发达地区农村宅基地流转前后农民福利变化研究

### 一、阿马蒂亚·森的可行能力框架理论（Sen's theory of capacity）

20世纪80年代，阿玛蒂亚·森（Amartya Sen）的可行能力框架理论指出个人福利可以通过其功能（functions）和能力（capabilities）来反映。其可行能力理论（theory of capacity）是把生活看作一个有许多功能活动的集合，通过对功能性活动集合的衡量来评估其福利水平。功能性活动反映某人认为值得去做或达到的多种多样的事情和状态。如果获得的功能性活动组成了该人的福利，能力则反映获得个人福利的真正机会和选择自由，是各种可能的功能性活动向量的集合。Sen认为影响个人福利水平的不是所持有物品的多少，而是其能力的大小。可行能力理论着重于研究生活的本质，而不是通过人们对幸福或实现愿望的感受或者对初级商品的要求来评价福利。生活被Sen看作是相互关联的功能性活动的集合，对福利的评价可通过评价这些功能性活动来实现。实际上，Sen强调，物品本身并不能影响个人福利水平，而是物品能够为其带来什么，以及人们能够利用它们做些什么。生活上的幸福、物质的满足感乃至丰衣足食均可以是功能性活动的组成部分，可行能力与人们的个体特征和社会经济条件紧密相关，相同的资源被不同的人在不同的环境下可转换成不同的功能性活动。能力是功能的派生，是各种可能的功能性活动向量的集合，是一个人可以获得某种福利做出选择的自由，如要想获得追求自己的生活的一种能力，这种能力不是单一的，是一种集合，构成了能力集，而在现实生活中，能力集是不能被人们直接观察的，因此，在实证中分析了福利与可获得的功能性活动之间的关系。1987年Sen在《生活水准》（《Standard of living》）一书中提出，个人的福利状况与实际生活直接有关，可以通过功能活动对福利状况进行评价，但是福利状况是不能独立于能力（capabilities）即自由的[①]。Sen 的可行能力方法作为测量福利的分析工具得到了广泛的认同，其测量个人福利公式可以表示为：

$$F_i = f_i\{c_i(x_i \mid Z_p, Z_s, Z_e)\}$$
$$\forall f_i \in A, \ \forall x_i \in B,$$

式中，$A$ 是所有可能的转换函数集；$B$ 是所有可能的商品集，即个人 $i$ 实现功能所能收到自身的资源约束；$F_i$ 表示功能向量，即个人实现的功能；$f_i$ 表示第 $i$ 个人把商品向量转换成功能向量 $F_i$ 的转换函数；$c_i$ 表示把个人 $i$ 的商品转化为商品特征向量的函数；$x_i$ 表示第 $i$ 个人拥有的商品向量；$Z_p$、$Z_s$、$Z_e$ 表示个人 $i$ 在个人、社会和环境条件下的转换因子。

Sen 提出了从功能与能力两个层面开展福利测度的全新思路，从而建立了人的可行能力福利评价框架。Amartya Sen 的可行能力方法基本原理可以用图 9-1 表示。

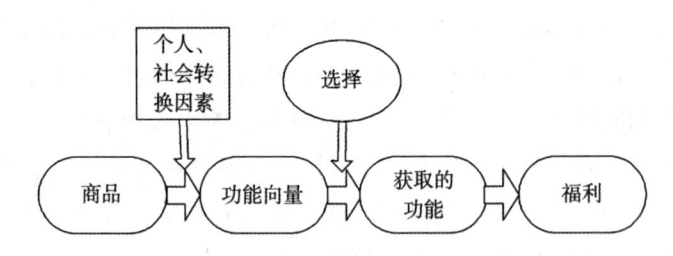

**图 9-1 Amartya Sen 的可行能力方法**

资料来源：作者整理

阿马蒂亚·森的可行能力理论本质就是用功能性活动来衡量福利内容。对于福利具体内容，很多学者和研究者看法不同，如阿玛蒂亚·森于 2002 年以政治自由、经济条件、社会机会、透明性保证和防护性保障 5 种功能性活动考察了研究对象的福利水平，Martinetti（2000）、Nussbaum（2003）、Tommaso（2006）等认为福利包括的具体内容都不相同；国内学者，如高进云、乔荣锋、张安录（2007），马贤磊、孙晓中（2012），胡动刚、闫广超、彭开丽（2013）等在具体研究中，对于福利内容的看法也不一致。总之，在进行福利评价中，构建的体系中所涉功能性活动并非一成不变，要根据

---

[①] 阿马蒂亚·森. 生活水准 [M]. 上海：上海财经大学出版社，2007，01：19-20.

研究对象实际进行相应调整，以便符合客观实践。如有学者提出关于农地城市流转对不同主体功能区失地农民福利的研究中将功能性活动归结为经济收入、社会保障、发展机遇、居住条件、生活环境以及心理状况等。另有学者提出在关于农村土地征收对被征地农户福利研究中，将功能性活动具体化为土地征收补偿形式、区域发达程度、教育状况、征地面积比重、劳动力年龄（表9-1）。

表 9-1 国内外关于福利的功能性指标

| 代表者 | 对象 | 观点 |
| --- | --- | --- |
| 国外部分 ||||
| 阿玛蒂亚·森（2002）[1] | 个人福利 | 政治自由、经济条件、社会机会、透明性保证和防护性保障 |
| Martinetti（2000）[2] | 个人福利 | 居住条件、健康状况、教育和知识、社交、心理状况，以及劳动力市场状态和家庭经济资源 |
| Nussbaum（2003）[3] | 个人福利 | 寿命、身体健康、身体完整性、自由思维、情感、实践理性、社会关系、与自然共存、娱乐、生活大环境（政治参与、财产保护、公平就业等） |
| Stiglitz et al.（1994）[4] | 个人福利 | 物质生活水平（收入、消费和财富）、健康、教育、包括工作在内的个人活动、政治发言权与治理、社会联系与关系、环境（当前和未来状况）、经济和人身安全 |

---

[1] Sen, A. K. Commodities and Capabilities [M]. Amsterdam: North-Holland, 1985.
[2] Chiappero-Martinetti, E. A multidimensional assessment of well-being based on Sen's functioning approach [J]. Rivista Internazionale di Scienze Social, 2000, CVIII（2）: 207-239.
[3] Nussbaum, M. Capabilities as Fundamental Entitlements Sen and Social Justice [J]. Feminist Economics, 2003（9）: 33-59.
[4] Josepg Stiglitz. Information and the Change in the Paradigm in Economics [M]. Cambridge: MIT Press, 1994: 207-229.

续表

| 代表者 | 对象 | 观点 |
| --- | --- | --- |
| 国外部分 ||||
| Ruggeri Laderchi（1997）① | 个人福利 | 教育、健康和儿童营养 |
| Brandolini and Alessio（1998）② | 个人福利 | 教育、健康、就业、住房、社会关系、经济资源 |
| Klasen（2000）③ | 个人福利 | 教育、收入、财富、住房、水、卫生、能源、就业、交通、金融服务、营养、卫生健康、安全、主观幸福感 |
| Grasso（2002）④ | 一般人群福利 | 身体和心理的健康、教育和培训、社会互动 |
| Kuklys（2003）⑤ | 个人福利 | 健康生活、足够住房、物质福利、在生活中拥有社会和感情的支持 |
| Elaine（2001）⑥ | 一般人群福利 | 幸福成就、幸福的自由、代理成就、代理自由 |

---

① Laderchi Ruggeri. Poverty and its Many Dimensions: P Role of Income as an Indicator [J]. Oxford Development Studies, 1997, 25 (3): 345-336.

② Brandolini, A., On Synthetic Indices of Multidi - mensional Well - being: Health and Income Inequalities in France, Germany, Italy and the United Kingdom [R]. Roma: Bank of Italy, Economic Research Department. 2007.

③ Klasen, S. Measuring Poverty and Deprivation in South Africa [J]. Review of Income and Wealth, 2000, 46 (1): 33-58.

④ Grasso S, Mascia L, Del Turco M, Malacarne P, Giunta F, et al. Effects of recruiting maneuvers in patients with acute respiratory distress syndrome ventilated with protective ventilatory strategy [J]. Anesthesiology, 2002, 96: 795-802.

⑤ Kuklys, W. Amartya Sen's Capability Approach: Theoretical Insights and Empirical Applications [M]. Berlin: Springer. 2005.

⑥ Sherman Elaine, Schiffmnan Leon G., Mathur Anil. The Infuence of Gender on the New-age Elderly's Consumption Orientation [J]. Psychology & Markeing, 2001, 18 (10): 1073-1089.

续表

| 代表者 | 对象 | 观点 |
|---|---|---|
| 国外部分 |||
| Tommaso（2006）① | 儿童福利 | 生存、身体健康、身体完整、思想、闲暇、情感、社会交往 |
| Berenger（2007）② | 一般人群福利 | 生活质量（质量卫生、教育质量、环境质量）、生活水平（卫生标准、教育水平、物质福利） |
| Antony A. Vass（1980）③ | 一般人群福利 | 人口状况、社会经济地位、健康状况、食物摄入量、营养素摄入量 |
| 国内部分 |||
| 高进云，乔荣锋，张安录（2007）④ | 失地农民福利 | 家庭经济收入、社会保障、居住条件、社区生活、环境和心理 |
| 马贤磊，孙晓中（2012）⑤ | 失地农民福利 | 家庭经济收入、社会保障、居住条件、社会资本和决策参与自由 |
| 赵淑芹，唐守普（2011）⑥，秦秋霞（2018）⑦ | 土地流转对农民福利 | 家庭经济状况、社会保障、非农就业、环境以及心理 |

---

① Di Tommaso, M. L.. Measuring the Well Being of Children Using a Capability Approach: An Application to Indian Data [J]. Journal of Socioal Economics, 2007, 36: 436-450.

② Berenger, V., Verdicr-chouchane, A , A Multidimensional Measures of Well-being: Standard of Living and Quality of Life Across Countries [J]. World Development, 2007, 35 (7): 1259-1276.

③ Antony A. Vass. Law Enforcement in Community Service: Probation, Defence or Prosccution? [J]. Probation Journal, 1980, 27 (4): 114-117.

④ 高进云，乔荣锋，张安录. 农地城市流转前后农户福利变化的模糊评价——基于森的可行能力理论 [J]. 复印报刊资料：农业经济导刊, 2007, (10): 62-73.

⑤ 马贤磊，孙晓中. 不同经济发展水平下农民集中居住后的福利变化研究——基于江苏省高淳县和盱眙县的比较分析 [J]. 南京农业大学学报（社会科学版）, 2002, 12 (2): 8-15.

⑥ 赵淑芹，唐守普. 基于森的理论的土地流转前后福利变化的模糊评价 [J]. 统计与决策, 2011, (11): 51-54.

⑦ 秦秋霞. 基于可行能力理论的土地流转前后农民福利变化的模糊评价——以江苏省如东县为例 [J]. 湖北农业科学, 2018, 57 (19): 149-155.

续表

| 代表者 | 对象 | 观点 |
|---|---|---|
| 国内部分 ||||
| 贺丹，陈银蓉（2012）[①] | 土地流转对农民福利 | 家庭经济状况、社会保障、政治参与、心理因素 |
| 袁方，蔡银莹（2012）[②] | 被征地农民福利 | 家庭经济状况、社会保障、生活条件、景观环境、心理因素 |
| 尹奇，马璐璐，王庆日（2010） | 失地农民的福利 | 经济状况、居住条件、社会保障、环境、发展空间和心理状况 |
| 朱珊，黄朝禧（2014）[③] | 农地城市流转农民福利 | 家庭经济状况、社会保障、居住和生活条件、环境、参与自由及合理性、情感 |
| 聂鑫，汪晗，张安录（2008）[④] | 农地非农化过程中农民福利 | 社会保障、家庭收支状况、居住及生活环境、心理、应用权利 |
| 贾燕，李钢，朱新华（2009）[⑤] | 农民集中居住前后福利 | 农民的经济状况、居住条件、发展空间、心理指标都有不同程度的改善，社会保障、社区生活和环境 |
| 彭开丽，张鹏，张安录（2009）[⑥] | 农地城市流转中不同权利主体的福利 | 农民身体的健康、婚姻状况、心理状态、人际关系及个人素质等 |

---

[①] 贺丹，陈银蓉. 水库安置区居民土地流转前后福利变化模糊评价 [J]. 中国人口·资源与环境，2012，22（11）：116-123.

[②] 袁方，蔡银莹. 城市近郊被征地农民的福利变化测度——以武汉市江夏区五里界镇为实证 [J]. 资源科学，2012，34（3）：449-458.

[③] 朱珊，黄朝禧. 不同经济发展水平下农地城市流转后农户福利变化研究 [J]. 广东农业科学，2014，41（6）：215-220.

[④] 聂鑫，汪晗，张安录. 基于公平思想的失地农民福利补偿——以江汉平原4城市为例 [J]. 中国土地科学，2010，24（6）：62-67.

[⑤] 贾燕，李钢，朱新华等. 农民集中居住前后福利状况变化研究——基于森的"可行能力"视角 [J]. 农业经济问题，2009，（2）：30-36.

[⑥] 彭开丽，张鹏，张安录. 农地城市流转中不同权利主体的福利均衡分析 [J]. 中国人口·资源与环境，2009，19（2）：137-142.

续表

| 代表者 | 对象 | 观点 |
|---|---|---|
| 国内部分 |||
| 王珊，张安录，张叶生（2014）① | 农地城市流转的农户福利 | 农户的组织生产、社会保障、居住条件与环境和社会公平、农户的经济收入、健康与休闲、社会参与和子女教育 |
| 胡动刚，闫广超，彭开丽（2013）② | 农地城市流转微观福利 | 家庭经济、教育环境、居住环境、发展机遇、社会保障、家庭健康和社会交往 |
| 雷志刚，沈彦（2015）③ | 农地城市流转微观福利效应 | 家庭经济状况、教育环境状况、居住环境状况、就业发展机遇、社会保障状况、家庭健康情况和社会交往状况等 |
| 徐唐奇，李雪，张安录（2011）④ | 农地城市流转中农民集体福利 | 社会环境、经济环境、生态环境、家庭生活 |
| 郭玲霞（2012）⑤ | 农地城市流转对失地农户福利 | 家庭社保、家庭经济、居住环境、闲暇与健康、住房质量和就业机遇 |
| 梁璞璞（2018）⑥ | 农地城市流转对不同主体功能区失地农民福利 | 经济收入、社会保障、发展机遇、居住条件、生活环境以及心理状况 |
| 朱海莲（2014）⑦ | 农地城市流转对不同年龄段失地农民的福利 | 经济状况、社会保障、发展机遇、住房条件、生活环境、社交与闲暇、社会参与、健康 |

① 王珊，张安录，张叶生. 农地城市流转的农户福利效应测度 [J]. 中国人口资源与环境，2014，24（3）：108-115.

② 胡动刚，闫广超，彭开丽. 武汉城市圈农地城市流转微观福利效应研究 [J]. 中国土地科学，2013，27（5）：20-26.

③ 雷志刚，沈彦. 农地城市流转微观福利效应研究——以长株潭城市群为例 [J]. 云南地理环境研究，2015，27（1）：50-54.

④ 徐唐奇，李雪，张安录. 农地城市流转中农民集体福利均衡分析 [J]. 中国人口·资源与环境，2011，21（5）：50-55.

⑤ 郭玲霞. 农地城市流转对失地农户福利影响及征地补偿研究 [D]. 武汉：华中农业大学，2012.

⑥ 梁璞璞. 农地城市流转对不同主体功能区失地农民福利的影响研究 [D]. 南宁：广西大学，2018.

⑦ 朱海莲. 农地城市流转对不同年龄段失地农民的福利影响研究 [D]. 武汉：华中农业大学，2014.

续表

| 代表者 | 对象 | 观点 |
|---|---|---|
| 国内部分 |||
| 邹富（2016）① | 土地征收补偿制度对失地农民福利 | 社会保障、居住条件、经济状况、社区环境和心理状况 |
| 陈莹，张安录（2007）② | 农地转用过程中农民福利变化 | 被征地农民的经济补偿、被征地农民的收支状况、生活环境与住房问题、农民社会保障情况、失地农民就业安置情况 |
| 王伟，马超（2013）③ | 失地农民福利 | 心理因素、经济状况、居住条件、社会机会、社会保障 |
| 莫玉龙（2012）④ | 土地征收补偿制度对农民福利 | 经济收入、社会保障、居住条件、社区生活与环境、心理状况 |
| 胡清华，伍国勇，宋珂等（2019）⑤ | 农村土地征收对被征地农户福利 | 土地征收补偿形式、区域发达程度、教育状况、征地面积比重、劳动力年龄 |
| 孙三百，万广华（2017）⑥ | 城市蔓延对居民福利 | 政治参与、社会机会、经济条件、生活状况、精神感受、健康状况、社会保障、居住环境 |

资料来源：作者整理

可行能力理论克服了传统效用理论的缺陷，更充分地反映了人们对于福利影响的其他潜在内容，强调了个体的差异和个人选择的自由，其应用在对宅基地流转前后农民福利水平变化分析更加合理。

---

① 邹富. 土地征收补偿制度对失地农民福利影响评价研究 [D]. 长沙：湖南师范大学，2016.
② 陈莹，张安录. 农地转用过程中农民的认知与福利变化分析——基于武汉市城乡结合部农户与村级问卷调查 [J]. 中国农村观察，2007，(5)：11-21+37.
③ 王伟，马超. 基于可行能力理论的失地农民福利水平研究——以江苏省宜兴市和太仓市为例 [J]. 农业技术经济，2013（6）：20-31.
④ 莫玉龙. 土地征收补偿制度对农民福利影响评价——以武汉市江夏区为例 [D]. 武汉：华中农业大学，2012.
⑤ 胡清华，伍国勇，宋珂等. 农村土地征收对被征地农户福利的影响评价——基于阿马蒂亚·森的可行能力理论 [J]. 经济地理，2019，39（12）：187-194.
⑥ 孙三百，万广华. 城市蔓延对居民福利的影响——对城市空间异质性的考察 [J]. 经济学动态，2017，(11)：32-45.

## 二、功能性活动及相关指标

1980年Sen在"什么是公平？（What is fairness?）"一文中第一次提出可行能力概念。一个人的可行能力指的是此人有可能实现的、各种可能的功能性活动的组合。因此可行能力是一种自由，是实现各种可能的功能性活动组合的实质自由，是实现各种不同生活方式的自由，是获得福利的真正机会和选择的自由[①]。功能性活动概念源于亚里士多德，意为一个人认为值得去做的事情或达到的多种多样的状态。从初级的要求如温饱和免受可避免的疾病，到非常复杂的活动或个人的状态，如政治活动参与和拥有自尊等，都是有价值的功能性活动。Sen并未指出福利是由哪些功能性活动组成。另外，Sen的可行能力理论关注的是个人福利水平研究，在实际应用中，学者把这理论应用到社会或群体中，从宏观角度来考察（高进云等，2007）。由于我国农村是以家庭为单元的联产承包责任制，宅基地是以"户"为单位，农户凭借集体经济成员身份向农村集体无偿申请、无偿使用的用于建造住房及附属物的土地，这也是我国给予农民的一种住房福利保障，保障了农民的住房利益，维护了社会稳定。在现代，随着土地价值的显现，农村宅基地已逐渐成为农户家庭最大的固定资产。从福利角度来看，宅基地一方面是国家给予农户的一项住房保障福利，另一方面农户是以家庭为单位的基层社会组织，宅基地是农户家庭生活、生产的决策地和经营地，也是社会亲情和关系沟通的场所，因此本书研究农村宅基地流转过程中农户的福利变化，把闽南沿海经济发达地区农户家庭确定为研究对象。

农户家庭是以宅基地为物质条件的家庭成员生活、生产的空间，也是情感沟通、联系的场所，既满足家庭成员的生活生产空间，又能维持情感精神交流需要。农户家庭福利是由家庭成员组成的，即由成员个人福利组成。由于我国农村宅基地对农户家庭具有社会保障功能和资产性功能，以及其他综合家庭功能，如心理、情感交流、抚养小孩、赡养老人等。按照宅基地给家庭所提供的各项能力来构建家庭能力指标，本书根据闽南地区农村宅基地流转的现实情况，采用家庭能力来反映家庭福利，参考有关文

---

[①] 阿马蒂亚·森. 以自由看待发展[M]. 任赜, 于真, 译. 北京: 中国人民大学出版社, 2002: 25-26.

献的研究成果（高进云等，2007；贾燕等 2009；尹奇等，2010），选择以下指标构建家庭可行能力来衡量家庭福利变化：居住条件、家庭经济状况、社会保障、家庭发展机遇、社区环境、家庭健康与和谐、心理因素 7 个方面的功能性活动，对农村宅基地流转前后农民发生突出变化的可行能力进行比较（家庭福利评价体系见图 9-2）。

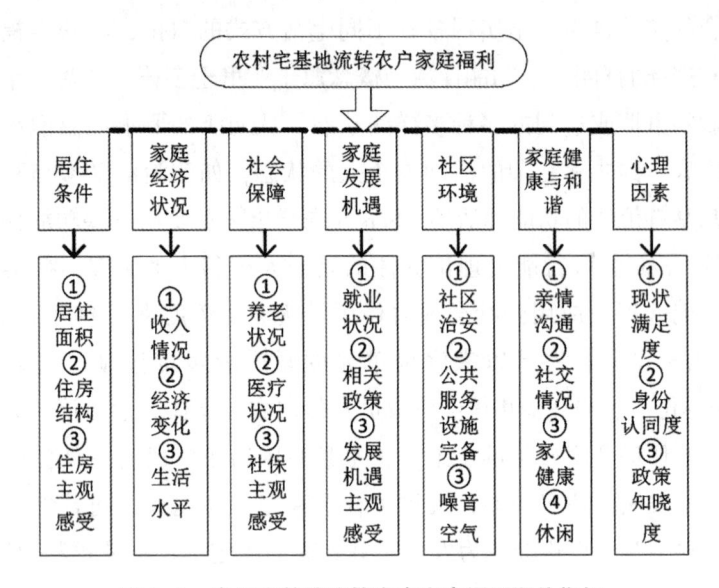

```
                   农村宅基地流转农户家庭福利
   ┌──────┬──────┬──────┬──────┬──────┬──────┬──────┐
  居住    家庭    社会    家庭    社区    家庭健    心理
  条件    经济    保障    发展    环境    康与和    因素
          状况            机遇            谐
   │      │      │      │      │      │      │
  ①居住   ①收入   ①养老   ①就业   ①社区   ①亲情   ①现状
  面积    情况    状况    状况    治安    沟通    满足度
  ②住房   ②经济   ②医疗   ②相关   ②公共   ②社交   ②身份
  结构    变化    状况    政策    服务    情况    认同度
  ③住房   ③生活   ③社保   ③发展   设施    ③家人   ③政策
  主观    水平    主观    机遇    完备    健康    知晓度
  感受            感受    主观   ③噪音   ④休闲
                          感受   空气
```

图 9-2 农村宅基地流转农户家庭福利评价指标

资料来源：作者整理

## （一）居住条件

农户宅基地流转后，如"空心村"等整村拆迁等，将会给农户的居住条件和生活环境都带来一定的影响。流转后，政府利用部分资金对原有村庄进行规划整理，也完善了基础设施或公共服务设施，如修建道路、加强周边基础设施建设等，使农民的生活条件发生了变化。对于原有房屋被征收搬迁的农民来说，大部分都以置换或补助的形式搬到了由政府统一规划、统一建设和统一配套的安置小区里，居住环境大大改善；对于出租等形式的农村宅基地的农民来说，他们会将一部分补偿费用于新建房屋或是原有房屋的重新装修。因此，在农户居住条件上选取居住面积、住房结构、住房主观感受三个指标来评价流转后农户居住条件变化的指标。

### （二）家庭经济状况

在学界，评价农户的福利水平采用经济收入来衡量，收入在一定程度上能从某一方面反映出农户家庭经济福利的状况。通常情况下，农户宅基地流转后，农户的家庭收入会获得一部分提高或其收入来源会发生很大变化，如出租等会有租金等收入，经济收入的增加变化会导致农民的福利变化。由此，我们可以采用收入情况、经济变化和生活水平三个指标来衡量农村宅基地流转前后对农户福利水平的变化。

### （三）社会保障

土地不仅仅是农户生产和生活的空间，也是他们在从事相关生产生活的重要保障，更具有强烈的保障作用。为了维持农民的福利水平，确保宅基地流转的顺利进行，必须给农户提供合理的保障机制。而据调查，在闽南地区农民重点关注养老保险、医疗保险、子女受教育的机会和就业情况等保障。因此，本研究采用养老状况、医疗状况、社保主观感受三项指标评价研究区农村宅基地流转后农户福利水平的变化情况。

### （四）家庭发展机遇

农户在宅基地流转中的知情权、参与权以及经济补偿的合理性都是衡量农户福利水平的一项重要指标。农户将闲置的宅基地出租、出让等，将自己的宅基地入股或进行抵押贷款等，为非农产业发展提供了条件，从而也促进了家庭发展。在闽南经济发达地区，很多乡镇企业或村办企业都是从家庭小作坊慢慢发展壮大的，因此，本研究选取就业状况、相关政策和发展机遇主观感受三个指标来探讨宅基地流转前后农户的福利变化情况。

### （五）社区环境

农村宅基地流转，如果采取出租等形式，社区环境变化较小；如果是整村拆迁、转让等形式，原来宅基地周边工厂、道路的修建也打破了流转前安静简朴的社交环境。另外，随着人流的出现，原来纯粹是熟人社会，现在加入陌生人，使得社区环境会发生改变。因此本书选取社区治安、公共服务设施完备和噪音空气来反映农村宅基地流转后农户所面临的环境情况变化。

### （六）家庭健康与和谐

农村宅基地是农户家庭重要的财产，一方面，原有的宅基地是家庭感情维系的基础，也是家庭成员亲情沟通的场所，另一方面，宅基地也是社会交往的物质基础,乡里乡亲来家里坐坐,交流信息等,都关乎家庭健康与和谐。因此本书选取亲情沟通、社交情况、家人健康、休闲四个指标来评价宅基地流转前后的农户家庭福利变化情况。

(七) 心理因素

快乐是个人福利的重要组成部分,快乐是人类行为的最终目的。Sen 也没有否认快乐是个人所获得的福利的重要内容,她认为快乐不是评价福利的唯一标准。农村宅基地流转前,大部分农户都以农业为主,街坊邻里关系也很融洽,流转后,一些农民都迫于生计外出打工,很多亲人一年见不了几次,与邻里街坊的交流也因繁忙的工作而减少,从而影响了农民间的情感交流。因此,本研究选取现状满足度、身份认同度和政策知晓度三个指标作为评价农村宅基地流转前后农户福利水平变化。

### 三、农民福利变化的模糊评价方法

由于农村宅基地流转前后的农户福利因素的复杂性和衡量的主观性,对于农户福利指标的模糊性,因此可以运用模糊综合评价法来评价宅基地流转前后的农户家庭福利变化。模糊综合评价法是一种基于模糊数学的综合评价方法,它具有结果清晰、系统性强的特点,能较好地解决模糊的、难以量化的问题,适合各种非确定性问题的解决。该方法于 1965 年由美国自动控制专家查德(L. A. Zadeh)教授提出,此后,被应用于不同的研究领域,如农地流转或农地城镇化过程中农户福利变化等领域研究。本书研究的是农户家庭福利衡量的问题,由于构成农户福利的指标大部分是主观评价指标,具有一定的模糊和难以量化的特性,故可采用模糊综合评价法。

本研究较之前研究的不同之处在于:已有的一些研究都是分别来分析家庭资产不同的宅基地或农地城市流转前和流转后农户的实际福利水平,可能由于某区域在宅基地或农地城市流转前其福利整体水平较高,那么其流转后福利水平也就相对处于较高水平,故对比不明显;而本文侧重比较在整体经济发展水平较高的情况和县域不同经济发展水平下农村宅基地流转后相对于流转之前的福利变化状况,即以宅基地流转前的福利作为一个基准点,取 0.5 这一中间状态,然后将宅基地流转后的福利水平与流转前对比,若得出的隶属度值大于 0.5,则说明福利状况在流转后有所改善;等于 0.5,则说明和之前福利水平状况差不多;小于 0.5,则说明流转后农户福利状况较之前下降了。采取这样的比较方式,可以更直观地突出宅基地流转后农户福利的变化情况(表9-2)。

表9-2 宅基地流转农户家庭福利变化范围说明

| 福利变化 | 福利稍微改善 | 福利没有变化 | 福利变差了 |
| --- | --- | --- | --- |
| 取值范围 | W>0.5 | W=0.5 | W<0.5 |

资料来源:作者整理

2020年闽南地区经济发达地区泉州完成地区生产总值10158.66亿元,增长2.9%,其中第一产业增加值226.60亿元,增长1.8%;第二产业增加值5808.15亿元,增长2.8%;第三产业增加值4123.91亿元,增长3.2%。三大产业比重为2.2:57.2:40.6,第三产业增加值占GDP比重突破40%。在"十三五"最后一年,泉州经济总量首次突破万亿元大关,连续22年位居福建首位。而在市域范围内,各县区(市)经济发展程度不一,如晋江市位居全市首位,2020年全年晋江GDP达2616.11亿元,继续领跑泉州,比增4.2%。其中第一产业、第二产业、第三产业比增均达到2.8%、3.7%及4.9%;其次是南安市,完成地区生产总值1352.72亿元,增长4.42%;再次是惠安县,全县生产总值增长3.3%,迈过"千亿"大关,达1317.71亿元,工业增加值增长4.8%,完成一般公共预算总收入76.18亿元,一般公共预算收入34.62亿元。以上三个县市是泉州市域内高收入地区。石狮市、丰泽区、安溪县、泉港区和鲤城区5个区县是该市域内中等收入地区,永春县、德化县和洛江区是该市域内低收入地区。最高的晋江市的GDP是最低洛江区的9倍多,也反映了区域内经济发展水平的不同(表9-3),因此本书基于不同的经济发展程度来研究农村宅基地流转的农户福利变化。

表9-3 研究区泉州各区县经济发展程度分类

| 区域 | 2020初核 | 2019初核 | 名义增量 | 名义增速 | 人均GDP | 2019人口 | 层次 |
| --- | --- | --- | --- | --- | --- | --- | --- |
| 晋江市 | 2616.11 | 2546.18 | 69.93 | 2.75% | 123460 | 211.9 | 高收入地区 |
| 南安市 | 1352.72 | 1295.44 | 57.28 | 4.42% | 89584 | 151.0 | |
| 惠安县 | 1317.71 | 1318.11 | -0.40 | 3.3% | 128934 | 102.2 | |

续表

| 区域 | 2020初核 | 2019初核 | 名义增量 | 名义增速 | 人均GDP | 2019人口 | 层次 |
|---|---|---|---|---|---|---|---|
| 石狮市 | 937.16 | 917.84 | 19.32 | 2.10% | 135037 | 69.4 | 中等收入地区 |
| 丰泽区 | 763.92 | 723.85 | 40.07 | 5.54% | 126687 | 60.3 | |
| 安溪县 | 747.63 | 731.49 | 16.14 | 2.21% | 72797 | 102.7 | |
| 泉港区 | 734.44 | 720.99 | 13.45 | 1.87% | 218583 | 33.6 | |
| 鲤城区 | 621.85 | 648.41 | -26.56 | -4.10% | 139742 | 44.5 | |
| 永春县 | 494.52 | 484.11 | 10.41 | 2.15% | 105667 | 46.8 | 低收入地区 |
| 德化县 | 287.66 | 278.15 | 9.51 | 3.42% | 96855 | 29.7 | |
| 洛江区 | 284.94 | 282.11 | 2.83 | 1.00% | 130110 | 21.9 | |

数据来源：2020年福建各县区GDP数据收集

### （一）高收入地区农户宅基地流转后家庭福利变化模糊评价指标

在研究区的高收入地区农户家庭，一般或是农村规模经营农户进行多种经营，如经济作物的种植，茶叶、果园等，即所谓的种田能手，或是家庭进行非农就业，这些农户在经济收入方面都比较高且经济来源较为稳定，在农村家庭经济条件较好，家庭资产较为丰厚。在城乡因素流动性增强的情形下，城镇的劳动力和资本也将基于寻求利润的动机流入农村，并结合农村土地要素开展与农业有关的经济活动，从而在此基础上形成外来式新型农民。这种类型的家庭主要属于新型的外来农民（农户）。这里的"外来"一词主要是指来自农村以外社区的个体，特别是来自城市地区的个体，通常表述为知识下乡、技术下乡、信息下乡、资本下乡等。"新型"主要是指农业经营规模远远超过传统农户，普遍超过内生式新农户。农业经营所需的劳动力取决于要素市场的就业，而不是家庭内部的就业；农业经营所需的资金取决于城市，并非来自家庭内部。尽管农业经营者不拥有土地承包权，但他们已经通过土地转让获得并行使了其他农民的土地经营管理权。据此，农村内部土地已与外部资本和其他因素重新组合，这与其他类型的因素分配方法不同。由此也就派生了外源式新型农民这种独特的农民类型。一方面其家庭使用外部雇用劳动力进行生产，另一方面还将外部资本融入家庭生产经营活动中，整个家庭有较大实力来进行抵御外部风险。宅基地流转获得的经济收入关注度不大，其流转对这类家庭的就业和发展影响不大，其更多地考虑的是家庭居住环境及成员的健康和休闲方面的福利。结合研究区实情，选取居住条件等方面的农户家庭福利的功能性活动指标来测量流转后的农户福利变化（表9-4）。

表9-4 高收入地区农户福利变化模糊评价指标表

| 农户家庭福利的功能性活动 | 具体指标 | 指标取值 | 指标类型 |
| --- | --- | --- | --- |
| 居住条件 X1 | 居住面积 X11 | 实际的居住总面积 | C |
|  | 住房结构 X12 | 砖木=1，砖混=3，框架=5 | Q |
|  | 住房主观感受 X13 | 非常满意=1，满意=2，一般=3，不满意=4，非常不满意=5 | Q |
| 家庭经济状况 X2 | 经济变化 X21 | 非常好=5，较好=4，一般=3，较差=2，非常差=1 | Q |
| 社会保障 X3 | 养老状况 X31 | 非常好=5，较好=4，一般=3，较差=2，非常差=1 | Q |
|  | 医疗状况 X32 | 非常好=5，较好=4，一般=3，较差=2，非常差=1 | Q |
|  | 社保主观感受 X33 | 非常好=5，较好=4，一般=3，较差=2，非常差=1 | Q |
| 家庭发展机遇 X4 | 相关政策 X41 | 非常了解=5，比较了解=4，一般=3，了解一些=2，不了解=1 | Q |
|  | 发展机遇主观感受 X42 | 非常好=5，较好=4，一般=3，较差=2，非常差=1 | Q |
| 社区环境 X5 | 社区治安 X51 | 非常好=5，较好=4，一般=3，较差=2，非常差=1 | Q |
|  | 公共服务设施完备 X52 | 非常好=5，较好=4，一般=3，较差=2，非常差=1 | Q |
|  | 噪音空气 X53 | 非常大=1，较大=2，一般=3，较小=4，很小=5 | Q |
| 家庭健康与和谐 X6 | 亲情沟通 X61 | 有影响=1，没有影响=0 | D |
|  | 休闲 X62 | 有影响=1，没有影响=0 | D |
|  | 家人健康 X63 | 有影响=1，没有影响=0 | D |
| 心理因素 X7 | 身份认同度 X71 | 非常认同=5，较好认同=4，一般认同=3，较差认同=2，非常差=1 | Q |

资料来源：作者整理

## （二）中等收入地区农户宅基地流转后家庭福利变化模糊评价指标

对于中等收入地区的农户来说，其宅基地流转后的家庭福利变化，主要是农户既要考虑家庭经济方面，也要兼顾家庭健康与和谐等。对于宅基地流转前后的福利变化，对其来说所要考虑的因素较多，处于高低收入中间层。该类农户家庭经济收入一般，使用家庭内部劳动力加上一些外部雇用劳动力进行耕作或经营，其家庭资本或资产不丰厚，使用家庭内部资本和一些外部融入资本进行生产经营，其抵御外部风险能力一般，因此宅基地流转对其家庭福利影响较大。这类农民的劳动力、土地和资本的组合不同于传统农民。他们使用的土地包括自己家庭承包的土地，以及通过其他农民土地转让获得的土地。土地的流入和流出家庭均来自同一农村集体，其权利和义务由转让合同确定。流入的农民通过支付转让费，可以在一定时间内获得其他农民的土地使用权。在家庭内部要素供给的基础上，这种农民或农民利用各种要素市场来获得外部要素支持，基于家庭内部要素并利用外部要素，这些构成了新的内生农民的基本属性。这种性质使得在大规模和专门的业务基础上可以获得与外出就业的农民或其他职业大致相同的经济利益。结合研究区实情，选取居住条件、家庭经济状况等方面的农户家庭福利的功能性活动指标来测量流转后的农户福利变化（表9-5）。

表9-5 中等收入地区农户福利变化模糊评价指标表

| 农户家庭福利的功能性活动 | 具体指标 | 指标取值 | 指标类型 |
|---|---|---|---|
| 居住条件 X1 | 居住面积 X11 | 实际的居住总面积 | C |
|  | 住房结构 X12 | 砖木=1，砖混=3，框架=5 | Q |
|  | 住房主观感受 X13 | 非常满意=1，满意=2，一般=3，不满意=4，非常不满意=5 | Q |
| 家庭经济状况 X2 | 收入情况 X21 | 非常好=5，较好=4，一般=3，较差=2，非常差=1 | Q |
|  | 经济变化 X22 | 非常好=5，较好=4，一般=3，较差=2，非常差=1 | Q |

续表

| 农户家庭福利的功能性活动 | 具体指标 | 指标取值 | 指标类型 |
|---|---|---|---|
| 社会保障 X3 | 养老状况 X31 | 非常好=5，较好=4，一般=3，较差=2，非常差=1 | Q |
| | 医疗状况 X32 | 非常好=5，较好=4，一般=3，较差=2，非常差=1 | Q |
| | 社保主观感受 X33 | 非常好=5，较好=4，一般=3，较差=2，非常差=1 | Q |
| 家庭发展机遇 X4 | 相关政策 X41 | 非常了解=5，比较了解=4，一般=3，了解一些=2，不了解=1 | Q |
| | 发展机遇主观感受 X42 | 非常好=5，较好=4，一般=3，较差=2，非常差=1 | Q |
| 社区环境 X5 | 社区治安 X51 | 非常好=5，较好=4，一般=3，较差=2，非常差=1 | Q |
| | 公共服务设施完备 X52 | 非常好=5，较好=4，一般=3，较差=2，非常差=1 | Q |
| | 噪音空气 X53 | 非常大=1，较大=2，一般=3，较小=4，很小=5 | Q |
| 家庭健康与和谐 X6 | 亲情沟通 X61 | 有影响=1，没有影响=0 | D |
| | 社交情况 X62 | 有影响=1，没有影响=0 | D |
| | 家人健康 X63 | 有影响=1，没有影响=0 | D |
| 心理因素 X7 | 身份认同度 X71 | 非常认同=5，较好认同=4，一般认同=3，较差认同=2，非常差=1 | Q |
| | 政策知晓度 X72 | 非常知晓=5，较好知晓=4，一般知晓=3，较差知晓=2，非常差=1 | Q |

资料来源：作者整理

### （三）低收入地区农户宅基地流转后家庭福利变化模糊评价指标

研究区低收入地区农户家庭主要是家庭资产较为缺乏，经济收入来源贫乏，这类家庭面临的主要问题是解决生存和生活，保障家庭正常生活等，因此进行宅基地流转对其福利影响较大，或给其家庭带来额外的经济收入

205

和家庭发展的机遇。他们对于社会保障考虑的也比较多，因此这些因素都会对其宅基地流转后的家庭福利产生重要的影响，从而会对宅基地流转行为和意愿产生重大影响，其对于家庭健康休闲等方面的功能性活动就考虑得较少。该类家庭主要使用家庭内部劳动力进行生产经营，其资本也主要使用家庭内部资本进行，因此缺乏发展的物质和经济条件，在非农产业生产中较少，这类农户或农民是其他类型农民的"原始状态"，因此与其他衍生的农民类型相比，其具有"传统性"。在普遍实施家庭联产承包责任制的背景下，我国广大农民以家庭为基础，从集体那里承包土地，直接耕作或利用土地，并将家庭内部的资本积累用于农业生产与投资，农业活动中使用的劳动力也来自家庭成员，这样就以家庭为单位实现了农村内部的劳动力、土地和资本的结合。因此结合宅基地农户家庭福利的功能性活动及其相关指标选取建立了低收入地区农户宅基地流转后家庭福利变化模糊评价指标（表9-6）。

表9-6 低收入地区农户福利变化模糊评价指标表

| 农户家庭福利的功能性活动 | 具体指标 | 指标取值 | 指标类型 |
|---|---|---|---|
| 居住条件 X1 | 居住面积 X11 | 实际的居住总面积 | C |
| | 住房结构 X12 | 砖木=1，砖混=3，框架=5 | Q |
| | 住房主观感受 X13 | 非常满意=1，满意=2，一般=3，不满意=4，非常不满意=5 | Q |
| 家庭经济状况 X2 | 收入情况 X21 | 非常好=5，较好=4，一般=3，较差=2，非常差=1 | Q |
| | 经济变化 X22 | 非常好=5，较好=4，一般=3，较差=2，非常差=1 | Q |
| | 生活水平 X23 | 非常好=5，较好=4，一般=3，较差=2，非常差=1 | Q |
| 社会保障 X3 | 养老状况 X31 | 非常好=5，较好=4，一般=3，较差=2，非常差=1 | Q |
| | 医疗状况 X32 | 非常好=5，较好=4，一般=3，较差=2，非常差=1 | Q |

续表

| 农户家庭福利的功能性活动 | 具体指标 | 指标取值 | 指标类型 |
|---|---|---|---|
|  | 社保主观感受 X33 | 非常好=5，较好=4，一般=3，较差=2，非常差=1 | Q |
| 家庭发展机遇 X4 | 就业状况 X41 | 非常好=5，较好=4，一般=3，较差=2，非常差=1 | Q |
|  | 相关政策 X42 | 非常了解=5，比较了解=4，一般=3，了解一些=2，不了解=1 | Q |
|  | 发展机遇主观感受 X43 | 非常好=5，较好=4，一般=3，较差=2，非常差=1 | Q |
| 社区环境 X5 | 社区治安 X51 | 非常好=5，较好=4，一般=3，较差=2，非常差=1 | Q |
|  | 公共服务设施完备 X52 | 非常好=5，较好=4，一般=3，较差=2，非常差=1 | Q |
|  | 噪音空气 X53 | 非常大=1，较大=2，一般=3，较小=4，很小=5 | Q |
| 家庭健康与和谐 X6 | 亲情沟通 X61 | 有影响=1，没有影响=0 | D |
|  | 社交情况 X62 | 有影响=1，没有影响=0 | D |
|  | 家人健康 X63 | 有影响=1，没有影响=0 | D |
| 心理因素 X7 | 现状满足度 X71 | 非常满足=5，较好满足=4，一般满足=3，较差满足=2，非常差=1 | Q |
|  | 身份认同度 X72 | 非常认同=5，较好认同=4，一般认同=3，较差认同=2，非常差=1 | Q |
|  | 政策知晓度 X73 | 非常知晓=5，较好知晓=4，一般知晓=3，较差知晓=2，非常差=1 | Q |

资料来源：作者整理

（1）福利的模糊函数设定

将农民家庭福利状况表示为模糊集 $X$，其中子集 $W$ 表示农村宅基地流转后农户的福利变化，则第 $n$ 个农民的福利函数为：$W(n) = \{x, W(x)\}$，其中，$x \in X$，$W(x)$ 是 $x$ 对 $W$ 的隶属度，$W(x) \in [0, 1]$。一般认为福利状况处于绝对好的状态时，隶属度为 1；福利状况处于一般状态,即不好也不坏时,隶属度为 0.5;福利状况绝对差时,隶属度等于 0。隶属度值越大表示农户的福利状况越好[①]。

(2)隶属函数的设定

应用模糊综合评价法一定要对隶属函数选择,因此选择合适的隶属函数是正确运用模糊方法的关键,而指标变量的类型又决定了隶属函数的形式。一般情况下,指标变量分为三种类型:虚拟二分变量($D$)、连续变量($C$)和虚拟定性变量($Q$)。由于本研究侧重比较的是农村宅基地流转前后农户福利的变化状况,故本研究选取了指标变量的类型连续变量、虚拟二分变量和虚拟定性变量三种,对于各种变量指标赋值及解释说明如下。

设 $x_i$ 是初级指标 $x_{ij}$ 决定的农民福利的第 $i$ 个功能子集,农民福利的初级指标集合为:

$$x = [x_{11},\ldots, x_{ij},\ldots ]$$

对于虚拟二分变量(用字母 $D$ 表示)一般只存在两种情况。如"是"和"否"。其隶属函数可以写成:$W(x_{ij}) = A$(选择"是",$A = 1$;选择"否",$A = 0$)。

在实际操作中,为了涉及更多指标的精确表达,将其完整定义为三种情况,如农村宅基地流转对农业收入的影响,其隶属函数可写为:$\mu(x_{ij}) = A$,若农村宅基地流转之后农户家庭收入较之前下降,则 $A$ 取值 0,若流转后和流转前农户家庭收入没有改变,则 $A$ 取值 0.5,若收入较之前增加,则 $A$ 取值 1。这一情况是以流转前农户的福利水平作为比较基准来衡量的。

虚拟定性变量(用字母 $Q$ 表示),常用于研究无法定量准确地回答,只能做定性回答的问题,其隶属函数为:

$$\mu(x_{ij}) = \begin{cases} 0 & x_{ij} \leq x_{ij}^{\min} \\ \dfrac{x_{ij} - x_{ij}^{\min}}{x_{ij}^{\max} \leq x_{ij}^{\min}} & x_{ij}^{\min} < x_{ij} < x_{ij}^{\max} \\ 1 & x_{ij} \leq x_{ij}^{\max} \end{cases}$$

---

[①] 马贤磊,孙晓中.不同经济发展水平下农民集中居住后的福利变化研究——基于江苏省高淳县和盱眙县的比较分析[J].南京农业大学学报(社会科学版),2012,12(2):8-15.

在实践操作中,对农户宅基地流转前后的空气质量进行满意度评价时,其选项可以设置:非常满意、比较满意、一般、不满意、很不满意这5种状态。假设研究问题中有 $n$ 种状态,对这 $m$ 种状态依次等距赋值,$x_{ij}$ = $\{x_{ij}^{(1)},\cdots,x_{ij}^{(n)}\}$,值越大表示福利状况越好,通常设:$x_{ij}^{(1)} < \cdots < x_{ij}^{(m)} < \cdots < x_{ij}^{(n)}$。农户房屋结构也可划分为此类指标变量,我们将房屋结构分为砖木、砖混、框架3个等级,设隶属函数为 $\mu(x_{ij}) = A$,若房屋结构改变,则 $A$ 取值为0.5,若结构类型每提高1个等级,则 $A$ 增加0.25,每下降1个等级,$A$ 减少0.25。

(3) 指标的加总

在获得初级指标隶属度后,需估计各指标的权重,将其进一步汇总成一个综合指标。权重的确定有两种方法:一是主观赋权法,即根据专家学者的经验总结来判断各指标的重要性从而来确定权重,此类方法有层次分析法、专家评判法等,但其主观意识强,有较大的随机性和不确定性;二是客观赋权法,即通过数值分析来确定各指标重要性大小,如变异系数法、嫡值法等,但其忽视了指标间的内在含义且无法满足权重赋予的基本要求。因此,本研究采用 Cheli 和 Lemmi 等[1]提出的公式确定权重:

$$\omega_{ij} = \ln\left[\frac{1}{\overline{W(x_{ij})}}\right]$$

其中 $\overline{W(x_{ij})} = \frac{1}{n}\sum_{p=1}^{n} W(x_{ij})^{(p)}$,反映 $n$ 个农民第 $i$ 个功能子集中第 $j$ 项指标的均值。上述公式根据指标隶属度大小确定权重隶属度较小的指标可以获得较大的权重系数[2],在福利评价时更关注获得程度较低的指标和功能。

然后,再对所得权重进行无量纲化处理,保证每个功能下的指标权重之和为1。采用 Cerioli 和 Zani (1990)[3] 提出的下列公式进行指标汇总,得

---

[1] Cheli B, Lemmi A.A "Totally" fuzzy and relative approach to the multidimensional analysis of poverty [J]. Economic Notes, 1995, 24 (1): 115-133.

[2] 贾燕,李钢.农民集中居住前后福利状况变化研究 [J]. 农业经济问题, 2009 (2): 30-36.

[3] Cerioli A, Zani S.A fuzzy approach to the measurement of poverty, in Dagum, C.and Zenga, M. (eds), Income and wealth distribution, inequality and poverty, studies in contemporary economics [M]. Berlin: Springer Verlag, 1990: 272-284.

到宅基地流转后农户家庭福利模糊评价值。

$$F(x_i) = \sum_{j=1}^{n} \overline{W(x_{ij})} * \omega_{ij} / \sum_{j=1}^{n} \omega_{ij}$$

## 四、基于经济发展程度的农村宅基地流转家庭福利变化研究

从某种程度来看，宅基地是基于我国社会制度进行农村社会保障制度安排的一种形式或产物，其获取的无偿性、使用的长期性和可继承性使得宅基地具有福利保障功能，这种保障功能维护了社会的稳定和发展，促进了整个国家安全与稳定。随着城镇化的发展，生产力水平提高，使得农村第二、第三产业发展和农村非农就业提升，农村因此出现了村内闲置用地。另外村外涌现大规模新村、房屋面积超标、一户多宅、闲置低效利用等问题，使得农村建设用地效率低下，从而成为土地优化配置和城乡协调发展的障碍。新型城镇化和以效率为价值导向的宅基地流转是农村稀缺资源优化利用、实现可持续发展的必然要求，也是将隐性资源财产显化，实现农民的土地资源资财化的本质前提。

农户家庭是农村集体经济组织的基本组织单元，是实现家庭福利的决策单元，而宅基地是农户家庭生存和发展的基本物质基础和条件。作为宅基地主体的农户，其必须要通过宅基地流转的收益与成本来判断宅基地如何流转以及流转形式，以实现家庭的福利提升。本部分采用经济发展程度来分类农户家庭类型，基于阿马蒂亚·森（Amartya Sen）的福利理论和方法，通过调查问卷的方式获取研究数据，采用模糊综合评价法，剖析研究区调查样本农户流转宅基地后的家庭福利变化，通过分析流转后的农户家庭福利，为政府制定切实可行的农村宅基地流转政策、为促进农村社会发展提供依据。

（一）总体样本农户宅基地流转后家庭福利变化模糊评价分析

由表9-7显示，对于总样本农户家庭在实施宅基地流转后，农户家庭福利变化模糊综合值为0.501，略高于流转前的模糊状态（评价值为0.5）。

表 9-7 总样本农户家庭宅基地流转后福利变化模糊综合

| 应获得的农户家庭福利的功能性活动 | 具体指标 | 指标类型 | 各指标值 隶属度 | 各指标值 权重 | 各功能性活动值 隶属度 | 各功能性活动值 权重 |
|---|---|---|---|---|---|---|
| 居住条件 X1 | 居住面积 X11 | C | 0.842 | 0.824 | 0.541 | 0.452 |
|  | 住房结构 X12 | Q | 0.558 | 0.658 |  |  |
|  | 住房主观感受 X13 | Q | 0.622 | 0.597 |  |  |
| 家庭经济状况 X2 | 收入情况 X21 | Q | 0.512 | 0.674 | 0.632 | 0.367 |
|  | 经济变化 X22 | Q | 0.326 | 0.698 |  |  |
|  | 生活水平 X23 | Q | 0.587 | 0.768 |  |  |
| 社会保障 X3 | 养老状况 X31 | Q | 0.621 | 0.515 | 0.52 | 0.657 |
|  | 医疗状况 X32 | Q | 0.635 | 0.524 |  |  |
|  | 社保主观感受 X33 | Q | 0.672 | 0.638 |  |  |
| 家庭发展机遇 X4 | 就业状况 X41 | Q | 0.425 | 0.458 | 0.428 | 0.824 |
|  | 相关政策 X42 | Q | 0.426 | 0.497 |  |  |
|  | 发展机遇主观感受 X43 | Q | 0.478 | 0.502 |  |  |
| 社区环境 X5 | 社区治安 X51 | Q | 0.675 | 0.685 | 0.402 | 0.824 |
|  | 公共服务设施完备 X52 | Q | 0.364 | 0.512 |  |  |
|  | 噪音空气 X53 | Q | 0.405 | 0.354 |  |  |
| 家庭健康与和谐 X6 | 亲情沟通 X61 | D | 0.406 | 0.657 | 0.518 | 0.687 |
|  | 社交情况 X62 | D | 0.436 | 0.587 |  |  |
|  | 家人健康 X63 | D | 0.504 | 0.634 |  |  |
| 心理因素 X7 | 现状满足度 X71 | Q | 0.37 | 0.681 | 0.466 | 0.725 |
|  | 身份认同度 X72 | Q | 0.482 | 0.357 |  |  |
|  | 政策知晓度 X73 | Q | 0.514 | 0.574 |  |  |
| 总模糊评价指数 |  |  | 0.501 |  | 0.501 |  |

资料来源：作者整理

通过这一结果值表明农户在进行宅基地流转中，在某些方面其家庭福利得到了一定的改善和提高。调查区域社会经济发展水平较为发达，在实施宅基地流转过程中，总体上对于农民家庭经济发展状况、流转相关政策、农户就业机会与创业能力等产生积极影响。具体来看，进一步分析总样本农户家庭的福利模糊评价的过程中，发现农户居住条件、家庭经济状况、社会保障和家庭健康与和谐这四项功能的福利水平在宅基地流转后均得到了不同程度的提高和改善，特别是家庭经济状况的隶属度为0.632，居住条件的隶属度为0.541，社会保障的隶属度为0.52，家庭健康与和谐的隶属度为0.518，这四个指标与设定的宅基地流转前农户家庭福利模糊状态（0.5）差距明显，其综合评价值比流转前模糊状态分别高出了0.132、0.041、0.02和0.018；家庭经济状况在流转后发生变化，说明农户能将空闲的宅基地进行流转，或者将其进行退出，使得宅基地沉睡的价值得到实现。东南沿海的晋江引领了改革的潮流，商品经济的繁荣为其进行宅基地改革试点奠定了基础。早在20世纪90年代后期，就对宅基地抵押担保进行了探索。抓住这一轮改革的契机，晋江从城市的实际需求出发，在坚持改革底线的前提下，保障了农民依法取得的宅基地的使用权，并通过抵押融资激活了农村的"沉睡"农舍和宅基地。资产解决了无法揭示农村房屋的潜在价值以及中小型和微型私营企业融资渠道不足的难题，取得了世人瞩目的成绩。泉州晋江市以2015年试点为界，十多年前就已经开始探索农村住房抵押贷款。这不是偶然的，其民营经济发展需求和市场活动高的实际需求催生了农村住房和宅基地的抵押。通过该市早期的快速经济发展，晋江的城市和人口扩张加速了。城市扩张用地主要是靠征收农用地。许多具有明显区位优势的村庄已经演变为"城市村庄"或"城镇村庄"。尽管由于政策限制，农村宅基地和集体建设用地不能自由交易，但其潜在价值已大大提高。以青阳街道阳光社区为例，它位于晋江老城区繁华的主要商业区。1990年，部分集体土地被国家征收，其余的集体土地至今一直保留，主要用于集体经营的建筑用地和农户的宅基地。其中，有883栋农村房屋（私人房屋），大多数为4—5层的小型高层建筑。由于地理位置优越，社区中一个140—160平方米的普通住宅基地的私人流通价格在150万至2亿之间，其中一部分面向街道、位置优越的宅基地价值可以超过500万元。农村房屋潜在价值的巨大增长加强了农民对土地及房屋产权的观念，也激发了农民进入市场的潜在意识。宅基地流转后农民家庭福利的提高与国家实施的"新农村合作社医疗"保障及相关的社会保障（0.52）政策密不可分。在泉州出台了新型农村社会养老保险个人缴费激励机制，该市完善参保缴费补贴办法，建立多缴多得的补贴激励机制，选择缴费等级分为100元、200元、300元、400元、500元和1200元，根据缴费档次政府补贴标准依次为每人每年30

元、35元、40元、45元、50元。市级财政还对县（市、区）多缴多得的政府补贴部分给予补助，补助对象为符合参保条件的农村居民，城镇居民除外，补助比例按照10%、8%、6%、5%四个档次（其中洛江、泉港10%，安溪、永春、德化8%，惠安、南安6%，晋江、石狮5%，由于鲤城、丰泽没有农村居民，因此这两区不在其中）。其他各县（市、区）可再提高缴费补贴标准，提高部分所需资金由地方财政承担。

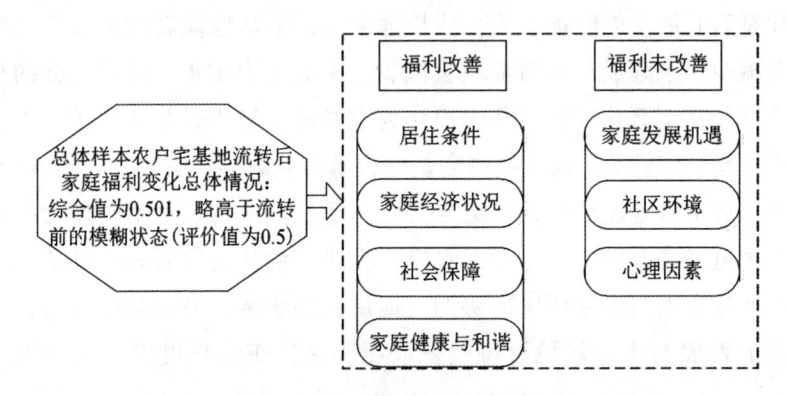

**图9-3　农户宅基地流转后家庭福利变化总体情况**

资料来源：作者整理

对于新农保制度实施时一次性补缴不足15年的46—59周岁参保农民，市级财政仍按相应补助比例据实给予补贴。总之，在进行宅基地流转中，农户已经在社会保障方面建立和完善了包括农村社会养老保险、医疗保险以及最低生活保障等在内的农村社会保障体系，这将有助于农户家庭福利的改善与提高，促进政府主导下的宅基地流转政策的落实和实施。Sen（2001）认为福利包括物质福利和精神福利两部分。从家庭健康与和谐方面和心理因素来看，在亲情沟通、社交情况和家人健康的家庭健康与和谐方面，在实施宅基地流转过程中从整体来看农户家庭福利有所改善，但从现状满足感和身份认同感、政策知晓度构成的心理因素看却没有得到改善，其隶属度为0.466，主要是在目前社会风险加剧的情况下，农民虽然对宅基地进行了流转，但是其心里还是感到"很无力"，生活还有点"不踏实"，特别对于整体搬迁的村民，他们对于身份的认同感很弱，还有些农户对于现状改变无力，对一些政策把握不准，使得他们心理上还是很脆弱。居住条件的隶属度为0.541，还是比流转前有一些改进，从得到改善的原因来看，农户家庭物质福利如家庭经济状况引起了居住条件等稍有改善；而社区环境的隶属度为0.402，家庭发展机遇的隶属度为0.428，这两者的福利状态没有达到改善和提高，相反还要低于设定的福利模糊状态（0.5），其中社区环境比流转前相差0.098，家庭发展机遇比流转前相差0.072。主要原因是农户对环境的改善感觉不到，家庭发展机遇主观感受较为不清。在调查中发现，很多农户都认为短期来看家庭的经济状况有所改善，但是这种变化是暂时的。他们都认为，从长远来看，宅基地流转后，农户家庭收入来源减少，家庭成员的就业机会减少，家庭支出增加，最终家庭的整体福利将减少甚至恶化。还有些农户认为宅基地流转不是长久之策，不会稳定地维持这种流转等，还有些将宅基地去抵押贷款等，就更加没有安全感。因此在实施宅基地流转时，制定与实施的宅基地流转政策不仅要提高和改善农户家庭经济条件，还要考虑农户家庭成员的长远发展和生计的可持续发展，要注重人与生存环境的协调，提供公共服务，完善基础设施，真正实现人的发展与生存环境可持续发展相和谐，使农户可以享受城里人的生活。

### （二）高收入地区农户宅基地流转后家庭福利变化模糊评价分析

通过表9-8可以看出，高收入地区农户宅基地流转后家庭福利呈现下降，其总模糊评价值为0.495。具体分析，在家庭经济状况、社会保障、家庭发展机遇、家庭健康与和谐这四方面，高收入农户在宅基地流转后福利获得感较好，在以上这些方面其家庭福利得到了一定的改善和提高。调查区域社会经济发展水平较为发达，在实施宅基地流转过程中，总体上对于农民家庭经济发展状况、社会保障等产生积极影响，农户的福利水平在宅基地流转后均得到了不同程度的提高和改善，特别是家庭经济状况的隶属度为0.501，社会保障的隶属度为0.51，家庭发展机遇的隶属度为0.522，家庭健康与和谐的隶属度为0.502，这四个指标与设定的宅基地流转前农户家庭福利模糊状态（0.5）差距较为明显，其综合评价值比流转前的模糊状态分别高出了0.001、0.01、0.022和0.002；高收入农户家庭经济状况变化不大，主要是家庭发展机遇较为明显，说明农户能将空闲的宅基地进行流转，家里有更多的发展机遇，进行其他产业的发展。造成这种情况的原因是研究区域内泉州的小型和微型私营企业的融资需求。在我国，很多微小企业一直面临资金短缺和资金周转效率低下的问题，并且为了克服对工业项目资金需求的增长，小额信贷一直无法满足其扩大再生产业务的需求。过去，如果这些农民经营者有贷款，它们只能由他人担保，而相互担保是很普遍的。一旦存在风险，它将影响其他人，而做得不好的人可能会受到拖累。如果企业主将自己的财产用作抵押，将不会面临与他人类似的资金风险缺口，并且这些风险是相对可控的。在农村土地的集体所有权框架下，宅基地是不能上市交易的。农村住房交易的对象必须是村集体的成员。流转交易价格不包括对宅基地的估值。这在制度层面就限制了宅基地由资源向资产转变。2015年宅基地改革的试点阶段，晋江市进一步推陈出新，并发展了以农村住房抵押贷款为主体的"农乐"产品，扩大了原本用于将农村房屋改造范围为农村房屋和宅基地的抵押范围，并正式将房屋的价值增加到抵押物的评估价值中，有效地解决了早期将农村房屋和宅基地的价值分割的困难。农村房屋和宅基地抵押贷款业务的风险点主要集中在两个方面，可以简单地概括为"成本高，利润低"，国有大银行不关心这种"鸡肋"业务，因此银行就不会进行宅基地和农村房屋的抵押贷款业务，从而也就限制了农村土地资源的变现。

表 9-8　高收入地区农户家庭宅基地流转后福利变化模糊综合

| 应获得的农户家庭福利的功能性活动 | 具体指标 | 指标类型 | 各指标值 隶属度 | 各指标值 权重 | 各功能性活动值 隶属度 | 各功能性活动值 权重 |
|---|---|---|---|---|---|---|
| 居住条件 X1 | 居住面积 X11 | C | 0.526 | 0.512 | 0.478 | 0.547 |
|  | 住房结构 X12 | Q | 0.512 | 0.601 |  |  |
|  | 住房主观感受 X13 | Q | 0.624 | 0.558 |  |  |
| 家庭经济状况 X2 | 经济变化 X21 | Q | 0.5 | 0.621 | 0.501 | 0.889 |
| 社会保障 X3 | 养老状况 X31 | Q | 0.622 | 0.504 | 0.51 | 0.654 |
|  | 医疗状况 X32 | Q | 0.562 | 0.501 |  |  |
|  | 社保主观感受 X33 | Q | 0.542 | 0.612 |  |  |
| 家庭发展机遇 X4 | 相关政策 X41 | Q | 0.415 | 0.485 | 0.522 | 0.825 |
|  | 发展机遇主观感受 X42 | Q | 0.481 | 0.501 |  |  |
| 社区环境 X5 | 社区治安 X51 | Q | 0.624 | 0.541 | 0.451 | 0.624 |
|  | 公共服务设施完备 X52 | Q | 0.429 | 0.513 |  |  |
|  | 噪音空气 X53 | Q | 0.417 | 0.374 |  |  |

续表

| 应获得的农户家庭福利的功能性活动 | 具体指标 | 指标类型 | 各指标值 隶属度 | 各指标值 权重 | 各功能性活动值 隶属度 | 各功能性活动值 权重 |
|---|---|---|---|---|---|---|
| 家庭健康与和谐 X6 | 亲情沟通 X61 | D | 0.484 | 0.577 | 0.52 | 0.578 |
|  | 休闲 X62 | D | 0.561 | 0.687 |  |  |
|  | 家人健康 X63 | D | 0.523 | 0.547 |  |  |
| 心理因素 X7 | 身份认同度 X71 | Q | 0.471 | 0.358 | 0.478 | 0.352 |
| 总模糊指数 |  |  | 0.495 |  | 0.501 |  |

资料来源：作者整理

首先，农村房屋本身的性质。由于其偏远的乡村位置，即使后来由于城镇化的加速而演变成镇区，也无法改变房屋所在地的集体所有的事实。其次，当前的法律框架限制。允许的交易仅限于村集体组织，也就是说，如果银行要变现农村住房的话，则只能由房屋所在的村集体的成员购买，交易范围不能扩展。再次，它不能广泛用于交易。在小组中，有购买力和想法的人还必须充分考虑家庭氏族和人际关系的因素。关于第三点，一般来说，从抵押农舍借来的资金用于生意周转。正常的商业模式是，如果贷方 A 无法偿还贷款，银行将把房屋交易给 B 以获取现金。但是现实是，村民通常会同情弱者，会对 B 说三道四，认为既然 A 已经经营有困难，他还要买人家 A 的房子，于心何忍？如果 A 宗族势力强大且不讲理，它将直接吓跑潜在的买家。即使法院在后期进行干预以强制执行抵押，某些人可能也不敢购买抵押。农民对农村房屋有特殊的感觉，还有面子问题，因为他们必须面对村里的人们。"即使他们努力工作，他们也会考虑从其他地方转移资金来偿还贷款。"退后一步，即使无法偿还贷款，农村商业银行也会及时与村委会沟通并动员内部成员来购买抵押的农村住房。这要比集体拍卖的僵化方法好得多，这种拍卖方法不仅可以保护银行免受损失，而且可以保留贷款人的脸面，避免进一步加剧冲突。值得一提的是，晋江还探索了更加稳定的"银村共建"渠道，可以降低交易成本，减少交易不确定性，避免还贷风险。2016 年 12 月 7 日，晋江农村商业银行在慈灶镇东山村向拥有两张完整证书的近百户农户发放贷款 1 亿元，并进行了三年的自主周期自主循环，贷款利率从原来的价格降低了 10%。农村住房采取了独立评估（每个家庭可以节省约 2000 元人民币的评估费）。

第九章 | 基于感知价值的农村宅基地流转效益研究

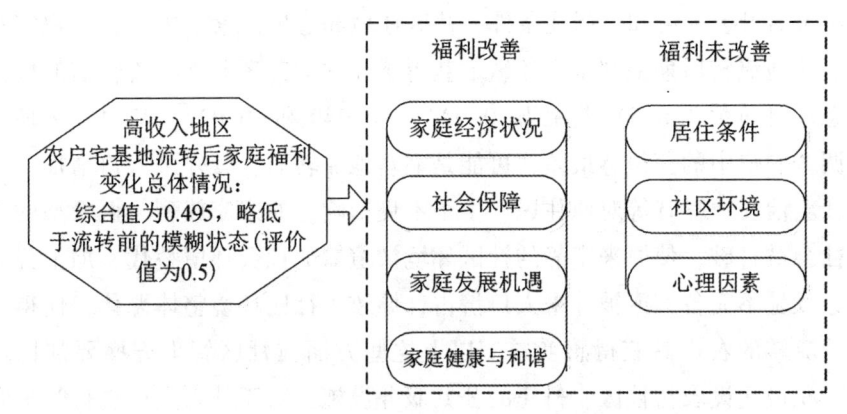

图 9-4　高收入地区农户宅基地流转后家庭福利变化总体情况
资料来源：作者整理

　　这种批量信贷授予方法使农民在贷款方面拥有更大的自主权和灵活性。截至 2017 年底，晋江市东山村共发放"农业住房贷款"23 笔，金额超过 1200 万元。此外，在宅基地制度改革的试点实践中，政府为推动宅基地功能从保障性住房向多元化发展的扩展做出了巨大努力。鼓励村集体振兴闲置的宅基地和农舍，促进农村第一产业、第二产业和第三产业的综合发展，激活权利和能力，增强集体经济，增加农民收入，初步形成了晋江探索"三权分置"的形式。据了解，晋江市目前着力探索四种类型：休闲农业型、文化保护型、旅游观光型和电子商务驱动型。再如，晋江五店市文化保护的传统街区就是文化保护型，由政府领导并实施以市场为导向的业务。通过文化遗产活态利用，将使宅基地及其房屋的价值恢复活力，并增加农民的收入。此外，除了对宅基地上的房屋进行拆迁、重新耕种或改建外，政府还对一些古老的村庄和古老的住所采用了改造、退出利用等模式。这项改革大大拓宽了农村筹资渠道，唤醒了"沉睡"的农村房屋和宅基地资产，并增加了农民的住房财产收益。资料显示，晋江市目前有 12 家银行业金融机构开办了宅基地和农村住房抵押贷款业务，累计发放贷款 35 亿元，惠及 31000 余户农户。此外，截至 2019 年 6 月，晋江市农村住房抵押贷款不良贷款余额仅为 1620 万元，分别占全部贷款的 0.01% 和农村住房贷款的 1.59%。晋江还允许符合条件的宅基地在村集体经济组织之间转移，突破了村内流通的局限性，进一步显化了农民住房财产的性质，使农民的资产得到增加。

再通过上表可知，居住条件、社区环境和心理因素三方面，农户家庭在宅基地流转后期福利水平还缺乏获得感。它们三者分别与流转前的模糊状态（评价值为0.5）差距为-0.022、-0.049和-0.022，其中社区环境在调查农户中的获得感最差，可能是宅基地流转后，其外来人口增加，一些社会治安、噪音等对原住民产生了不良影响，原来家族型、血缘型的亲情社会被打破，使原来宁静的社区环境被喧嚣的社会环境替代，加上公共服务设施不完备，或被外来人口挤占，导致了社区环境整体恶化，使得宅基地流转的农户其获得感变差。以上这些方面在社区管理方面要加以注意，积极建设农村社区、村庄的公共服务设施，对于外来人口进行管理和宣传。

### （三）中等收入地区农户宅基地流转后家庭福利变化模糊评价分析

通过表9-9可知，中等收入地区农户宅基地流转后家庭福利变化模糊评价结果为0.508，这一结果值表明中等收入地区农户在进行宅基地流转后，整体上其家庭福利得到了一定的改善和提高。其中，居住条件、家庭经济状况、社会保障、家庭发展机遇四项具体功能性活动较好，超出流转前的模糊状态（评价值为0.5）分别为0.014、0.001、0.012和0.004。

表9-9 中等收入地区农户家庭宅基地流转后福利变化模糊综合

| 应获得的农户家庭福利的功能性活动 | 具体指标 | 指标类型 | 各指标值 隶属度 | 各指标值 权重 | 各功能性活动值 隶属度 | 各功能性活动值 权重 |
|---|---|---|---|---|---|---|
| 居住条件 X1 | 居住面积 X11 | C | 0.634 | 0.542 | 0.514 | 0.368 |
| | 住房结构 X12 | Q | 0.524 | 0.647 | | |
| | 住房主观感受 X13 | Q | 0.635 | 0.578 | | |
| 家庭经济状况 X2 | 收入情况 X21 | Q | 0.567 | 0.689 | 0.501 | 0.487 |
| | 经济变化 X22 | Q | 0.621 | 0.846 | | |
| 社会保障 X3 | 养老状况 X31 | Q | 0.624 | 0.524 | 0.512 | 0.398 |
| | 医疗状况 X32 | Q | 0.514 | 0.587 | | |
| | 社保主观感受 X33 | Q | 0.516 | 0.574 | | |
| 家庭发展机遇 X4 | 相关政策 X41 | Q | 0.457 | 0.487 | 0.504 | 0.578 |
| | 发展机遇主观感受 X42 | Q | 0.468 | 0.514 | | |

续表

| 应获得的农户家庭福利的功能性活动 | 具体指标 | 指标类型 | 各指标值 隶属度 | 各指标值 权重 | 各功能性活动值 隶属度 | 各功能性活动值 权重 |
|---|---|---|---|---|---|---|
| 社区环境 X5 | 社区治安 X51 | Q | 0.61 | 0.521 | 0.489 | 0.875 |
|  | 公共服务设施完备 X52 | Q | 0.475 | 0.502 |  |  |
|  | 噪音空气 X53 | Q | 0.435 | 0.385 |  |  |
| 家庭健康与和谐 X6 | 亲情沟通 X61 | D | 0.487 | 0.534 | 0.473 | 0.842 |
|  | 社交情况 X62 | D | 0.526 | 0.478 |  |  |
|  | 家人健康 X63 | D | 0.51 | 0.254 |  |  |
| 心理因素 X7 | 身份认同度 X71 | Q | 0.458 | 0.421 | 0.462 | 0.526 |
|  | 政策知晓度 X72 | Q | 0.475 | 0.354 |  |  |
| 总模糊指数 |  |  | 0.508 |  | 0.501 |  |

资料来源：作者整理

这说明对于中等收入家庭来说，进行宅基地流转能够给整个家庭带来居住条件、家庭经济状况、社会保障、家庭发展机遇的改善。中等收入家庭是社会的中流砥柱，其在进行宅基地的流转中，总体上对于农民家庭经济发展状况、居住条件、社会保障和家庭发展机遇等产生积极影响。具体来看，在进一步分析总样本农户家庭的福利模糊评价过程中，发现农户居住条件、家庭经济状况、社会保障和家庭发展机遇这四项功能的福利水平在宅基地流转后均得到了不同程度的提高和改善。而农户对于社区环境、家庭健康与和谐、心理因素的隶属度分别为 0.489、0.473 和 0.462，这三个指标与设定的宅基地流转前农户家庭福利模糊状态（0.5）差距明显，其流转后的隶属度与流转前模糊状态分别差距为 -0.011、-0.027、-0.038；中等收入地区农户家庭宅基地流转获得感较差中的社区环境、心理因素两方面与高收入地区家庭类似，只有家庭健康与和谐和高收入地区不一样（图 9-5）。

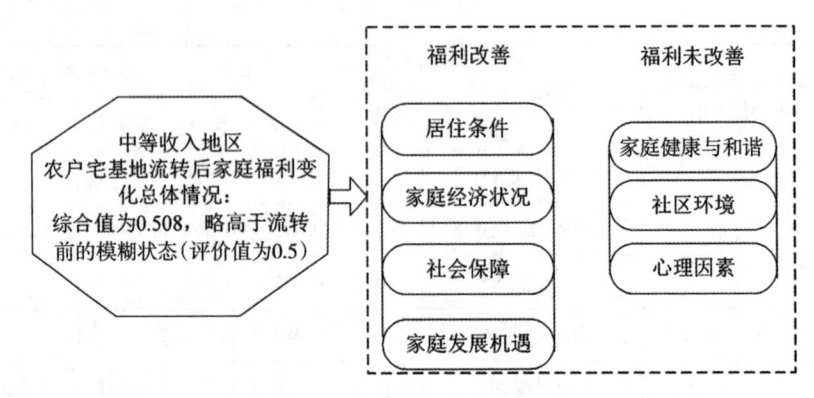

图 9-5　中等收入地区农户宅基地流转后家庭福利变化总体情况
资料来源：作者整理

### （四）低收入地区农户宅基地流转后家庭福利变化模糊评价分析

通过低收入地区农户宅基地流转后家庭福利变化模糊评价，由表 9-10 可知其总体评价值为 0.512，该值对于农户宅基地流转后家庭福利变化获得感较好。这一结果值表明农户在进行宅基地流转中，在某些方面其家庭福利得到了一定的改善和提高。对于调查区域中的低收入地区家庭，实施宅基地流转过程总体上对于农民家庭经济状况、居住条件、社会保障等产生积极影响。

表 9-10　低收入地区农户家庭宅基地流转后福利变化模糊综合

| 应获得的农户家庭福利的功能性活动 | 具体指标 | 指标类型 | 各指标值 隶属度 | 各指标值 权重 | 各功能性活动值 隶属度 | 各功能性活动值 权重 |
|---|---|---|---|---|---|---|
| 居住条件 X1 | 居住面积 X11 | C | 0.64 | 0.501 | | |
| | 住房结构 X12 | Q | 0.614 | 0.454 | 0.523 | 0.387 |
| | 住房主观感受 X13 | Q | 0.517 | 0.541 | | |
| 家庭经济状况 X2 | 收入情况 X21 | Q | 0.624 | 0.547 | | |
| | 经济变化 X22 | Q | 0.514 | 0.784 | 0.512 | 0.702 |
| | 生活水平 X23 | Q | 0.501 | 0.245 | | |
| 社会保障 X3 | 养老状况 X31 | Q | 0.547 | 0.527 | | |
| | 医疗状况 X32 | Q | 0.524 | 0.665 | 0.513 | 0.51 |
| | 社保主观感受 X33 | Q | 0.565 | 0.514 | | |

续表

| 应获得的农户家庭福利的功能性活动 | 具体指标 | 指标类型 | 各指标值 隶属度 | 各指标值 权重 | 各功能性活动值 隶属度 | 各功能性活动值 权重 |
|---|---|---|---|---|---|---|
| 家庭发展机遇 X4 | 就业状况 X41 | Q | 0.486 | 0.541 | 0.478 | 0.874 |
| | 相关政策 X42 | Q | 0.421 | 0.264 | | |
| | 发展机遇主观感受 X43 | Q | 0.468 | 0.501 | | |
| 社区环境 X5 | 社区治安 X51 | Q | 0.532 | 0.524 | 0.498 | 0.823 |
| | 公共服务设施完备 X52 | Q | 0.501 | 0.587 | | |
| | 噪音空气 X53 | Q | 0.478 | 0.651 | | |
| 家庭健康与和谐 X6 | 亲情沟通 X61 | D | 0.475 | 0.52 | 0.489 | 0.862 |
| | 社交情况 X62 | D | 0.503 | 0.547 | | |
| | 家人健康 X63 | D | 0.502 | 0.365 | | |
| 心理因素 X7 | 现状满足度 X71 | Q | 0.465 | 0.254 | 0.453 | 0.845 |
| | 身份认同度 X72 | Q | 0.421 | 0.265 | | |
| | 政策知晓度 X73 | Q | 0.409 | 0.224 | | |
| 总模糊指数 | | | 0.512 | | 0.501 | |

资料来源：作者整理

具体来看，进一步分析总样本农户家庭的福利模糊评价过程中，发现农户居住条件、家庭经济状况、社会保障这三项功能的福利水平在宅基地流转后均得到了不同程度的提高和改善，特别是居住条件的隶属度为0.523，家庭经济状况的隶属度为0.512，社会保障的隶属度为0.513；这三个指标超出了设定的宅基地流转前农户家庭福利模糊状态（0.5），其数值分别为0.023、0.012和0.013。再来看看，家庭发展机遇、社区环境、家庭健康与和谐、心理因素四个功能性活动，它们的隶属度分别为0.478、0.498、0.489和0.453，这四个指标与设定的宅基地流转前农户家庭福利模糊状态（0.5）差距明显，其综合评价值与流转前模糊状态分别差距为-0.022、-0.002、-0.011和-0.047，说明农户在宅基地流转过程中，这四个方面对于低收入地区的农户其获得感不如人意（图9-6）。

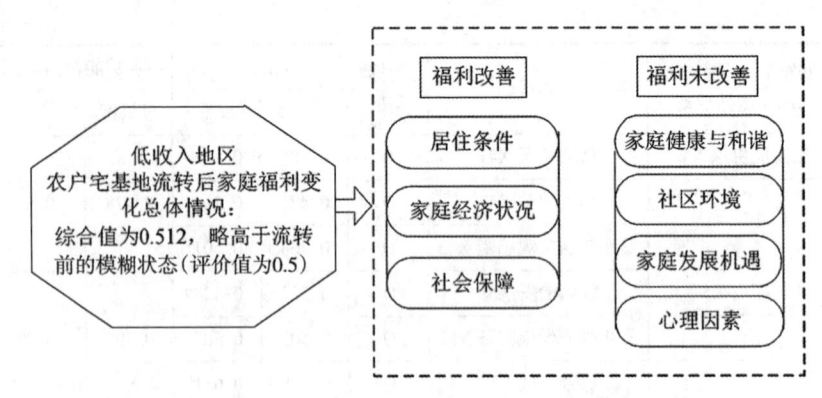

图 9-6 低收入地区农户宅基地流转后家庭福利变化总体情况
资料来源：作者整理

综上所述，高收入地区、中等收入地区和低收入地区，三个地区农户家庭在宅基地流转过程中，其福利评价中共同关注点有家庭经济状况、社会保障两个方面，其宅基地流转后的福利有所改善（图9-7），社区环境和心理因素这两方面的福利没有得到改善（图9-8）。

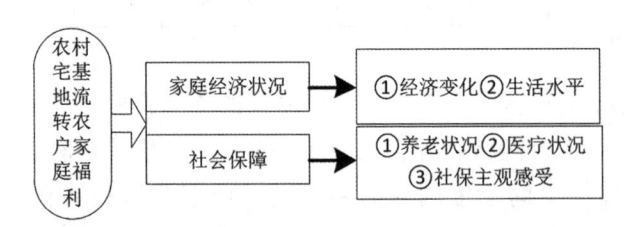

图 9-7 闽南沿海不同经济发展程度的农村宅基地流转农户家庭福利改善关注点
资料来源：作者整理

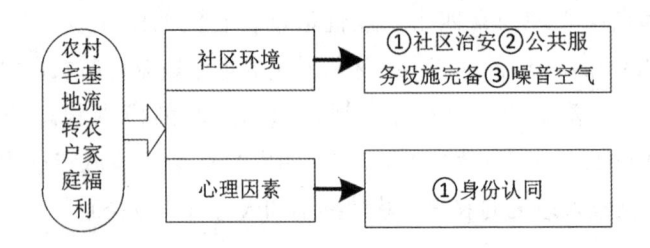

图 9-8 闽南沿海不同经济发展程度的农村宅基地流转农户家庭福利变差关注点
资料来源：作者整理

# 第十章　闽南沿海经济发达地区农户宅基地退出感知价值权衡模型

## 第一节　研究假设及研究方法

### 一、研究假设

　　闽南沿海经济发达地区农民对于农村宅基地的感知价值权衡就是要探讨农民对于宅基地流转的感知利益与感知风险进行比较，即农户对于宅基地流转这件事在感知利益与感知风险动态中维持平衡的状态，而后根据这种权衡结果（农户宅基地流转感知价值）采取相应的行为，一是农户宅基地流转意愿情况，二是进行宅基地流转行为（图10-1）。因此本章就是基于感知价值理论构建农户宅基地退出感知价值权衡模型，而后根据模型进行实证研究，分析闽南沿海经济发达地区的农村宅基地流转情况。

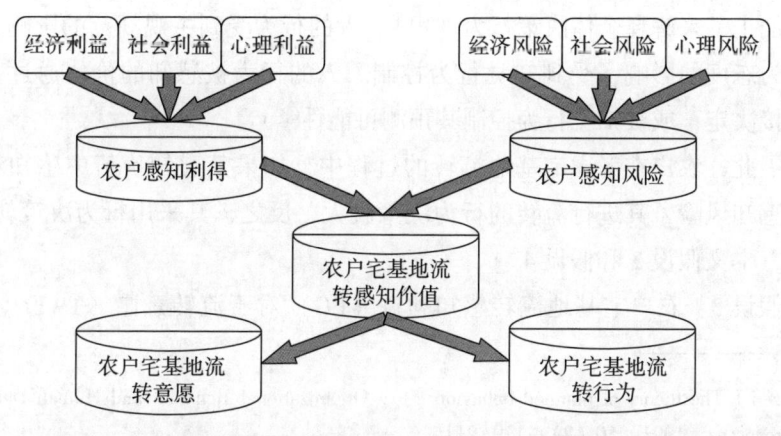

图 10-1　闽南沿海经济发达地区农村宅基地流转感知价值权衡模式
资料来源：作者整理

宅基地流转感知价值权衡就是探讨农户关于宅基地流转的感知价值对其流转的决策行为机理，首先要分析研究区的农户对于宅基地流转的感知利益（PG），这种感知利益主要是通过宅基地流转后可以获得经济价值（EV），如收入增加（EV1）、生活水平提高（EV2）、获取其他奖励（EV3）；社会价值（SV），如增加就业机会（SV1）、新的住处社会秩序更好（SV2）、完备的基础设施（SV3）、良好的环境（SV4）、生活更便利（SV5）；心理价值（PV），如政治情怀（PV1）、乡土情怀（PV2）、责任意识（PV3）、尊重意识（PV4）。再分析感知风险（PR），农民通过宅基地流转，在感知风险方面，存在经济风险（ER），如生活成本增加（ER1）、补偿不公（ER2）、补贴不公（ER3）；社会风险（SR），如就业风险（SR1）、耕作难度大（SR2）、生活不便（SR3）、土地增值（SR4）；心理风险（PR），如环境压力（PR1）、缺乏配套政策（PR2）、手续烦琐（PR3）、其他风险（PR4）。

通过分析可知，在本研究中，闽南沿海经济发达地区农户对于宅基地流转感知价值存在感知利益和感知风险两方面，提出假设（表10-1）。

假设1：闽南沿海经济发达地区农户对于宅基地流转的感知利益（PG）和感知价值（PV）有显著影响，其作用的方向为正（+）；

假设2：闽南沿海经济发达地区农户对于宅基地流转的感知风险（PR）和感知价值（PV）有显著影响，其作用的方向为负（-）（图10-2）。

根据计划行为理论可知，人们的行为是以期望价值为出发点的，通过信息加工，来解释个体决策行为过程[①]。人的行为受到主观规范的影响，受到行为态度的影响，受到知觉行为控制。人的行为被感知的价值通过其意愿直接决定，或被知觉行为控制其预测可能性[②]。

因此，农户在考虑宅基地流转的过程中，如果其感知价值中感知利益大于感知风险，其进行流转的行为决策就大，反之，其采用行为决策就小。因此，本文假设3和假设4。

假设3：农户宅基地流转感知利益（PG）对于流转意愿（TWI）有显

---

① Azen I. The theory of planned behavior [J]. Organizational Behavior and Human Decision Processes, 1991, 50 (2): 179-211.

② Duan W T, Jiang G R. A review of the theory of planned behavior [J]. Advances in Psychological Science, 2008, 16 (2): 315-320.

著影响，作用方向为正（+）；

假设4：农户宅基地流转感知风险（PR）对于流转意愿（TWI）有显著影响，作用方向为负（-）。

表 10-1 假设表

| 项目 | 内容 | 作用方向 |
| --- | --- | --- |
| 假设1 | 闽南沿海经济发达地区农户对于宅基地流转的感知利益（PG）对于感知价值（PV）有显著影响 | 正（+） |
| 假设2 | 闽南沿海经济发达地区农户对于宅基地流转的感知风险（PR）对于感知价值（PV）有显著影响 | 负（-） |
| 假设3 | 农户宅基地流转感知利益（PG）对于流转意愿（TWI）有显著影响 | 正（+） |
| 假设4 | 农户宅基地流转感知风险（PR）对于流转意愿（TWI）有显著影响 | 负（-） |

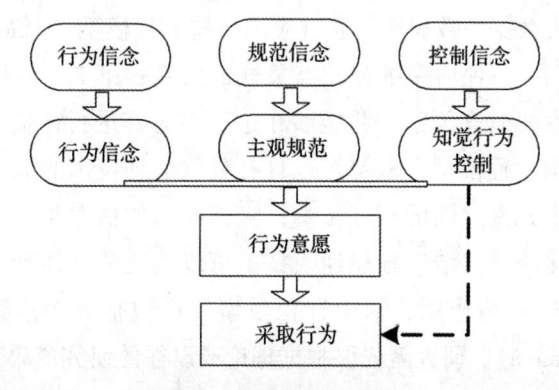

图 10-2 计划行为经典模型

资料来源：作者整理

## 二、研究方法

结构方程模型（SEM）是一种基于变量协方差矩阵的统计方法，用于分析变量之间的关系。实际上，它是通用线性模型（包括因子模型和结构模型）的扩展，反映了传统的路径分析和因子分析的完美结合。SEM 通常使用最大似然估计（MLE）来分析结构方程的路径系数的估计值，因为

MLE方法允许研究人员根据数据分析的结果来修改模型。SEM是基于路径分析的思想。在具体的分析过程中，它通过协方差矩阵和因子分析方法来分析概念和原理之间的结构关系。它处理了潜在变量和观测变量之间的关系，各种潜在变量之间的关系，然后检查变量之间的直接和间接影响。结构方程模型分为结构方程和测量方程。结构方程可以反映潜在变量和潜在变量之间的关系，而测量方程可以反映潜在变量和观测变量之间的相关性。

由于一般回归分析中不允许出现多个因变量或输出变量，中间变量不能与预测因子包含在同一模型中，假定该预测变量没有测量误差，并且这些预测变量之间的多重共线性将阻碍结果的解释，而结构方程模型不受这些方面的限制。使用结构方程模型（SEM），其SEM程序可以提供整体模型测试和独立的参数估计测试；即使多个组间交叉，回归系数、均值和方差也会同时进行比较；验证性因子分析模型可以消除错误，使潜在变量之间关联的估计较少受到测量错误的干扰；拟合非标准模型的能力，包括灵活地处理跟踪数据，带自相关误差（时间序列分析）的数据库以及非正态分布的变量和缺失数据的数据库。通过应用结构方程模型（SEM），两个最显著的特征是：第一，评估多维和相互关联的关系；第二，能够发现在这些关系中无法觉察的概念关系，并能够在过程中对其进行评估、解释测量误差。当然，结构方程模型（SEM）也具有吸收信息技术的能力，并且SEM可以反映模型中元素之间的相互影响；吸纳能力的概念是一个重要的模型元素，很难直接测量，结构方程建模技术可以更充分地体现蕴含在元素信息及其所包含的影响作用。结构方程模型分析包括五个步骤：模型设定（model specification），研究者先要根据理论或以往的研究成果来设定假设的初始理论模型；模型识别（model identification），此一步骤要决定所研究的模型是否能够求出参数估计的唯一解；模型估计（model estimation），模型参数可以采用几种不同的方法来估计，最常使用的模型估计方法是最大概似法（maximum likelihood）；模型评估（model evaluation），对模型与数据之间是否配合进行评估，并与替代模型的配合指针进行比较；模型修正（model modification），如果模型不能很好地配合数据，就需要对模型进行修正和再次设定。

本研究使用AMOS进行处理。AMOS，称为IBM SPSS AMOS，是IBM旗下的结构方程建模工具。它根据数据构建结构方程模型（SEM），然后分析回归，因子和其他相关性分析以及方差分析。从整个软件的角度来看，其软件界面是图形化、直观且适当的。此外，它还具有建模功能，潜在类别分析，模型创建，分析和统计功能以及处理海量计算模型。

## 第二节 数据信度和效度检验

### 一、信度检验

信度是被用于问卷的可靠性检验，指采用同样的方法对同一对象重复测量时所得结果的一致性程度，也就是反映实际情况的程度。信度检验有重测信度法、复本信度法、折半信度法、α信度系数法。本文采用克朗巴哈系数值（Cronbach's α）作为信度检验的指标，Cronbachα信度系数是最常用的信度系数，其公式为：$\alpha = (k/(k-1)) * (1 - (\sum Si^2)/ST^2)$；其中，k为量表中题项的总数，$Si^2$为第i题得分的题内方差，$ST^2$为全部题项总得分的方差。从公式中可以看出，α系数评价的是量表中各题项得分间的一致性，属于内在一致性系数。这种方法适用于态度、意见式问卷（量表）的信度分析。对于克朗巴哈系数值（Cronbach'sα）> 0.7以上，0.6-0.7可以接受。如果Cronbach's alpha系数 < 0.6就要考虑重新编写问卷。

将闽南沿海经济发达地区泉州地区农户对宅基地流转的感知风险、农户感知利益、农户感知价值、农户退出意愿及农户退出决策行为进行设置观测变量。用SPSS 16.0对农户的宅基地流转的感知风险、农户感知利益、政策制度这三个一级潜在变量进行信度检验，再对感知利益、感知风险各维度的二级潜在变量进行信度检验，如表10-2所示。

表10-2 信度检验结果

| 变量1 | Cronbach's α系数值 | 变量2 | 范围 | Cronbach's α系数值 |
|---|---|---|---|---|
| 感知利益 | 0.852 | 经济利益 | 宅基地流转获得经济收入（EV1） | 0.702 |
| 感知风险 | 0.824 | | 宅基地流转生活水平提高（EV2） | |
| | | | 宅基地流转获得其他奖励（EV3） | |
| | | | 增加其他就业渠道（EV4） | 0.802 |

续表

| 变量1 | Cronbach's α系数值 | 变量2 | 范围 | Cronbach's α系数值 |
|---|---|---|---|---|
| | | 社会利益 | 获得更多社会资源（SV1） | |
| | | | 新住所的社会治安更好（SV2） | |
| | | | 新住所的基础设施完备（SV3） | |
| | | | 新住所的环境良好（SV4） | |
| | | | 新住所生活更方便（SV5） | |
| | | 心理利益 | 响应国家号召（PV1） | 0.751 |
| | | | 建设美丽家园（PV2） | |
| | | | 维护宅基地公平（PV3） | |
| | | | 提升个人威望（PV4） | |
| | | 经济风险 | 退出后生活成本增加（ER1） | 0.714 |
| | | | 补偿标准较低（ER2） | |
| | | | 相关补贴不到位（ER3） | |
| | | 社会风险 | 工作难找（SR1） | 0.852 |
| | | | 农业生产不方便（SR2） | |
| | | | 搬迁住宅面积不能满足需求（SR3） | |
| | | | 宅基地越来越值钱（SR4） | |
| | | | 与亲戚朋友邻居关系疏远（SR5） | |
| | | 心理风险 | 退出的周围环境压力（PR1） | 0.795 |
| | | | 缺少配套政策（PR2） | |
| | | | 宅基地退出手续烦琐（PR3） | |
| | | | 增加社会其他风险意识（PR4） | |

资料来源：作者整理

一级潜在变量感知利益、感知风险、政策制度的 Cronbach's α 系数在 0.800-0.899 之间，二级潜在变量经济利益、社会利益、心理利益、经济风险、社会风险、心理风险的 Cronbach's α 系数值在 0.701-0.921 之间，数据的可靠性通过检验。

## 二、效度检验

有效性可以测试数据的正确性。有效性越高，观察到的变量反映潜在变量的内在含义的程度就越高。首先，执行 Bartlett 球体测试，其测试需要达到 0.05 的显著水平；其次，KMO 值是否达到标准值，通常要求 KMO 值不小于 0.5。在本文中，由于仅对农户的宅基地的退出值、退出意愿和退出决策行为设置了一个观察变量，因此无须进行效度检验。SPSS 16.0 用于对每个潜在变量执行 Bartlett 球形测试。这些值均大于 0.6，并且 Bartlett 球检验的伴随概率小于 0.01，这表明模型数据具有良好的有效性，并且模型数据通过了测试。结果示于表 10-3。

表 10-3 效度结果表

| 变量 1 | 变量 2 | KMO | 巴特利特球形度检验 |  |  |
|---|---|---|---|---|---|
|  |  |  | 近似卡方 | 自由度 | 显著性 |
| 感知利益 | 经济利益 | 0.621 | 184.524 | 3 | 0.000 |
|  | 社会利益 | 0.754 | 759.521 | 10 | 0.000 |
|  | 心理利益 | 0.702 | 251.255 | 3 | 0.000 |
| 感知风险 | 经济风险 | 0.602 | 152.622 | 3 | 0.000 |
|  | 社会风险 | 0.821 | 745.245 | 10 | 0.000 |
|  | 心理风险 | 0.685 | 0.654 | 3 | 0.000 |

## 第三节 SEM 模型（结构方程模型）分析

结构方程模型通常采用最大似然估计法进行模型整体拟合适配度检验，一般采用绝对适配度指标、增值适配度指标、精简适配度指标来检验 SEM 结构方程模型的拟合适配度（表 10-4），其中绝对适配度指标选取卡方自由度比（$X^2/df$）、适配度指数（GFI）、渐进残差均方和平方根（RMSEA）；增值适配度指标选取规准适配指数（NFI）、比较适配指数（CFI）、增值适配指数（IFI）；精简适配度指标选取简约适配度指数（PGFI）、简约调整后的规准适配指数（PNFD）。AMOS 21.0 运行结果如表 10-4 所示，$X^2/df$ (1.124<2)、GFI (0.748>0.7)、RMSEA (0.045<0.07)、NFI (0.904>0.9)、CF1 (0.947>0.9)、IFI (0.915>0.9)、PGFI (0.621>0.4)、PNFI (0.712>0.4)。绝对适配度指标、增值适配度指标、精简适配度指标均在标准值范围内，说明构建的结构方程模型拟合适配度较好。

表 10-4　SEM 模型适配度检验表

| 统计检验指标类型 | 适拟合优度统计量 | 适拟合优度统计值 | 标准值 |
| --- | --- | --- | --- |
| 绝对适配度指标① | $X^2/df$② | 1.124 | <2 |
| | GFI③ | 0.748 | >0.7 |
| | RMSEA④ | 0.045 | <0.07 |
| 增值适配度指标 | NFI⑤ | 0.904 | >0.9 |
| | CFI | 0.947 | >0.9 |
| | IFI | 0.915 | >0.9 |
| 精简适配度指标 | PGFI⑥ | 0.621 | >0.4 |
| | PNFI⑦ | 0.712 | >0.4 |

资料来源：作者整理

通过对以上 AMOS 软件运行结果分析，可以得到闽南沿海经济发达地区农村宅基地流转的结构方程模型路径系数表（表 10-5）。

---

① 该指标对样本量和输入变量的正态性非常敏感。
② 卡方值与自由度之比小于 2。
③ Goodness-of-fit index（GFI）。
④ Root mean square error of approximation（RMSEA）：近似误差的均方根取值为 0.05 及以下，而且其 90% 的置信区间的上限在 0.08 及以下，认为模型拟合很好；同时，其置信度检验也很重要，P 值要大于 0.05，才不能够拒绝原假设。
⑤ 规范适配指标（NFI）：其值须大于 0.90，该指标评价不同模型时精确稳定，比较嵌套模型特别有用；非规范适配指标（NNFI，如 CFI、IFI）：其值须大于 0.90，其中 CFI 用最大似然估计评价较好，最小二乘较差，可以比较嵌套模型。小样本中仍然稳定。
⑥ RGFI 是惩罚复杂模型，其值>0.50 以上。
⑦ PNFI 是惩罚复杂模型，自由度不同的模型比较时，差值在 0.06-0.09 间，视模型间有真实差异存在。

| 第十章 | 闽南沿海经济发达地区农户宅基地退出感知价值权衡模型

表 10-5　农户宅基地流转结构方程模型路径系数表①

| 路径 | Estimate | S.E. | C.R. | P值 |
| --- | --- | --- | --- | --- |
| 感知利益→感知价值 | 0.301 | 0.052 | 6.321 | *** |
| 感知风险→感知价值 | -0.215 | 0.054 | -8.542 | *** |
| 感知利益→流转意愿 | 0.102 | 0.024 | 4.215 | *** |
| 感知风险→流转意愿 | -0.105 | 0.041 | -4.032 | *** |
| 流转意愿→流转行为 | 0.214 | 0.074 | 3.215 | *** |
| 感知价值→流转行为 | 0.124 | 0.015 | 2.021 | ** |
| 经济价值→感知利益 | 0.216 | 0.121 | 2.012 | ** |
| 社会价值→感知利益 | 0.215 | 0.210 | 5.214 | *** |
| 心理价值→感知利益 | 0.102 | 0.104 | 1.254 | * |
| 经济风险→感知风险 | 0.251 | 0.102 | 2.014 | ** |
| 社会风险→感知风险 | 0.214 | 0.120 | 1.012 | ** |
| 心理风险→感知风险 | 0.120 | 0.162 | 1.578 | * |

资料来源：作者整理

第一，闽南沿海经济发达地区的泉州农户宅基地流转的感知利益（PG）与农户宅基地流转的感知价值（PV）之间的标准化路径系数为 0.301，通过 1% 显著水平检验，可知在泉州农户宅基地流转的感知价值中，其感知利益对其有显著正向影响，这也就使得假设 1 得到证实。在泉州调查的农户宅基地流转感知利益的三个维度（经济利益、社会利益和心理利益）对总体感知利益的影响程度是不同的，依次为经济利益（0.216）>社会利益（0.215）>心理利益（0.102）。从这里可以知道，在调查区，泉州市的农民在宅基地流转过程中更看重经济利益，其次才是社会利益，最后才是心理利益，说明在商品经济发达的地区，商品价值意识已经深入人们头脑中。

---

① 路径分析和结构方程模型之间有三种态度，第一种是：路径分析就是结构方程模型，结构方程模型就是路径分析，两者是同一个事物的两个不同的称呼。一些课本、老师对这两者不作区分，实际上就是抱着这种态度；第二种是采用原始的最小二乘法的路径分析属于路径分析，而采用先进的最大似然法的路径分析属于结构方程模型，以方法的不同来区分两者，同时也暗示：结构方程模型属于一种特殊的路径分析；第三种观点是：存在潜变量的结构方程模型属于结构方程模型，不存在潜变量的结构方程模型属于路径分析。这种观点暗示：路径分析是一种特殊的结构方程模型。在某种程度上，作者也赞同第三种观点：路径分析属于特殊的结构方程模型。

农民也不例外，在对于宅基地流转这件事，农民首先重视宅基地的经济价值，如宅基地流转获得经济收入（EV1）、宅基地流转生活水平提高（EV2）、宅基地流转获得其他奖励（EV3）、增加其他就业渠道（EV4）；而后才是社会价值，如获得更多社会资源（SV1）、新住所的社会治安更好（SV2）、新住所的基础设施完备（SV3）、新住所的环境良好（SV4）、新住所生活更方便（SV5）；最后是心理价值，如响应国家号召（PV1）、建设美丽家园（PV2）、维护宅基地公平（PV3）、提升个人威望（PV4）。

第二，闽南沿海经济发达地区的泉州农户宅基地流转的感知风险（PR）与宅基地流转感知价值（PV）之间的标准化路径系数为-0.215，通过1%显著水平检验，由此可知该地的农户宅基地流转感知风险对其感知价值有显著负向影响，从而假设2得到证实。农户宅基地流转感知风险的三个维度（经济风险、社会风险、心理风险）对宅基地流转的总体感知风险影响程度依次为经济风险（0.251）>社会风险（0.214）>心理风险（0.120）。从中可知，闽南沿海经济发达地区的农民对于宅基地的态度首先是从经济角度来考虑，如退出后生活成本增加（ER1）、补偿标准较低（ER2）、相关补贴不到位（ER3）；而后考虑社会风险，如工作难找（SR1）、农业生产不方便（SR2）、搬迁住宅面积不能满足需求（SR3）、宅基地越来越值钱（SR4）、与亲戚朋友邻居关系疏远（SR5）；最后是心理风险，如退出的周围环境压力（PR1）、缺少配套政策（PR2）、宅基地退出手续烦琐（PR3）、增加社会其他风险意识（PR4），这和经济发展中地区的研究结果不一致[①]。从调研过程还可得知，农民对于感知风险较高的大部分属于丘陵地区>丘陵平原混合>平原地区，在泉州安溪、永春、德化的农民宅基地流转的感知风险要大于惠安、洛江等地，最小的是晋江、南安、丰泽、鲤城等地。

第三，闽南沿海经济发达地区的泉州农户宅基地退出感知利益（PG）与农户宅基地退出意愿（TWI）之间的标准化路径系数为0.102，并通过1%显著水平检验，可知该地区农户宅基地流转感知利益对其退出意愿有显著正向影响，假设3得到证实。闽南沿海经济发达地区的泉州农户宅基地流转感知风险（PR）与农户宅基地退出意愿（TWI）之间的标准化路径系数

---

① 朱新华，蔡俊. 感知价值、可行能力对农户宅基地退出意愿的影响及其代际差异[J]. 中国土地科学，2016，30（9）：64-72.

## 第十章 闽南沿海经济发达地区农户宅基地退出感知价值权衡模型

为-0.105，并通过1%显著水平检验，可知研究区内农户宅基地流转感知风险对其流转的意愿有显著负向影响，假设4得到证实。从以上两个方面来看，对闽南沿海经济发达地区的泉州农户宅基地流转感知利益（PG）、感知风险（PR）与农户宅基地退出意愿（TWI）之间关系分析，感知风险（PR）与农户宅基地退出意愿（TWI）之间关系要大于感知利益（PG）与农户宅基地退出意愿（TWI）之间关系，也在一定程度上说明，泉州农民在宅基地流转方面更多考虑的是风险而不是利益，这也在一定程度上说明，农民不愿意将拥有的宅基地流转出来，这也是从一定方面说明农民的顾虑所在，从而导致在现实生活中农民宁愿将宅基地闲置、荒废也不愿意进行流转，除非其感知价值的感知利益要大于感知风险，才愿意进行流转，这不仅影响其流转意愿，更加制约了农民将宅基地流转的行为决策。

第四，从感知价值中的感知利益具体内容来看，闽南沿海经济发达地区的泉州农户宅基地流转感知经济价值（EV）与农户宅基地流转感知利益（PG）之间的标准化路径系数为0.216，通过5%显著水平检验，可知农户宅基地流转感知经济价值对其流转感知利益有显著正向影响。闽南沿海经济发达地区的泉州农户宅基地流转的感知经济价值直接影响到感知利益。在社会价值方面，泉州农户宅基地流转感知社会价值（SV）与农户宅基地流转感知利益（PG）之间的标准化路径系数为0.215，通过1%显著水平检验，可知农户宅基地流转感知社会价值对其流转感知利益有显著正向影响。在心理价值方面，泉州农户宅基地流转感知心理价值（PV）与农户宅基地流转感知利益（PG）之间的标准化路径系数为0.102，通过10%显著水平检验，可知农户宅基地流转感知心理价值对其流转感知利益有显著正向影响。

第五，从感知价值的感知风险具体内容来看，泉州农户宅基地流转感知经济风险（ER）与农户宅基地流转感知风险（PR）之间的标准化路径系数为0.251，通过5%显著水平检验，可知农户宅基地流转感知经济风险对其流转感知风险有显著正向影响。在感知社会风险方面，泉州农户宅基地流转感知社会风险（SR）与农户宅基地流转感知风险（PR）之间的标准化路径系数为0.214，通过5%显著水平检验，可知农户宅基地流转感知社会风险对其流转感知风险有显著正向影响。在感知心理风险方面，泉州农户宅基地流转感知心理风险（PR）与农户宅基地流转感知风险（ER）之间的标准化路径系数为0.120,通过10%显著水平检验,可知农户宅基地流转感知心理风险对其流转感知风险有显著正向影响。

第六,综上所述,从感知经济利益与风险来看,闽南沿海经济发达地区的泉州农户宅基地流转感知经济价值(EV)与农户宅基地流转感知利益(PG)之间的标准化路径系数为0.216,要小于该地农户宅基地流转感知经济风险(ER)与农户宅基地流转感知风险(PG)之间的标准化路径系数为0.251,说明该地农户在宅基地流转中感知的经济利益要大于社会利益。从感知社会利益与风险来看,农户宅基地流转感知社会价值(SV)与农户宅基地流转感知利益(PG)之间的标准化路径系数为0.215,要大于该地农户宅基地流转感知经济风险(ER)与农户宅基地流转感知风险(PR)之间的标准化路径系数为0.214,说明该地农户在宅基地流转中感知的社会利益要大于社会风险。从感知心理利益与风险来看,研究区域的农户宅基地流转感知心理价值(EV)与农户宅基地流转感知利益(PG)之间的标准化路径系数为0.102,要小于该地农户宅基地流转感知心理风险(ER)与农户宅基地流转感知风险(PG)之间的标准化路径系数为0.120,说明该地农户在宅基地流转中感知的心理风险要大于心理利益。

第七,由于闽南沿海经济发达地区的泉州农户在宅基地流转的感知价值方面,感知的经济风险大于感知的经济利益,感知的社会利益要大于社会风险,心理风险要大于心理利益,使得该研究区域的农村宅基地流转还不能按照农民的意愿进行流转,只能依靠政府的引导,通过各种途径、各种方式、各种手段,积极主动站在农民的利益上进行宅基地流转。

# 第十一章　经济发达地区农村宅基地流转引导建议与流转设计

## 第一节　概　述

  作为我国无偿分配给农村的农户或个人用作宅基地而占用或利用本集体所有的土地，是农民的基本居住场所和生活空间，体现了我国社会主义制度的优越性，也是国家对农民的最低限度的福利保障。宅基地的功能具有多功能性，其中最主要的是生活功能，但随着我国社会经济的发展，农村宅基地已经不仅仅局限于居住，而日益凸显其资产属性，在现实中越来越多的农民通过宅基地流转获取经济收入。这就与宅基地最初始设定的只有使用功能而无资产资本功能等有所冲突。特别是农民住房历来以乡村行政管理的自建、自住、自管为主，农村住房长期停滞在"一户一宅""面积法定""无偿取得和使用""限制宅基地转让"等层面，对于农民利益和权益保障、农民居住质量和安全、农村人居环境改善提高和最低农民居住保障等方面的制度建设还不健全。

  一方面，相对于农民的福利和安全，我国更加关注农民的宅基地，这导致人们对宅基地的使用功能远远超过了资产资本的作用，或者根本没有资产资本。结果，由于限制流通和抵押，农民的房屋和宅基地无法实现其资产资本和其他功能，从而使他们无法为扩大农业生产、更新住房条件和避免社会风险提供支持。无论是建造新房、扩大生产还是建设基础设施，农民都很难获得财政支持。此外，宅基地资源的浪费正变得越来越严重，如超过国家规定占地、建新房屋没有拆除旧的、一户多宅、长期空置的房屋、废弃的土地和闲置土地等。由于宅基地无法转让，也没有退出的激励机制，因此宅基地长期处于不断增加和存量利用率不断降低的状态。因此这种单一的宅基地制度是不合理的，根据闽南沿海经济发达地区泉州市农村宅基地当地的实践情况，首先从总体上，应当建立"取得无偿、使用有偿、积极引导、分类流转"的办法（图11-1）。

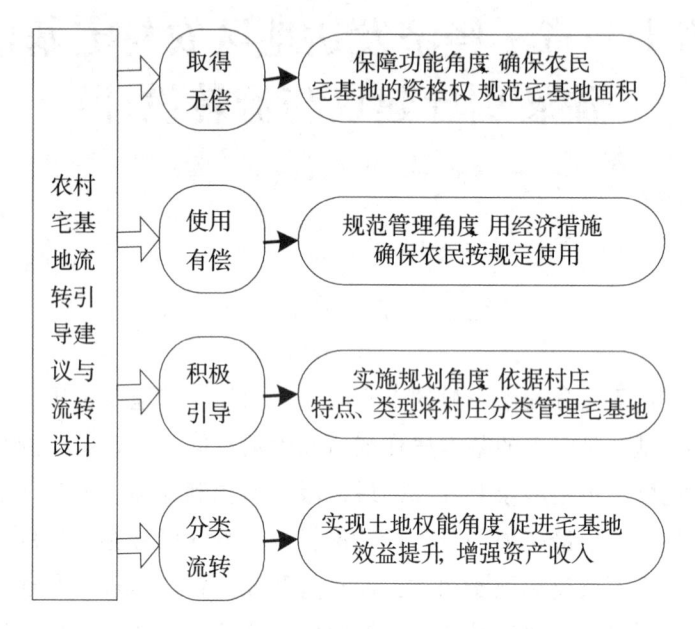

```
                    ┌─ 取得无偿 ─→ 保障功能角度 确保农民
                    │              宅基地的资格权 规范宅基地面积
                    │
农村宅基地           ├─ 使用有偿 ─→ 规范管理角度 用经济措施
流转引导建议         │              确保农民按规定使用
与流转设计           │
                    ├─ 积极引导 ─→ 实施规划角度 依据村庄
                    │              特点、类型将村庄分类管理宅基地
                    │
                    └─ 分类流转 ─→ 实现土地权能角度 促进宅基地
                                   效益提升；增强资产收入
```

图11-1  经济发达地区农村宅基地流转引导建议与流转设计

资料来源：作者整理

## 第二节  实践应用

"取得无偿"是我国农村的住宅用地实行的宅基地制度和实践中的办法，该制度使广大农民可以凭借其农村户口的身份，到了一定的年龄可以无偿获取一定面积的集体建设用地以建设农户的住宅。这也是保障我国广大农民无偿取得宅基地，用以实现人民基本的居住权。"取得无偿"还应遵循"一户一宅、面积有限"原则，地方行政部门要严格限制农户获取宅基地的资格权，以及最初取得宅基地的面积等，一方面体现出社会主义制度的优越性，另一方面体现出宅基地制度的"相对公平性"和"普惠福利性"，既要保证农民的居住之用，也要有效地防止宅基地盲目增多和占有大量耕地，导致耕地面积大量减少，威胁粮食安全。

| 第十一章 | 经济发达地区农村宅基地流转引导建议与流转设计

"使用有偿"是指宅基地有偿使用，促使农民更合理、有效、经济地利用宅基地，从而保护耕地。借助改革的东风，可以借鉴税法的累进收费法在国家层面建立起宅基地使用费，根据不同区域，按照农户人均用地面积达到不同的档次，设置出适用不同的收费标准，采用分区域实施，如在贫困地区，对最低限度的住宅使用面积可以采取免费方法；在社会经济发展较快的地区，对超过平均相应的国家标准的住房用地面积可以提高使用费的收取标准。在耕地资源非常紧张的地区，要对新增的农民宅基地严格把控，最大限度地把控占用耕地源头，其宅基地只能采用村庄原有的建设用地或集中安排，以楼房为主来保障农民的居住权。

"积极引导"是对我国不同区域内的宅基地使用进行积极引导，采用不同方式来处理区域内的宅基地。由于我国村庄数量巨大，各个村庄特点不同、类型不同，情况也不同，因此应结合各地实际，必须要分类，积极引导村庄发展。结合新一轮正在开展的国土空间规划，依据各省的村庄规划编制导则（试行），对全域村庄进行分类和指引。全域行政村划分为城郊融合类、集聚提升类、特色保护类、搬迁撤并类、保留改善类五大类型。规划保留村庄为特色保护类、集聚提升类和保留改善类，规划拆迁村庄为城郊融合类和搬迁撤并类（图11-2）。

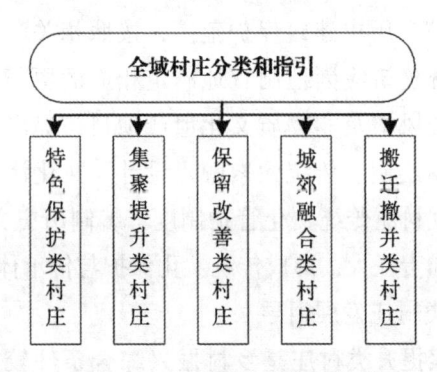

图11-2 全域村庄分类和指引

资料来源：作者整理

（1）特色保护类村庄发展引导

村庄识别。特色保护类村庄是传承优秀传统文化的重要载体，为历史文化名村、传统村落、特色景观旅游名村等具有保护价值的村庄，划定原则为县级以上文物保护单位所在村庄，省级美丽乡村示范村，特色景观旅游名村，全区域具有地方文化特色、产业特色的村庄。

村庄发展引导。统筹保护、利用与发展的关系，努力保持村庄的完整性、真实性和延续性，切实保护村庄的传统选址、格局、风貌以及自然和田园景观等整体空间形态与环境，全面保护文物古迹、历史建筑、传统民居等传统建筑。尊重原住居民生活形态和传统习惯，加快改善村庄基础设施和公共环境，合理利用村庄特色资源，发展乡村旅游和特色产业，形成特色资源保护与村庄发展的良性互促机制。

以"严格保护、永续利用"为原则，统筹保护、利用与发展关系。加强历史文化、传统风貌、山水格局、民风民俗、生产生活方式的保护和延续，将村庄整体风貌引导提升与文化旅游等相关产业发展有机结合，努力保持特色村庄的完整性和真实性。

特色保护类村庄应编制村庄风貌规划，对地域环境、空间格局、传统建筑、历史环境要素、乡土文化以及自然和田园景观等提出具体保护要求与措施。

市政基础设施的设置应符合当地村民的生产生活习惯，从投资、运营、维护、使用效率等多个方面进行综合考量，明确各项市政基础设施的数量和规模。

应划定文保单位、历史建筑保护范围，按照相关法律法规、保护规划要求进行修缮；传统建筑应因地制宜地制定相应的更新维护策略。应充分挖掘地域文化、传统风俗及非物质文化遗产项目，提出保护的具体方式和要求，并通过文化墙绘制、传统元素融入设计、文化活动开展等多种方式进行展示宣传，建立村庄传统文化管护制度，编制历史文化遗存资源名单，落实管护责任单位和责任人，形成传统文化保护与传承体系。

（2）集聚提升类村庄发展引导

村庄识别。集聚提升类村庄是乡村振兴综合条件较好的重点村庄。为乡（镇）政府驻地的村庄；上位规划确定为中心村的村庄；划定原则为乡（镇）政府驻地所涉及的村庄；上位规划确定为中心村的村庄；人口规模在1000人以上的村庄；多个行政村建设用地集聚发展为一个自然村的村庄；已建设、在建、规划农村新型社区的村庄；村庄产业基础雄厚，吸引外来人口就业的村庄。

村庄发展引导。此类村庄坚持"统一规划，合理布局，量力而行，分

| 第十一章 |　经济发达地区农村宅基地流转引导建议与流转设计

步实施"的原则,实行"一村一策"相结合的改造模式,因村制宜,采用渐进式改造,注重被改造地区的文化传承和记忆延续,避免大规模拆建。

给予该类型村庄土地指标,积极引导周边村庄的村民集聚,联村并建新社区,在农民建房等方面给予相应的优惠政策,逐步引导和推进村庄居民点的迁并整合,促进人口集中,促进村庄建设用地的集约高效利用。联村并建社区的,要在原有村庄建设用地上进行建设,做好并入村庄原有建设用地的土地复垦,落实土地增减挂钩政策,土地增值收益返还农民与农村。

应充分考虑产业发展用地,因地制宜、积极鼓励发展种植业和休闲旅游业或者观光农业,增强产业支撑能力和就业吸纳能力。

结合村庄建筑特点,打造适宜得体、有地域特征的村庄住房风格,如檐口、窗套、墙面等处理;入户铺装采取本土材料、主题鲜明,强化特色,统一美化。

结合村内公共空间、对外交通走廊等,利用屋墙、院墙,建设文化长廊、文化墙;挖掘地区特色,保护并合理利用历史文化资源,加强村庄绿化和环境整治,全面提高村庄人居环境质量,通过采取适宜的旧村改造方式实现持续发展;加强交通联系,与其联系的道路必须达到四级公路以上的标准,村庄内部道路硬化率必须达到100%;重点道路活动节点、场地区域采取乡土生态铺装,选择地方石材、小青砖、青瓦片等农村材料;道路系统应完整,进村主路面实现柏油硬化;合理设置道路路灯及个性化指示牌;设置生态停车场,并结合既有绿化空地做临时停车场地。

新建或改造市政基础设施和社会服务设施,发挥其辐射带动作用,使之成为推进城乡统筹、一体化发展的重要平台和空间载体。参照美丽乡村建设标准及本规划内容,完善村庄基本公共服务设施配套建设;空中杆线入地,结合其他市政管网,管网综合共管;生态化厕所建设与改善;雨污分流,雨水污水通过管道收集,污水设施化处理。

(3) 保留改善类村庄发展引导

村庄识别。保留改善类村庄是数量最大、留出保留改善时间的村庄,是除上述类别以外的其他村庄之外个数最多的村庄。划定原则为现状人口规模1000人以下;有一定配套设施,需要依托附近集聚提升村庄共同发展。

村庄发展引导。该类村庄居民点以就地整治改造为主,控制其建设总量，整合村庄零散用地向村庄中心地区集中、集约化建设，逐步缩减其用地规模，并对村庄零散建设用地进行复垦。

对于地域条件较差，搬迁难度大，但相对集中，耕作半径合理，有一定的基础设施的村庄，应通过整治改善农民的生活水平。

充分利用自然条件，保护、尊重地区生态环境，保护村庄古树、农田，清理河流水系和水塘，美化、洁化村庄环境，提高环境品质。

开展"四改一建"，实行人畜分离，改建畜禽圈舍，使之院坝硬化，庭院绿化，环境美化，部分闲置地区配建绿化，合理利用屋前屋后的自留地种植果树、苗木，养殖家禽，发展庭院经济，增加村民收入；挖掘地方文化内涵，在保护原有传统风格的前提下，进行农房改造，延续乡土特色；对村庄中已经严重破损的危房、土坯房予以拆除；对村庄中与环境景观不协调、居住功能不全的建筑进行一些必要的改造，使之既具有地方风貌特色，又能提高室内配套功能，适应现代生活需要；对传统的民居建筑进行保护，清理屋脊、屋面，采用"修旧如旧"的原则，对其檐、脊、柱、梁等进行修缮加固，符合安全要求。

分析村庄内存在的地质灾害隐患，明确防护要求，划定防护范围和灾害影响区域；明确村庄内避灾疏散通道和场地的设置位置、范围和建设要求。

完善基础设施和公共服务设施，改变农民的生产生活条件。合理确定给水方式、供水规模，提出水源保护要求，划定水源保护范围；确定输配水管道敷设方式、走向、管径等。确定雨污排放和污水治理方式，提出污水收集和处理设施的整治、建设方案，提出小型分散式污水处理设施的建设位置、规模及建议；确定各类排水管线、沟渠的走向。确定生活垃圾收集、分类处理方式；确定秸秆等杂物、农机具堆放区域；提出畜禽养殖的废渣、污水治理方案。按照粪便无害化处理要求，提出户厕及公共厕所整治方案和配建标准。

（4）城郊融合类村庄发展引导

村庄识别。城郊融合类村庄是城乡融合发展实践的主体，是为市县中心城区（含开发区、工矿区，以下同）建成区以外、城镇开发边界以内的村庄。划定原则为中心城区建成区以外、城镇开发边界以内的村庄；综合考虑工业化、城镇化和村庄自身发展需要，与城市基础设施、公服设施共享、承接城市功能外溢、产业协同发展的作用；是泉州市发区涉及的村庄。

村庄发展引导。此类要以"促进城乡融合，构建互促型城乡格局"为目标，依据上位规划要求，综合研究村庄布局和城市发展的关系，实现空间资源整合，确定发展路径、城乡空间发展策略，确定村庄的发展目标、性质定位、人口和用地规模、产业布局与发展；统筹安排建设用地规模，促进村庄土地集约节约利用；综合部署重要的道路交通、公共管理与公共服务和公用工程等配套设施，并确定村庄发展时序，促进城乡统筹协调发展。

引导村庄土地集约化利用。梳理村庄建设用地，优化调整用地布局，合理确定村庄建设用地发展边界；引导村庄生产用地空间与生活用地空间有效分离；通过对闲置宅基地和乱搭乱建房屋的清理，梳理出公共服务设施用地、村庄道路用地、公用工程设施用地、公共绿地以及村民活动场所等。

加大对违章建设、违法建设整治力度。在保证合理的房屋间距及尊重现状用地权属的前提下，明确拆除、保留、新建、改造、置换的居住建筑，调整划定并预留必要的宅院地块。做好违建用地置换。腾退的建设用地，用以增加停车、绿化及公共空间面积。

（5）搬迁撤并类村庄发展引导

村庄识别。搬迁撤并类村庄是异地扶贫、生态保护的重要方式。为上位规划确定为整体搬迁的村庄，规模小、存在生态安全隐患的村庄。划定原则为生存条件恶劣、生态环境脆弱、自然灾害频发、存在重大安全隐患的村庄；人口流失严重的空心村，现状人口规模小于400人、少于100户的村庄；因城市建设、县城建成区内的城中村等原因需要搬迁的村庄。

村庄发展引导。搬迁撤并类村庄需明确村庄的搬迁计划，实施时间和安置标准；在实施搬迁和搬迁之前，有必要着重解决村庄的短期和长期联系。在实施村庄搬迁之前，应以环境保护和生态保护为目标，对村庄残旧房屋进行维护和维修，防灾减灾，地质灾害保护，生态环境保护，改善公共服务设施，控制非法拆迁村庄，集中整顿集体工业用地。

坚持村庄搬迁撤并与新型城镇化、农业现代化相结合，依托移民新村、特色小镇、产业园区、旅游景区、休闲农业和村庄旅游集聚区等适宜区域进行安置，避免新建城市社区，鼓励村落式移民社区。

加强用地增减挂钩管理。应以建设用地的增减挂钩为原则，对搬迁撤并后的村庄原址，因地制宜还田还林还草还湿，增加村庄生产生态空间。

搬迁撤并之前，可根据自身实际情况酌情降低设施的配置标准。搬迁撤并之后，应按照公共服务设施配置标准合理配置设施类型、数量和标准，加强与迁入地一体化配置。建立村级规划，完善村级规划，吸引适度集聚的城市人口，引导发展前景不佳的小村庄聚集在中心乡镇，腾出土地整理和开垦。同时，通过规划，全力保护具有文化遗产的村庄，并确保农民建房的选址安全。乡村很难复制城市住房购买制度。在制度安排方面，有必要尊重农民建造自己的房屋并保护其对自建房屋的热情的权利，但应在建材、质量、安全、节能和节省土地方面加强引导。更值得一提的是，基础设施是农村住房的必要条件。目前，这是农村地区最迫切需要解决的短板，政府应优先考虑这一点。

"分类流转"则要求有条件、有步骤地对农村宅基地使用权流转开禁。中国社会科学院乡村发展研究所《中国乡村发展报告（2017）》指出，新世纪第一个十年，乡村人数增加1.33亿人，乡村居民点用地反而增加了3045万亩，相当于现有城镇用地范围的1/4。每一年因乡村人数转移，新增乡村闲置住房5.94亿平方米，折合市场价值约4000亿元。据原国土资源部统计，乡村居民点闲暇和闲置用地面积达3000万亩左右，相当于现有城镇用地范围的1/4，低效用地达9000万亩以上，相当于现有城镇用地范围的3/4。也有一些学者认为，预算乡村的闲置宅基地或许从7000万亩到9000万亩都有。由于地区之间发展不平衡，因此不应以"一刀切"的方式处理农村宅基地使用权的转让。在比较成功的试点项目的基础上，我们应该选择在社会和经济条件发达的地区推广试点项目，并且存在着农村宅基地使用权转让的隐性市场。除转让外，还应允许租用宅基地。此外，有必要尽快进行诸如农村房屋和宅基地的确权、登记和发放产权证书等辅助工作，这是农村住房流转的基础。有了产权证书，就有可能为下一步建立统一的城乡土地市场做准备。

农民土地的产权主体不明导致了集体所有的土地不能变现，而只能作为一种固化的资产成为农民就业、社会保障等方面的物质基础。农民的资产体现为土地价值，但在不变现的前提下，这个价值是不能被利用的，无论从地租理论，还是地价评估的角度得到的土地现值永远只能是个数字，

| 第十一章 | 经济发达地区农村宅基地流转引导建议与流转设计

而城市居民的资产却是可以直接利用的通货。从资产的流通角度看，农民群体付出了巨大的机会成本；其次，脱离了土地，农民的生活就没有了保证，这就在很大程度上促成了我国当前"守土不离乡"的农村现状。而城镇化的提出恰恰有利于解决这个问题，城镇化的最主要方面就是解决农村集体土地资产的固化问题。这个举措可以将农民从时代生活的土地中解放出去，土地的资产价值可以变现与盘活，从而赋予了农民自身想要发展的资金，与此同时，政府也可以将粗放利用的土地统一规划，提高城镇化的整体效率。

随着我国新型城镇化不断推进，农业现代化步伐持续加快，农村土地整理和综合整治是统筹城乡发展、消除城乡二元结构、建设新时期新型农村和农民的重要意义。宅基地的流转是城市建设和农民发展的需要。目前，各地农村宅基地流转试点工作已初见成效。但是，在实际工作的发展和促进中，不同的转让主体，不同形式的转让组织，转让过程之间的纠纷和矛盾频发。实际工作的实施还有很长的路要走。宅基地是农民生存和生活的根源。流转对农民家庭的福利影响体现在他们生活和生产的各个方面。同时，由于不同类型的农村地区和个体农民的差异，他们对流转的福利期望也不同。在宅基地转让后，不同地区之间的福利分配以及该地区内农村家庭的分配也存在差异。

因此，在现实中必须尊重农民流转诉求，保障农民流转权益。在政府或村集体组织指导下的宅基地流转工作中，应更加重视农村家庭的流转需求和意愿。项目实施时，应事先进行相关研究，以了解农村家庭的流转需求，并根据当地情况进行合理调整。制定相关措施，平衡参与流转的农户的心理期望；在指导宅基地退出过程中，应更加注意选择农村家庭搬迁、居住环境宜居性和交通条件便利性作为主要考虑因素。流转后，加快住房和基础设施建设，做好养老、教育、医疗等社会保障的覆盖和实施。积极探索不同组织形式下农户宅基地流转的多种补偿方式，针对不同情况制定差异化补偿措施，促进农民福利均衡分配，缩小区域内福利差距。

不同地区农村宅基地的流转必须考虑地区差异，制定不同的流转政策。在靠近城市或经济收入较高地区的农村地区，要注意保护农户住房合法权益，适度放开流转市场活动，加强必要的监管手段，掌握土地交易信息，透明和农村家庭的流转行为合法，引导农村家庭有序地参与流转；经济发展水平较低的郊区或农村，应注意宅基地对农村家庭的特殊安全意义，并建立长期有效的抗风险机制，以应对流转后福利影响较弱的农民，保障他们的社会发展权益；对于具有特殊自然和人力资源的农村地区，如历史或自然风光村庄，应着力发挥其资源优势，全面促进当地经济发展，使农村家庭房屋流转和区域生产的发展互惠互利，鼓励农民积极参与宅基地流转过程。

在政策上，有必要不断提高农民对宅基地转让政策的认识，使农民能够分享经济发展的成果。在法律和制度不断完善的现代时代，有必要加强国家的宣传和对农村宅基地转让政策的了解，以便农民能够宣传、实施和实践对切实可行的流转规则和方法的了解，在了解了我国的宅基地相关制度之后，以合理和合法的方式参与宅基地和农村房屋流转。可以在农村地区建立专门的咨询和管理办公室，使农民能够及时有效地参与流转，改善当地农民家庭的福利，切实保护农民的宅基地使用权，使农民能够分享城镇化发展的成果，促进农村和谐稳定。

# 第十二章 研究结论与展望

## 第一节 研究结论

本研究以闽南沿海经济发达地区农村宅基地流转为研究内容，从闽南地区农村宅基地流转现状出发，详细介绍该区域的农村宅基地流转类型和情况，再以感知价值理论和其他相关理论为研究理论，构建闽南沿海经济发达地区农村宅基地流转感知价值的影响因素、流转意愿，建构研究区的宅基地流转感知价值的维度。通过实地调研和问卷等方式，采用 SPSS、EX-CEL 等软件的操作和处理，应用 SEM 结构方程模式进行调研数据的处理，分析闽南沿海经济发达地区农村宅基地流转感知价值内容，分析其流转的意愿，探索农户对宅基地价值的认知。通过分析和阐述，本书的主要结论如下。

第一，闽南沿海经济发达地区泉州市农村宅基地流转情况。当地积极探索农民住房财产权抵押贷款、租赁、农房和宅基地置换等多种流转方式，拓宽了农民的融资渠道，增加了农民的财产性收入，受到了农民的欢迎。从全国来看，宅基地流转类型有集体经济组织主导模式——土地合作社；农民个人自发的零散流转，如农民采用转让、出租、作价入股、联营、抵押等多种方式流转宅基地；政府主导模式，如宅基地回购、宅基地整理。具体到该研究区域，农村宅基地流转类型探索出了"借地退出、指标置换、资产置换、货币补偿"等4种退出方式。从流转数量上看，被调查的10个区县市，每个地方都存在宅基地流转现象。从流转形式上看，以出租房屋方式流转宅基地的占41.25%，以联合开发宅基地方式流转的占25.14%，以出售房屋同时转让宅基地的占12.23%，以宅基地互换、转让、征收等方式流转的约占16.35%。从区域分布和社会经济发展角度来看，经济社会发达的地区，其宅基地流转形式偏向于出租、征收、联合开发等形式，如晋江市、南安市、惠安县、洛江区等，这些区县市由于第二产业的发展，闲置的宅基地用于出租，或被城镇化，其宅基地被征收或征用；而在欠发达地区，其宅基地流转形式偏向于旧村整治，安置在新的地方，也就是转让形式，如德化县、永春县等。从流转典型模式来看，泉州市农村宅基地流转过程中形成了城市更新中的宅基地"转权"入市模式、增减挂钩的置换入市模式、美丽乡村的内部流转模式、住房财产抵押的转让模式。

第二，农民个体特征差异导致其在宅基地流转需求不同。首先分析农民对宅基地的需求视角，从总体来看，农民对于宅基地的需求，最基本功能是居住保障利益，其次是获取经济利益，再次是社会利益，最后是政治利益；其次从基于农民基本特征的宅基地流转的多元需求实证分析，具体包括农民身份方面，如性别对宅基地权属认知、年龄、受教育程度；对宅基地政策知晓方面，如从性别样本特征、年龄、受教育程度；对宅基地满意程度方面，如家庭人口数、家庭状况、家庭收入；对宅基地需求方面；对宅基地流转方式需求方面；对宅基地和宅基地流转的需求差异，如家庭人口数、家庭收入、不同婚姻状况等。

基于农户住房特征的宅基地流转的多元性需求分析，从房屋使用年限、房屋结构、建筑面积分析农户宅基地流转的多元性需求。具体包括家庭人口方面、婚姻状况、家庭住房面积、家庭住房结构状况等方面研究。

农村宅基地流转的优先序需求分析。从不同研究区域、性别、年龄、文化程度、收入水平及家庭人口状况等维度来分析宅基地流转价格、宅基地流转方式、保障农民的宅基地权益保障和取得方式、宅基地方面的政策和管理完善等的剖切程度。从不同性别的农户对于农村宅基地流转的优先序需求，首先大家关注的是宅基地流转价格，其次15.28%的男性村民和6.55%的女性村民关注宅基地流转方式，20.04%的女性村民和10.58%的男性村民关注宅基地流转政策和管理，剩下的关注的是其他方面。不同年龄的农户对于农村宅基地流转的优先序需求中，平均52.14%的被调查农户首先关注的是宅基地流转价格，15.51%的被调查村民关注宅基地流转方式，30岁以下的农民占比最多，51—60岁的被调查者最少；男性和女性村民关注的其他方面较少。不同受教育水平的农户对于农村宅基地流转的优先序需求中，全部被调查者首先关注的是宅基地流转价格，平均60.04%的村民首先关注流转价格，第二关心的流转方式，其次是关心流转政策和管理，最后是其他方面。不同家庭收入的农户对于农村宅基地流转的优先序需求中，除了大家都关心流转价格之外，总体上，第二关心的是流转方式，其次关心流转政策和管理，最后是其他方面。但是从不同家庭收入的村民来看，中等收入家庭、中高收入家庭和高收入家庭关心的是流转政策和管理等，而低收入家庭和中低收入家庭关心流转方式。不同家庭人口的农户对于农村宅基地流转的优先序需求中，除了大家都关心流转价格之外，总体上，第二关心的是流转方式，其次关心流转政策和管理，最后是其他方面。但是从家庭人口不同的村民来看，家庭人口小于等于3口人的家庭和家庭人口大于3小于等于6口人的家庭第二关心的是流转政策和管理，再是流转方式，而家庭人口大于6口人的家庭第二关心是流转方式，然后是流转政策和管理等，最后是关心其他方面。不同的所处区域对于农村宅基地流转的优先序需求中，最关心的是宅基地流转的价格，其次是宅基地流转的政策和管理，再次是宅基地流转方式，最后是其他方面。

第三，通过理论分析，构建闽南沿海经济发达地区的农村宅基地流转的感知利益与感知风险权衡的感知价值维度，农民对于宅基地流转的感知价值包括感知所得与感知风险，其中感知所得（Perceived Gains）包括经济价值（EV）、社会价值（SV）和心理价值（PV），感知风险（Perceived Risk）包括经济风险（ER）、社会风险（SR）和心理风险（PR）。总体上包括经济价值、社会价值、心理价值、经济风险、社会风险、心理风险。其中经济风险是对农民在宅基地流转行为倾向影响最大的因素，其次为社会风险因素、经济价值因素、社会价值因素、心理价值因素和心理风险因素。

第四，泉州市农户宅基地退出感知价值的影响因素实证分析，从调查的农户个体基本特征、家庭特征、宅基地现状情况以及村庄情况来分析农户宅基地退出感知价值的影响；被调查者性别、年龄、教育程度、家庭年纯收入、宅基地使用情况、村庄生活条件、宅基地区位对农村宅基地流转感知价值的影响大，村干部、拥有耕地面积、拥有宅基地数量对农户宅基地退出感知价值的影响较小。

第五，基于感知价值闽南沿海经济发达地区农村宅基地流转潜在意愿方面，通过泉州市农户对农村宅基地流转潜在意愿的估计结果可知，在泉州市十县市中具有宅基地流转潜在意愿的农户占33.54%,认为宅基地流转"所得大于所失"的占比30.01%,"所失大于所得"的占比43.52%,差不多的占12.87%,剩余的为说不清楚。对于泉州市农户而言,农户的年龄、家庭人数对农户宅基地流转意愿具有负向作用,受教育程度和职业对农户宅基地流转意愿产生正面影响;从感知价值来看,农民是否愿意流转宅基地,取决于他们对宅基地流转的预期收益和成本的比较,如果农民预期宅基地流转的收益大于其成本,则他们具有宅基地流转意愿,如果农民预期宅基地流转的收益小于其成本,则他们不愿意进行宅基地流转。

第六,基于感知价值的闽南沿海经济发达地区农村宅基地流转效益研究,采用阿马蒂亚·森的可行能力理论的闽南经济发达地区农村宅基地流转前后农民福利变化研究,选择家庭经济状况、居住条件、社会保障、家庭发展机遇、社区环境、家庭健康与和谐、心理因素7个方面的功能性活动指标构建家庭可行能力来衡量家庭福利变化,对农村宅基地流转前后农民发生突出变化的可行能力进行比较。研究发现,总体上,对于总样本农户家庭在实施宅基地流转后,农户家庭福利变化模糊综合值为0.501,略高于流转前的模糊状态(评价值为0.5);具体来看,研究区样本农户家庭的农户居住条件、家庭经济状况、社会保障和家庭健康与和谐这四项功能的福利水平在宅基地流转后均得到了不同程度的提高和改善,特别是家庭经济状况的隶属度为0.632,居住条件的隶属度为0.541,社会保障的隶属度为0.52,家庭健康与和谐的隶属度为0.518,这四个指标与设定的宅基地流转前农户家庭福利模糊状态(0.5)差距明显。高收入地区农户宅基地流转后家庭福利呈现下降趋势,其总模糊评价值为0.495。具体分析,在家庭经济状况、社会保障、家庭发展机遇、家庭健康与和谐这四方面,高收入农户在宅基地流转福利获得感较好,在以上这些方面其家庭福利得到了一定的改善和提高;在居住条件、社区环境和心理因素三方面,农户家庭在宅基地流转后期福利水平还缺乏获得感。中等收入地区农户宅基地流转后家庭福利变化模糊评价结果为0.508,这一结果值表明中等收入地区农户在进行宅基地流转中,整体上其家庭福利得到了一定的改善和提高。其中,居住条件、家庭经济状况、社会保障、家庭发展机遇四项具体功能性活动较好,超出流转前的模糊状态(评价值为0.5),效果良好;对于社区环境、家庭健康与和谐、心理因素三项获得感较差。中等收入地区农户家庭宅基地流转获得感较差中社区环境、心理因素与高收入地区家庭类似，只有家庭健康与和谐和高收入地区不一样。低收入地区家庭，在实施宅基地流转过程中，总体上对于农民家庭经济状况、居住条件、社会保障等产生积极影响；农户居住条件、家庭经济状况、社会保障这三项功能的福利水平在宅基地流转后均得到了不同程度的提高和改善，特别是居住条件的隶属度为0.523，社会保障的隶属度为0.513，家庭经济状况的隶属度为0.512；这三个指标超出了设定的宅基地流转前农户家庭福利模糊状态（0.5）；家庭发展机遇、社区环境、家庭健康与和谐、心理因素四个功能性活动对于低收入地区的农户来说获得感不如人意。总之高收入地区、中等收入地区和低收入地区，三个地区农户家庭在宅基地流转过程中，其福利评价中共同关注点有家庭经济状况、社会保障两个方面，其流转后的福利有所改善，社区环境和心理因素这两方面的福利没有改善。

第七，构建基于感知价值理论的闽南沿海经济发达地区农户宅基地退出感知价值权衡模型，分析研究区的农户对于宅基地流转的感知利益（PG），这种感知利益主要是通过宅基地流转后可以获得经济价值（EV），如收入增加（EV1）、生活水平提高（EV2）、获取其他奖励（EV3）；社会价值（SV），如增加就业机会（SV1）、新的住处社会秩序更好（SV2）、完备的基础设施（SV3）、良好的环境（SV4）、生活更便利（SV5）；心理价值（PV），如政治情怀（PV1）、乡土情怀（PV2）、责任意识（PV3）、尊重意识（PV4）。再分析感知风险（PR），农民通过宅基地流转，在感知风险方面，存在经济风险（ER），如生活成本增加（ER1）、补偿不公（ER2）、补贴不公（ER3）；社会风险（SR），如就业风险（SR1）、耕作难度大（SR2）、生活不便（SR3）、土地增值（SR4）；心理风险（PR），如环境压力（PR1）、缺乏配套政策（PR2）、手续烦琐（PR3）、其他风险（PR4）。其次采用结构方程模型（SEM），其通过了效度和信度检验，闽南沿海经济发达地区的泉州农户宅基地流转的感知利益（PG）与农户宅基地流转的感知价值（PV）之间的标准化路径系数为0.301，通过1%显著水平检验，可知泉州农户宅基地流转的感知价值中，其感知利益对其有显著正向影响；闽南沿海经济发达地区的泉州农户宅基地流转的感知风险（PR）与宅基地流转感知价值（PV）之间的标准化路径系数为-0.215，通过1%显著水平检验，由此可知该地的农户宅基地流转感知风险对其感知价值有显著负向影响；闽南沿海经济发达地区的泉州农户宅基地退出感知利益（PG）与农户宅基地退出意愿（TWI）之间的标准化路径系数为0.102，并通过1%显著水平检验，可知该地区农户宅基地流转感知利益对其退出意愿有显著正向影响；闽南沿海经济发达地区的泉州农户宅基地流转感知风险（PR）与农户宅基地退出意愿（TWI）之间的标准化路径系数为-0.105，并通过1%显著水平检验，可知研究区内农户宅基地流转感知风险对其流转的意愿有显著负向影响。

第八，从感知价值中的感知利益具体内容来看，闽南沿海经济发达地区的泉州农户宅基地流转感知经济价值（EV）与农户宅基地流转感知利益（PG）之间的标准化路径系数为0.216，通过5%显著水平检验，可知农户宅基地流转感知经济价值对其流转感知利益有显著正向影响。从感知价值的感知风险具体内容来看，泉州农户宅基地流转感知经济风险对其流转感知风险有显著正向影响。在感知社会风险方面，泉州农户宅基地流转感知社会风险对其流转感知风险有显著正向影响。在感知心理风险方面，泉州农户宅基地流转感知心理风险（PR）与农户宅基地流转感知风险（PR）之间的标准化路径系数为0.120，通过10%显著水平检验，可知农户宅基地流转感知心理风险对其流转感知风险有显著正向影响。

第九，从感知经济利益与风险来看，闽南沿海经济发达地区的泉州农户宅基地流转感知经济价值（EV）与农户宅基地流转感知利益（PG）之间的标准化路径系数为0.216，要小于该地农户宅基地流转感知经济风险（ER）与农户宅基地流转感知风险（PG）之间的标准化路径系数为0.251，说明该地农户在宅基地流转中感知的经济风险要大于经济利益。从感知社会利益与风险来看，农户宅基地流转感知社会价值（SV）与农户宅基地流转感知利益（PG）之间的标准化路径系数为0.215，要大于该地农户宅基地流转感知经济风险（ER）与农户宅基地流转感知风险（PR）之间的标准化路径系数为0.214，说明该地农户在宅基地流转中感知的社会利益要大于社会风险。从感知心理利益与风险来看，研究区域的农户宅基地流转感知心理价值（EV）与农户宅基地流转感知利益（PG）之间的标准化路径系数为0.102，要小于该地农户宅基地流转感知心理风险（ER）与农户宅基地流转感知风险（PG）之间的标准化路径系数为0.120，说明该地农户在宅基地流转中感知的心理风险要大于心理利益。

第十二章　研究结论与展望

第十，闽南经济发达地区农村宅基地流转引导建议与流转设计，首先从总体上，应当建立"取得无偿、使用有偿、积极引导、分类流转"的制度办法。其中"积极引导"是将我国宅基地使用的区域积极进行引导，采用不同方式来处理我国的宅基地。对全域村庄进行分类和指引。全域行政村划分为城郊融合类、集聚提升类、特色保护类、搬迁撤并类、保留改善类五大类型。规划保留村庄为特色保护类、集聚提升类和保留改善类，规划拆迁村庄为城郊融合类和搬迁撤并类。

## 第二节　研究展望

本研究在研究过程中，在构建感知价值的闽南沿海经济发达地区农村宅基地流转权衡模型时，存在很多疑问，总以为权衡就是要通过模型来进行。本研究采取结构方程模型来进行权衡，而对于结构方程模型方法来说，结构方程模型是一种因果关系的验证性技术而非探索性技术，不能仅计算潜在变量之间的相关关系或用作全新量表的开发，也不应轻易根据修正指数调整模型；本研究中未能将基于结构方程模型的关系绘制出来；在进行分析潜在变量与观测变量之间的逻辑关系时，没有转换数据分析工具，在本研究中还存在规范模型指数等问题。

在本研究中，只是简单地将研究区泉州分为高收入地区、中等收入地区和低收入地区，并没有完全采用地形地貌方式来研究，对于一些研究区域的调查问卷数量还存在一些问题，调查过程中本文也时常为数据的收集而苦恼，更为数据是否满足研究的需要而诚惶诚恐，这也是从事该课题研究的痛。具体来看：

第一，本研究在分析被征地农民福利过程中选取了家庭经济状况、居住条件、社会保障、家庭发展机遇、社区环境、家庭健康与和谐、心理因素7个方面的功能性活动，选择的功能性活动不同、指标不同，反映的农民福利内容就会不同，从而揭示不同的侧面。在这方面，Sen也认为针对不同的研究对象应选取不同的指标体系。选择指标体系的准确性直接影响到评价结果，如何确定合理的评价指标体系仍值得探讨。例如一些指标的变化或许并不能完全解释农户宅基地流转动因，其中还可能包括其他社会经济发展等因素，如外界环境或条件，如交通条件、治安状况等的改变。因此用这些指标反映农村宅基地流转后农民福利变化可能有偏差。

第二，农户宅基地退出感知价值权衡模型中采用 SEM 结构方程分析方法，这是一种基于路径分析思想，融合了因素分析和路径分析的多元统计技术，它的优势在于对多变量间交互关系的定量研究。模型评价是一个复杂的问题，在进行模型评定时，不同拟合指标评定的侧重点不同。因此，一般认为，对于一个模型的好坏，不能以一个，而应以多个指标进行综合评价。

第三，对于本研究中对经济发达地区农村宅基地流转引导建议与流转设计中，只是较为简单地提出"取得无偿、使用有偿、积极引导、分类流转"的办法，虽然也提出针对性的对策，回应论文的主题，但是由于理论水平还较浅，对于该章在写作过程中也存在力不从心，希望在以后的研究过程中能不断提高研究水平，加强理论研究，为不断完善该课题继续努力。

# 参考文献

## 国外著作

[1] Shucksmith M.No Homes for Locals [M]. Gower：Farnborough，1981.

[2] Monroe, K. B. pricing：Making profitable decisions [M]. New York ：McGraw-Hill，1979：xv+286.

[3] Monroe K B, Pricing - making profitable decisions [M]. New York：McGraw Hill，1991：25-27.

[4] Gronroos, C.Service Management And Marketing：A Customer Relationship Management Approach [M]. Chichester：John Wiley & Sons Ltd，2000：80.

[5] Cunningham, S.M., The major dimensions of perceived risk, in Cox, D.F. (Ed.), Risk Taking and Information Handling in Consumer Behavior [M]. Boston, MA：Harvard University Press，1967：82-108.

[6] Cox, D.F.Risk Taking and Information Handing in Consumer Behavior.Division of Research [M]. Boston. MA：Harvard University Press，1967：1-19.

[7] Cunningham, S.M.The major dimensions of perceived risk [M]. Allston：Harvard University Press，1967：82-108.

[8] Daniels, T.When City and Country Collide：Managing Growth in the Metropolitan Fringe [M]. Washington, DC：Island Press，1999.

[9] Porter, M .E.Competitive Advantage [M]. NewYork ：Free Press，1985：95-102.

[10] Kuklys, W.Amartya Sen's Capability Approach：Theoretical Insights and

Empirical Applications [M]. Berlin：Springer, 2005.

[11] 阿马蒂亚·森.生活水准 [M]. 上海：上海财经大学出版社, 2007, 01：19-20.

[12] Sen, A. K. Commodities and Capabilities [M]. Amsterdam：North - Holland, 1985.

## 国外论文

[1] Cobb S. The impact of site characteristics on housingcostestimates [J]. Journal of Urban Economics, 1984, 15 (1)：26-45.

[2] Ridker G R, Henning J A. The determinants of residential property values with special reference to air pollution [J]. Review of Economics and Statistics, 1967, 49：246-257.

[3] Diamond D B, Jr.The relationship between amenities and urban land prices [J]. Land Economics, 1980, 56 (1)：21-32.

[4] Chaney P, Sherwood K.The resale of right to buy dwellings：A case study of migration and social changein rural England [J]. Journal of Rural Studies, 2000, 16 (1)：79-94.

[5] Dueker K J, Strathman J q Levin I P, et al.Rural residential development within metropolitan area [J]. Computers, Environment and Urban Systems, 1983, 8 (2)：121-129.

[6] Cloke P.Country backwater to virtual village? Rural studies and the cultural turn [J]. Journal of Rural Studies, 1997, 13 (4)：367-375.

[7] Keeble D E, Owens P L, Thompson C.The urban-rural manufacturing shift in the European community [J]. Urban Studies, 1983, 20：405-418.

[8] Chaney P, Sherwood K.The resale of right to buy dwellings：A case study of migration and social changein rural England [J]. Journal of Rural Studies, 2000, 16 (1)：79-94.

[9] Cloke P J, Edwards G.Rurality in England and Wales 1981：A replication of the 1971 index [J]. Regional Studies, 1986, 20 (4)：289-306.

[10] Parasuraman, A., Berry, L.and Zeithaml, V.Perceived service quality as acustomer-focused performance measure：an empirical examination of or-

ganizational barriers using and extended service quality model [J]. Human Resource Management, 1991, 30 (3): 335-64.

[11] Woodruff, R. B. Customer value: The next source for competitive advantage [J]. Journal of the Academy of Marketing Science, 1997, 25 (2): 139-153.

[12] Parasuraman, A. Reflections on gaining competitive advantage through customer value [J]. Journal of the Academy of Marketing Science, 1997, 25 (2): 154-161.

[13] Grewal, R. and Tansuhaj, P. Building organizational capabilities for managing economic crisis: the role of market orientation and strategic fexilty [J]. Journal of Marketing, 2001, 4 (65): 67-80.

[14] Sweeney, J. C. and Soutar, G. N. Consumer Perceived Value: Multiple Item Scale [J]. Consumer Research, 2001, 77: 203-220.

[15] Ravald, A. and Grönroos, Christian. The Value Concept and Relationship Marketing [J]. European Journal of Marketing, 1996, 30: 19-30.

[16] Lapierre, J. Customer Perceived Value in Industrial Contexts [J]. Journal of Business &Industrial Marketing, 2000, 15 (2/3): 122-40.

[17] Teas, RK. Expectations, Performance Evaluation, and Consumers' perceptions of Quality [J]. Journal of Marketing, 1993, 57 (4): 18-34.

[18] Kotler, P. and Barich, H. A Framework for Marketing Image Management [J]. Sloan Management Review, 1991, 32: 94-104.

[19] Sweeney, J. C. and Soutar, G. N. Consumer Perceived Value: The Development of A Multiple Item Scale [J]. Journal of Retailing, 2001, 77: 203-220.

[20] Cronin Jr., J. J., Brady, M. K. and Hult, G. T. M. Assessing the Effects of Quality, Value, and Customer Satisfaction on Consumer Behavioral Intentions in Service Environments [J]. Journal of Retailing, 2000, 76 (2): 193-218.

[21] Zeithaml V. Consumer Perceptions of Price, Quality and Value: A Means-End Model and Synthesis of Evidence [J]. Journal of Marketing, 1988, 52 (3): 2-22.

[22] Sheth, J. N., Bruce, I., Newman, B. and Gross, L. Why we buy what we

buy: A theory of consumption values [J]. Journal of Business Research, 1991, 22 (2): 159-170.

[23] Sweeney, J.C.and Soutar, G.N.Consumer Perceived Value: The Development of A Multiple Item Scale [J]. Journal of Retailing, 2001, 77 (2): 203.

[24] Grönroos, Christian .A Service Quality Model and Its Marketing Implications [J]. European Journal of Marketing, 1984, 18 (4): 36-44.

[25] Woodruff, R.B.Customer value: The next source for competitive advantage [J]. Journal of the Academy of Marketing Science, 1997, 25 (2): 139-153.

[26] Kotler,Phillip.Atmospherics as a Marketing Tool [J]. Journal of Retailing, 1973, 49 (4): 48-64.

[27] Jeanke W, van der Haar, Ron G M Kemp, Onno (S.W.F.) Omta.Creating Value that Cannot Be Copied [J].Industrial Marketing Management, 2001, (30): 627-636.

[28] Holcombe, Randall G.The New Urbanism Versus the Market Process [J]. The Review of Austrian Economics, 2004, 17 (2-3): 285-300.

[29] Zeithaml V A., Berry L., Parasuraman A.The behavioral consequence of Service Quality [J]. Journal of Marketing, 1996, 60 (2): 31-46.

[30] Dodds, W.B, Monroe, K.B.&Grewal, D.Effects of Price, Brand, and Store Information on Buyers' Product Evaluations, Journal of Marketing Research, 1991, 28 (3): 307-319.

[31] Ravald A., Grönroos C., The value concept and relationship marketing [J]. European Journal of Marketing, 1996, 30 (2): 19-30.

[32] Flint D J, Woodruff R B, Gardisal S F.Exploring the phenomenon of customers' desired value change in a business-to-business context [J]. Journal of Marketing, 2002, 66 (4): 102-117.

[33] Flint D J, Woodruff R B, Gardial S F, Customer value change in industrial marketing relationships: a call for new strategies and research [J]. Journal of Industrial Marketing Management, 1997, 26 (2): 163-175.

[34] Piercy, Nigel F., George S.Low, and David W.Cravens.Examining the Effectiveness of Sales Management Control Practices in Developing Countries

[J]. Journal of World Business, 2004, 39 (3): 255-267.

[35] Iglesias, M.P.and Guillen, M.J.Y.Perceived Quality and Price: Their Impact on the Satisfaction of Restaurant Customers [J]. International Journal of Contemporary Hospitality Management, 2004 (16): 373-379.

[36] Mitchell; Vincent-Wayne, Factors affecting consumer risk reduction: A review of current evidence [J]. Management Research News, 1993, 16 (9-10): 6.

[37] Grzegorz Maciejewski, Sylwia Mokrysz and Łukasz Wróblewski. Segmentation of Coffee Consumers Using Sustainable Values: Cluster Analysis [J]. Research Gate, 2019, 11 (3): 613.

[38] Bettman, J.R.Perceived risk and its components: a model and empirical test [J]. Journal of Marketing Research, 1973, 10: 184-190.

[39] Dowling, G.R.and Staelin, R.A model of perceived risk and intended risk-handling activity [J]. Journal of Consumer Research, 1994, 21 (2): 119-134.

[40] Haroon Bhorat, Morme Oosthuizen, Carlene van der Westhuizen. Estimating a poverty line: An application to free basic municipal services in South Africa [J]. Development Southern Africa, 2012: 291.

[41] Indrajit Sinha, Wayne S.De SARBO.An Integrated Approach Toward the Spatial Modeling of Perceived Customer Value [J]. Journal of Marketing Research.1998, (5): 236-249.

[42] Sweeney Jillian C.and Soutar Geoffrey N.Consumer perceived value: The development of a multiple item scale [J]. Journal of Retailing, 2001, 77 (2): 203-220.

[43] Patricia H .Gude, Andrew J.Hansen, Ray Rasker; et al.Rates and drivers of rural residential development in the Greater Yellow stone [J]. Landscape and Urban Planning, 2006, (77): 131-135.

[44] Seong-Hoon Cho, David H.Newman.Spatial analysis of ruralland development [J]. Forest Policy and Economics, 2005, (7): 732-744.

[45] Flint D J, Woodmff R B, Gardlial S F.Exploring the Phenomenon of Customers' Desired Value Change Business-to-Business Context [J]. Joural

of Marketing, 2002, (66): 102-107.

[46] Statesboto.The use of comparison standards in customer satisfaction research and management: A review and proposed typology [J]. Journal of Marketing Theory and Practice, 1999, 06.

[47] Daniel Levinihal, James G. March. A Model of Adaptive Organizational Search [J]. Joural of Economis Behavior attd Orgattization, 1981, 2 (4): 307-333.

[48] Chiappero-Martinetti, E. A multidimensional assessment of well-being based on Sen's functioning approach [J]. Rivista Internazionale di Scienze Social, 2000, CVIII (2): 207-239.

[49] Nussbaum, M.Capabilities as Fundamental Entitlements Sen and Social Justice [J]. Feminist Economics, 2003 (9): 33-59.

[50] Josepg Stiglitz. Information and the Change in the Paradigm in Economics [M]. Cambridge: MIT Press, 1994: 207-229.

[51] Laderchi Ruggeri.Poverty and its Many Dimensions: P Role of Income as an Indicator [J]. Oxford Development Studies, 1997, 25 (3): 345-336.

[52] Brandolini, A., On Synthetic Indices of Multidi-mensional Well-being: Health and Income Inequalities in France, Germany, Italy and the United Kingdom [R].Roma: Bank of Italy, Economic Research Department.2007.

[53] Klasen, S.Measuring Poverty and Deprivation in South Africa [J]. Review of Income and Wealth, 2000, 46 (1): 33-58.

[54] Grasso S, Mascia L, Del Turco M, Malacarne P, Giunta F, et al.Effects of recruiting maneuvers in patients with acute respiratory distress syndrome ventilated with protective ventilatory strategy [J]. Anesthesiology, 2002, 96: 795-802.

[55] Sherman Elaine, Schiffmnan Leon G., Mathur Anil.The Infuence of Gender on the New-age Elderly's Consumption Orientation [J]. Psychology & Markeing, 2001, 18 (10): 1073-1089.

[56] Di Tommaso, M. L.. Measuring the Well Being of Children Using a Capability Approach: An Application to Indian Data [J]. Journal of Socioal Economics, 2007, 36: 436-450.

［57］Berenger, V., Verdier-chouchane, A., A Multidimensional Measures of Well-being: Standard of Living and Quality of Life Across Countries［J］. World Development, 2007, 35（7）: 1259-1276.

［58］Antony A.Vass.Law Enforcement in Community Service: Probation, Defence or Prosccution?［J］. Probation Journal, 1980, 27（4）: 114-117.

## 国外其他

［1］Healy, Robert G., and James L.Short.The Market for Rural Land: Trends, Issues, and Policies［R］. Washington DC: The Conservation Foundation, 1981: xviii + 306.

［2］Bauer, R.A., Consumer behavior as risk raking in Hancock, R.S.（Ed.）, Dynamic Marketing for a Changing World［A］. Chicago: Proceedings of the 43rd Conference of the American Marketing Association, 1960: 389-398.

［3］Jacoby, J.and Kaplan, L., The components of perceived risk, in Venkatesan, M.（Ed.）［C］. Chicago, IL: Proceedings of the 3rd Annual Conference, Association for Consumer Research, 1972: 382-393.

［4］WolfgangStrengmann-Kuhn: Theoretical Defini t ion and Empirical Measurement of Welfare and Poverty: A Microeconomic Approach［A］. Poland: Paper Prepared for the 26th General Conference of the Internat ional Association for Research in Income and Wealth Cracow, 2000: 273-284.

## 国内著作

［1］吴春岐. 中国土地法体系构建与制度创新研究［M］. 北京：经济管理出版社, 2012: 55.

［2］刘建明, 王泰玄, 谷长岭, 金羽等. 宣传舆论学大辞典［M］. 北京：经济日报出版社, 1993: 20-26.

［3］金其铭. 农村聚落地理［M］. 北京：科学出版社, 1988: 68-69.

［4］余明阳. Marketing Strategy（市场营销战略）［M］. 北京：清华大学出版社, 2009: 08-20.

［5］潘煜. 影响中国消费者行为的三大因素［M］. 上海：上海三联书店, 2009: 03-12.

［6］金其铭，张小林，董新．人文地理学概论［M］．北京：高等教育出版社，1994：14-34．

［7］国家土地督察成都局．探索科学发展之路——西南地区土地管理热点问题调研［M］．北京：中国大地出版社，2008：123．

［8］西川龟治．欧美住宅政策［M］．东京：京都三一书房，1965．

［9］阿马蒂亚·森．以自由看待发展［M］．任赜，于真，译．北京：中国人民大学出版社，2002：25-26．

## 国内论文

［1］文益龙．临武县农村宅基地闲置问题研究［D］．长沙：湖南大学，2018．

［2］李剑阁，韩俊，秦中春．2749个村庄调查［J］．农村金融研究，2007，（08）：10-23．

［3］张正河．准城市化下"空心村"解决思路［J］．中国土地，2009（8）：29-31．

［4］张怡然，邱道持，李艳，等．基于效用函数的农村宅基地用地标准研究：以渝东北11区县为例［J］．资源科学，2011，33（1）：120-126．

［5］杨亚楠，陈利根，龙开胜．中西部地区农村宅基地闲置的影响因素分析：基于河南、甘肃的实证研究［J］．经济体制改革，2014（2）：84-88．

［6］苗清．关于农村宅基地集约利用的思考［J］．国土资源通讯，2006，（1）：42-43．

［7］刘小慧．闲置宅基地：概念内涵、形成机理及治理路径［D］．兰州：甘肃农业大学，2019．

［8］张梦琳．农村宅基地流转模式比较分析［J］．现代经济探讨，2014（4）：43-46．

［9］宋立华．农村宅基地流转模式分析［J］．法制博览，2018（01）：211．

［10］张梦琳．农村宅基地流转模式比较分析［J］．现代经济探讨，2014（4）：43-46．

［11］薛珂．农村宅基地流转模式比较分析与路径选择研究——基于农民福利视角的实证分析［J］．世界农业，2016（8）：197-203．

［12］刘卫柏，贺海波．农村宅基地流转的模式与路径研究［J］．经济地理，

2012，32（2）：127-132.

[13] 李金兵．宅基地流转模式比较及建议[J]．新财经，2019（10）：11-15.

[14] 何丹，冯春林，刘玉林，等．农村宅基地使用权流转模式及其比较研究[J]．中国集体经济，2020，17（6）：5-6.

[15] 王焕军．农村宅基地使用权流转影响因素研究[D]．广州：华南理工大学，2015年.

[16] 赵国玲，杨钢桥．农户宅基地流转意愿的影响因素分析——基于湖北二县市的农户调查研究[J]．长江流域资源与环境，2009，18（12）：1121-1124.

[17] 陈白淼．农户宅基地流转意愿影响因素实证分析[D]．武汉：华中农业大学，2010年.

[18] 田迎晓．产权制度视角下的农村宅基地流转研究[D]．北京：中国地质大学，2015年.

[19] 郭贯成，李金景．经济欠发达地区农村宅基地流转的地域差异研究——以河北省张家口市为例[J]．资源科学，2014，36（06）：1229-1234.

[20] 吴郁玲，杜越天，冯忠垒，王梅．宅基地使用权确权对不同区域农户宅基地流转意愿的影响研究——基于湖北省361份农户的调查[J]．中国土地科学，2017，31（09）：52-61.

[21] 王静，朱琳．基于农户可持续生计视角的宅基地流转意愿研究[A]．2016年中国土地学会学术年会论文集，2016：136-142.

[22] 张梦琳，舒帮荣．农民分化、福利认同与宅基地流转意愿[J]．经济体制改革，2017（03）：95-100.

[23] 朱新华．户籍制度对农户宅基地退出意愿的影响[J]．中国人口·资源与环境，2014（10）：129-134.

[24] 孙雪峰，朱新华，陈利根．不同经济发展水平地区农户宅基地退出意愿及其影响机制研究[J]．江苏社会科学，2016（02）：56-63.

[25] 田迎晓．产权制度视角下的农村宅基地流转研究[D]．北京：中国地质大学，2015年.

[26] 覃杏花．我国农村宅基地流转制度缺陷及其完善路径分析[J]．改革与开放，2019（15）：51-55.

[27] 朱凤凯，张凤荣．城市化背景下宅基地利用的租值消散与农户行为研

究——以北京市朝阳区下辛堡村为例［J］.自然资源学报,2016,31(06)：936-947.

[28] 高欣,张安录,李超.社会保障,非农收入预期与宅基地退出决策行为——基于上海市金山区、松江区等经济发达地区的实证分析［J］.中国土地科学,2016,30(06)：89-97.

[29] 白长虹,廖伟.基于顾客感知价值的顾客满意研究［J］.南开学报,2001(06)：14-20.

[30] 武永红,范秀成.顾客价值导向的企业竞争力及其提升策略［J］.中国流通经济,2004,18(11)：52-55.

[31] 王海洲.客户资源价值与管理［J］.IT经理世界,2001(8)：82-82.

[32] 董大海,张涛.顾客价值屋模型：一种分析顾客价值要素的新方法［J］.价值工程,2004,23(4)：24-27.

[33] 李静,张新圣,李先国.虚拟品牌社区感知价值对消费者再购意愿的影响机制研究——基于社区认同和顾客感知支持的作用［J］.中国物价,2019(02)：93-100.

[34] 杨龙,王永贵.顾客价值及其驱动因素剖析［J］.管理世界,2002(02)：146-147.

[35] 魏修建.供应链利益分配研究——资源与贡献率的分配思路与框架［J］.南开管理评论,2005,8(2)：78-83.

[36] 李智慧,沈志锋,焦媛媛.社交支持对早期用户的新产品采纳意愿影响研究——基于同侪影响和感知价值的多重中介效应［J］.科学学与科学技术管理,2019,40(11)：82-97.

[37] 魏彬,段成民,杨浩雄.基于感知价值的乘客搭乘网约车行为实证研究［J］.价格月刊,2018(05)：80-85.

[38] 左秀平,朱长春.基于消费者感知价值的移动电商企业定价策略研究［J］.广西社会科学,2018(04)：92-96.

[39] 张辉,陈雅清.展会服务场景对参展商感知价值、满意度和行为意向的影响［J］.旅游学刊,2020,35(7)：86-98.

[40] 翟运开,刘新然,赵杰.感知价值对远程医疗患者满意度和忠诚度的影响研究［J］.中国医院管理,2019,35(8)：678-682.

[41] 刘炼,冯火红,王斌,等.我国竞猜型体育彩民感知价值结构与特征

研究［J］．沈阳体育学院学报，2019（6）：62-68．

[42] 杨晓东，李景怡，杨朝强．基于用户体验与感知的嵌入式学科服务价值测评体系构建［J］．图书馆工作与研究，2019，1（12）：55-60．

[43] 陆大道，郭来喜．地理学的研究核心——人地关系地域系统［J］．地理学报，1998，53（2）：97-105．

[44] 王作成．布罗代尔"地理环境决定论"辨析［J］．思想战线，2003，29（6）：103-106．

[45] 高国荣．年鉴学派与环境史学［J］．史学理论研究，2005，（3）：127-136．

[46] 吴传钧．论地理学的研究核心——人地关系地域系统［J］．经济地理，1991，11（3）：1-5．

[47] 姚丽，魏西云，章波．北京市郊区宅基地流转问题研究［J］．中国土地，2017，（2）：36-39．

[48] 林宝荣，叶文振．男女平等意识的性别比较研究——以福建闽南地区为例［J］．中共福建省委党校学报，2015，（11）：66-73．

[49] 许恒周．基于农户受偿意愿的宅基地退出补偿及影响因素分析［J］．中国土地科学，2012，26（10）：75-81．

[50] 黄忠华，杜雪君．农户非农化、利益唤醒与宅基地流转：基于浙江农户问卷调查和有序 Logit 模型［J］．中国土地科学，2011，25（8）：48-53．

[51] 宁涛，杨庆媛，苏康传，等．农村宅基地流转影响因素实证分析［J］．西南师范大学学报（自然科学版），2012，37（2）：119-125．

[52] 陈霄．农民宅基地退出意愿的影响因素［J］．中国农村观察，2012，（3）：26-37．

[53] 张梦琳，舒帮荣．农民分化、福利认同与宅基地流转意愿［J］．经济体制改革，2017，（3）：95-100．

[54] 周丙娟，叶琦，诸培新．农户分化下的宅基地退出意愿及选择偏好实证分析——基于江西省314个农户调研［J］．农林经济管理学报，2017，16（2）：216-223．

[55] 王兆林，杨庆媛，张佰林，等．户籍制度改革中农户土地退出意愿及其影响因素分析［J］．中国农村经济，2011，（11）：49-61．

[56] 胡银根，张曼．农民工宅基地退出的补偿意愿及影响因素研究——基

[57] 许恒周,殷红春,石淑芹.代际差异视角下农民工乡城迁移与宅基地退出影响因素分析——基于推拉理论的实证研究[J].中国人口·资源与环境,2013,23(8):75-80.

[58] 邓海峰,王希扬.户籍制度对土地承包经营权流转的制约与完善[J].中国人口·资源与环境,2010,20(7):97-101.

[59] 朱新华.户籍制度对农户宅基地退出意愿的影响[J].中国人口·资源与环境,2014,24(10):129-134.

[60] 朱新华.户籍制度改革视角下农村宅基地资本化研究[J].农村经济,2015,(9):15-18.

[61] 王敏,诸培新,张建.农地流转对农户宅基地退出意愿影响研究——基于江苏省855户农户的调查结果分析[J].南京农业大学学报(社会科学版),2016,16(4):81-89.

[62] 彭长生,王全忠,钟钰.确权、农民分化与宅基地处置意愿——基于安徽、湖南两省农户调查数据的实证分析[J].南京农业大学学报(社会科学版),2019,19(05):118-129.

[63] 傅倩倩,张全景,彭文龙.宅基地"三权分置"背景下农户宅基地流转意愿及其影响因素分析——以山东省日照市为例[J].山东农业科学.2021,53(01):143-149+156.

[64] 陈英,谢保鹏,张仁陆.农民土地价值观代际差异研究[J].干旱区资源与环境,2013,27(10):51-57.

[65] 孙雪峰,朱新华,陈利根.不同经济发展水平地区农户宅基地退出意愿及其影响机制研究[J].江苏社会科学,2016,(2):56-63.

[66] 许恒周,殷红春,石淑芹.代际差异视角下农民工乡城迁移与宅基地退出影响因素分析——基于推拉理论的实证研究[J].中国人口·资源与环境,2013,23(8):75-80.

[67] 王兆林,杨庆媛,张佰林,等.户籍制度改革中农户土地退出意愿及其影响因素分析[J].中国农村经济,2011,(11):49-61.

[68] 陈小卉."十三五"农村土地制度改革对推进城镇化的影响——以江苏省为例[J].城市规划,2015,39(3):29-33.

[69] 高进云，乔荣锋，张安录. 农地城市流转前后农户福利变化的模糊评价——基于森的可行能力理论 [J]. 复印报刊资料：农业经济导刊，2007，(10)：62-73.

[70] 马贤磊，孙晓中. 不同经济发展水平下农民集中居住后的福利变化研究——基于江苏省高淳县和盱眙县的比较分析 [J]. 南京农业大学学报（社会科学版），2002，12（2）：8-15.

[71] 赵淑芹，唐守普. 基于森的理论的土地流转前后福利变化的模糊评价 [J]. 统计与决策，2011，(11)：51-54.

[72] 秦秋霞. 基于可行能力理论的土地流转前后农民福利变化的模糊评价——以江苏省如东县为例 [J]. 湖北农业科学，2018，57（19）：149-155.

[73] 贺丹，陈银蓉. 水库安置区居民土地流转前后福利变化模糊评价 [J]. 中国人口·资源与环境，2012，22（11）：116-123.

[74] 袁方，蔡银莹. 城市近郊被征地农民的福利变化测度——以武汉市江夏区五里界镇为实证 [J]. 资源科学，2012，34（3）：449-458.

[75] 朱珊，黄朝禧. 不同经济发展水平下农地城市流转后农户福利变化研究 [J]. 广东农业科学，2014，41（6）：215-220.

[76] 聂鑫，汪晗，张安录. 基于公平思想的失地农民福利补偿——以江汉平原4城市为例 [J]. 中国土地科学，2010，24（6）.62-67.

[77] 贾燕，李钢，朱新华，等. 农民集中居住前后福利状况变化研究——基于森的"可行能力"视角 [J]. 农业经济问题，2009，(2) 30-36.

[78] 彭开丽，张鹏，张安录. 农地城市流转中不同权利主体的福利均衡分析 [J]. 中国人口·资源与环境，2009，19（2）：137-142.

[79] 王珊，张安录，张叶生. 农地城市流转的农户福利效应测度 [J]. 中国人口资源与环境，2014，24（3）：108-115.

[80] 胡动刚，闫广超，彭开丽. 武汉城市圈农地城市流转微观福利效应研究 [J]. 中国土地科学，2013，27（5）：20-26.

[81] 雷志刚，沈彦. 农地城市流转微观福利效应研究——以长株潭城市群为例 [J]. 云南地理环境研究，2015，27（1）：50-54.

[82] 徐唐奇，李雪，张安录. 农地城市流转中农民集体福利均衡分析 [J]. 中国人口·资源与环境，2011，21（5）：50-55.

[83] 郭玲霞. 农地城市流转对失地农户福利影响及征地补偿研究 [D]. 武

汉：华中农业大学，2012.

[84] 梁璞璞. 农地城市流转对不同主体功能区失地农民福利的影响研究[D]. 南宁：广西大学，2018.

[85] 朱海莲. 农地城市流转对不同年龄段失地农民的福利影响研究[D]. 武汉：华中农业大学，2014.

[86] 邹富. 土地征收补偿制度对失地农民福利影响评价研究[D]. 长沙：湖南师范大学，2016.

[87] 陈莹，张安录. 农地转用过程中农民的认知与福利变化分析——基于武汉市城乡结合部农户与村级问卷调查[J]. 中国农村观察，2007，(5)：11-21+37.

[88] 王伟，马超. 基于可行能力理论的失地农民福利水平研究——以江苏省宜兴市和太仓市为例[J]. 农业技术经济，2013（6）：20-31.

[89] 莫玉龙. 土地征收补偿制度对农民福利影响评价——以武汉市江夏区为例[D]. 武汉：华中农业大学，2012.

[90] 胡清华，伍国勇，宋珂，等. 农村土地征收对被征地农户福利的影响评价——基于阿马蒂亚·森的可行能力理论[J]. 经济地理，2019，39（12）：187-194.

[91] 孙三百，万广华. 城市蔓延对居民福利的影响——对城市空间异质性的考察[J]. 经济学动态，2017，(11)：32-45.

[92] 马贤磊，孙晓中. 不同经济发展水平下农民集中居住后的福利变化研究——基于江苏省高淳县和盱眙县的比较分析[J]. 南京农业大学学报（社会科学版），2012，12（2）：8-15.

[93] 贾燕，李钢. 农民集中居住前后福利状况变化研究[J]. 农业经济问题，2009，(2)：30-36.

[94] 朱新华，蔡俊. 感知价值、可行能力对农户宅基地退出意愿的影响及其代际差异[J]. 中国土地科学，2016，30（9）：64-72.

## 国内其他

[1] 曹卫星. 五年来全国建设占用耕地1560万亩实现占补有余[EB/OL]. http://finance.people.com.cn/n1/2017/1114/c1004-29644750.html，2017年11月14日.

[2] 国土资源部. 节约集约利用土地规定（国土资发〔2014〕119号）[Z]. 2014-5-22.

[3] 国社会科学院农村发展研究所. 农村绿皮书：中国农村经济形势分析与预测（2018~2019）[R]. 社会科学文献出版社，2019年.

[4] 中国社会科学院农村发展研究所. 中国农村发展报告（2017）[R]. 北京：社会科学文献出版社，2018年.

[5] 陈利根，成程. 基于农民福利的宅基地流转模式比较与路径选择[A]. 2012年中国土地科学论坛——社会管理创新与土地资源管理方式转变论文集，2012：419-426.

[6] 宅基地改革：祖祖辈辈居住的地方岂是拿钱就能换？[N]. 南鲁晚报[引用日期2014-10-26].

[7] 滨州市人民政府. 滨州市农村宅基地管理暂行办法（滨政发〔2018〕26号）[Z]. 2018-12-12.

[8] 国务院. 关于印发全国主体功能区规划的通知（国发〔2010〕46号）[Z]. 2011年06月08日.

[9] 李佳鹏，勾晓峰. 专家呼吁我国尽快制定农村宅基地流转放开政策[N]. 经济参考报，2017-03-05.

[10] 泉州市人民政府办公室. 关于进一步加强农村村民住宅用地管理的通知（泉政办〔2015〕15号）[Z]. 2015年2月27日.

[11] 李婷婷. 中国农村宅基地闲置现状及整治模式[R]. 中国农村经济形势分析与预测（2018~2019），2019-05-01.

# 附 录

# 泉州市农村宅基地退出与流转意愿的调查问卷
# （本问卷纯粹作为学术研究之用）

调查地点：_____　　　　　问卷编号：_____

尊敬的村民朋友：

您好。

我们是《闽南沿海发达地区农村宅基地流转研究》课题成员。为了了解宅基地退出和流转情况，我们对全市十个区县农户进行调查，对农村宅基地使用现状、宅基地退出和流转意愿、宅基地退出和流转后安置意愿以及影响因素等问题进行问卷调查，谢谢大家支持。

## 第一部分　户主基本信息

【1】户主年龄（　　）

A. 30岁以下　B. 31—40岁　C. 41—50岁　D. 51—60岁　E. 61岁以上

【2】户主性别（　　）

A. 男　　　B. 女

【3】户主文化程度（　　）

A. 初中及以下　　B. 高中（中专）　　C. 大专　　D. 本科及以上

【4】家庭婚姻状况（　　）

A. 丧偶　　B. 离异　　C. 已婚　　D. 未婚

【5】家庭子女状况（　　）

A. 未育子女　　B. 子女未成家　　C. 子女已成家

【6】家里是否是村干部（　　）

A. 是　　　　B. 不是

【7】户主对城市或农村生产生活条件的偏好程度（　　）

A. 非常偏好农村　　B. 较偏好农村

C. 非常偏好城市　　D. 较偏好城市

【8】您对您所在地区的社会保障水平持什么态度（　　）

A. 很不满意　　B. 较满意　　C. 满意　　D. 很满意

提示：社会保障：医疗保险、养老保险、教育等

【9】家庭人口数_____（单位：口）

【10】家庭中外出打工或在外定居人数_____（单位：口）

## 第二部分　家庭基本信息

【1】家庭年收入（　　）

A. 5000 元以下　　B. 5001—10000 元　　C. 10001—15000 元

D. 15001—20000 元　　E. 20001—40000 元　　F. 40001 元以上

【2】农业收入占家庭年均收入的比例（　　）

A. 10%及以内　　B. 10%—30%　　C. 30%—50%

D. 50%—70%　　E. 70%—90%　　F. 90%以上

提示：农业收入总收入*100%

宅基地：是指你家在乡下的房子。一户拥有一块宅基地，不同省市占地面积不一样，国家规定一般为110平方米左右。

【3】您家拥有的房屋及宅基地数目（　　）

A. 1宗　　B. 2宗　　C. 3宗　　D. 3宗以上

【4】家庭拥有的宅基地面积_____（单位：平方米）

【5】您认为村庄生活条件怎样（　　）

A. 便利　　B. 一般　　C. 不方便

【6】您家宅基地区位（　　）

A. 农村　　B. 郊区

## 第三部分　农户对于宅基地及其流转（退出）的认知调查

【1】您家房屋建造时间（　　）

　A. 20 世纪 70 年代以前　　　　B. 20 世纪 70—80 年代

　C. 20 世纪 80—90 年代　　　　C. 21 世纪初—20 年代

【2】房屋结构（　　）

　A. 钢混结构　　B. 砖混结构　　C. 砖木结构　　D. 土坯房

【3】房屋层次（　　）

　A. 平房　　B. 二层　　C. 三层　　D. 三层以上

【4】宅基地使用情况（　　）

　A. 发生宅基地或房屋流转　　B. 拥有宅基地土地使用证

　C. 拥有闲置房屋　　　　　　D. 在城镇拥有住宅

【5】房屋闲置原因（　　）

　A. 房屋面积大，用不了

　B. 家庭主要劳动力外出打工，很少回家居住

　C. 是危房，不能居住

　D. 周围环境条件不好，不适宜居住

　E. 其他原因

【6】宅基地取得方式（　　）

　A. 申请取得　　B. 继承取得　　C. 别人转让所得

　D. 分户取得　　E. 其他

【7】您认为宅基地是否可以退出（　　）

　A. 不可以　B. 可以在村集体内　C. 可以随意　D. 不清楚

【8】对宅基地产权认知：您认为自己的宅基地可以抵押吗？（　　）

　A. 可以　　B. 不可以　　C. 买卖需要　　D. 集体同意

【9】对产权认知：自己的宅基地可以自由买卖吗？（　　）

　A. 可以　　B. 不可以，要经过集体同意　　C. 不知道

【10】对于目前存在的农村宅基地退出，您认为其原因是（　　）

　A. 城市化进程加快　　B. 产业结构变化

　C. 保护耕地的需要　　D. 其他

【11】您家宅基地退出和流转意愿（　　）

A. 愿意　　B. 具体要看补偿多少　　C. 不愿意　　D. 其他

【12】您家宅基地愿意流转的方式（　　）

A. 出租　B. 转让　C. 抵押　D. 联营　E. 入股　F. 其他

【13】您所在地区宅基地退出价格确定方式（　　）

A. 估价机构股价　　　B. 双方当事人协商定价

C. 村委会自行定价　　D. 其他

【14】您认为所在地宅基地退出的好处（　　）【可多选】

A. 保护耕地　B. 增加农民收入　C. 充分利用闲置或低效土地

D. 集约土地利用　E. 其他

【15】宅基地退出和流转后的安置问题的调查（　　）

A. 到中心村或城镇居住，现在的农田怎么办？

B. 到中心村或城镇居住，生活费用会不会增加比较多？

C. 到中心村或城镇居住，养老等社会保障怎么办？

D. 到中心村或城镇居住，就业怎么办？

【16】您认为所在地宅基地退出存在哪些问题（　　）【可多选】

A. 信息不透明　　　B. 集体和农民的利益受损

C. 缺乏交易平台　　D. 其他

【17】对于您所拥有的宅基地使用权是否愿意退出（　　）

A. 价格合理愿意　　B. 不愿意

【18】您对于宅基地流转感知所得方面，包括（　　）

A. 可以自己居住　B. 可以租售，增加收入　C. 留在农村，留住根

【19】感知所失方面：如果进行宅基地流转，您能得到什么，失去什么？"包括（　　）

A. 不习惯　B. 没有熟悉环境　C. 失去精神寄托　D. 其他

【20】您将宅基地流转感知所得与感知所失比较（　　）

A. 说不清楚　B."所失大于所得"　C. 差不多　D."所得大于所失"

【21】您不想将宅基地退出的主要原因是什么？（　　）【可多选】

A. 退出后，我没有经济能力购置新房　　B. 我已经习惯在这里居住

C. 退出后，我种地不方便　　　　　　　D. 是祖屋，有很深感情

E. 社保体系不健全　　　　　　　　　　F. 价值补偿机制不合理

G. 没有健全的宅基地退出市场　　　　　H. 其他

I. 我现在居住地的区位条件好，房地产升值空间大

J. 我要留给下一代居住

【22】若您有意流转宅基地，原因是什么？（　　）

A. 想去别的地方居住

B. 我在别的地方有住房，这里房屋用处不大

C. 流转宅基地，筹集一笔资金

D. 其他

【23】若有意退出宅基地，您愿意接受哪种补偿方式？（　　）

A. 安置补偿　　B. 货币补偿　　C. 都行　　D. 其他

### 第四部分　农户对于宅基地需求分析

【1】您认为宅基地需求有（　　）

A. 盖房子　　B. 出租等获得收入　　C. 其他方面

【2】请根据您家庭人口（≤3人、(3，6]人、>6人）对宅基地需求程度（　　）

A. 非常需要　　B. 很需要　　C. 一般　　D. 不需要

【3】请根据您家庭婚姻状况（未婚家庭、已婚家庭）对宅基地需求程度（　　）

A. 非常需要　　B. 很需要　　C. 一般　　D. 不需要

【4】请根据您家庭不同子女状况（未育子女、子女未成家和子女已成家）对于宅基地需求（　　）

A. 非常需要　　B. 很需要　　C. 一般　　D. 不需要

【5】请根据您家庭住房面积状况（≤60平方米、大于60小于等于75平方米、大于75小于等于81平方米、大于81小于等于95平方米、大于95平方米）对宅基地需求程度（　　）

A. 非常需要　　B. 很需要　　C. 一般　　D. 不需要

【6】请根据您家庭住房结构状况［砖混、钢筋混凝土结构、砖（石）木结构和竹草土坯结构］对宅基地需求（　　）

A. 非常需要　　B. 很需要　　C. 一般　　D. 不需要

【7】请根据您的性别对于农村宅基地流转的优先序需求排序（　　）

A. 流转价格　　B. 流转政策与管理等

C. 流转方式　　D. 其他方面

【8】请根据您的年龄对于农村宅基地流转的优先序需求排序（　　）

A. 流转价格　　B. 流转政策与管理等

C. 流转方式　　D. 其他方面

【9】请根据您的受教育水平对于农村宅基地流转的优先序需求排序（　　）

A. 流转价格　　B. 流转政策与管理等

C. 流转方式　　D. 其他方面

【10】请根据您的家庭收入水平对于农村宅基地流转的优先序需求排序（　　）

A. 流转价格　　B. 流转政策与管理等

C. 流转方式　　D. 其他方面

【11】请根据您的家庭人口对于农村宅基地流转的优先序需求排序（　　）

A. 流转价格　　B. 流转政策与管理等

C. 流转方式　　D. 其他方面

【12】请根据您所处区域对于农村宅基地流转的优先序需求排序（　　）

A. 流转价格　　B. 流转政策与管理等

C. 流转方式　　D. 其他方面

## 第五部分　农户宅基地政策认知调查

【1】您是否了解宅基地政策？（　　）

A. 是　　B. 否

【2】宅基地流转前，是否有人询问你对宅基地流转的要求或意见？（　　）

A. 是　　B. 否

【3】您对宅基地满意度（　　）

A. 非常满意　B. 一般满意　C. 不太满意　D. 不满意

【4】总体上，您对宅基地流转的满意度（　　）

A. 很满意　B. 满意　C. 一般　D. 不满意　E. 很不满意

【5】您对宅基地流转的认识（　　）

A. 节约土地　B. 有利于规划、整体美化、造福农民

C. 政府出钱拆房子搬家　D. 政府要农民的土地　E. 其他

【6】在宅基地流转前，政府相关部门是否开展流转政策宣传（　　）

A. 有　B. 没有　C. 没有但有所了解　D. 没有根本不知道

【7】在宅基地流转前，政府相关部门是否开展社会保障政策宣传（　　）

A. 有　B. 没有　C. 没有但有所了解　D. 没有根本不知道

【8】您认为农户对于宅基地有哪些权利（　　）【可多选】

A. 所有权　B. 只有使用权　C. 可以继承　D. 可以有偿转让

E. 可以抵押　F. 可以租赁

【9】您认为宅基地所有权权归（　　）

A. 国家所有　B. 集体所有　C. 农户自己所有　D. 不清楚

【10】您认为宅基地在家庭生活中最重要的作用是（　　）【可多选】

A. 养老保障　B. 住房保障　C. 家庭财富　D. 可获得经济效益

E. 子女继承

【11】您是否了解国家关于"一户一宅"的规定（　　）

A. 了解　B. 知道一点　C. 不了解

【12】您村农户取得宅基地的方式（　　）

A. 依法所得　B. 有钱就可以多买　C. 权力大、地位高　D. 其他

【13】您认为是否应当允许农户把宅基地（或住房）转让给城镇人（　　）

A. 应当允许　B. 不应当允许　C. 无所谓

## 第六部分　农户宅基地流转情况调查

【1】您家是否有过宅基地流转（　　）

A. 没有　B. 有

【2】如果您家进行了宅基地流转，流转方式是（　　）

A. 自愿流转　B. 政府与集体组织流转　C. 集体要求　D. 开发商

【3】您家置换前的旧房建造成本为_____元，旧房获得补偿_____元，新房购置成本是_____元。

【4】您家宅基地流转前后，宅基地基本情况：（没流转，只填写流转前的情况）

流转前：总住房面积_____m²；宅基地面积_____m²；宅基地块数_____；宅基地的利用现状（自住或部分闲置或有部分出租或出售）_____。

流转后：总住房面积_____m²；宅基地面积____m²；宅基地块数____；宅基地的利用现状（自住或部分闲置或有部分出租或出售）_____。

【5】您对宅基地流转方式需求有（　　）

A. 出租房屋　B. 买卖房屋　C. "小产权房"　D. 抵押

E. 担保　F. 转让

【6】请您从感知价值维度认为宅基地退出获得的利得有哪些？（请详细点）

A. 经济价值，有_____；

B. 社会价值，有_____；

C. 心理价值，有_____；

D. 其他方面，有_____。

【7】请您从感知价值维度认为宅基地退出风险有哪些？（请详细点）

A. 经济风险，有_____；

B. 社会风险，有_____；

C. 心理风险，有_____；

D. 其他方面，有_____。

## 第七部分　影响农户宅基地流转意愿因素调查

【1】您愿意流转自家的宅基地吗？（　　）

A. 愿意　　B. 不愿意

【2】如果您愿意退出旧宅基地到集中区居住，对您影响力度最大的因素是（　　）

A. 政府及村干部的推动　　B. 邻居和亲戚的选择

C. 自家经济情况　　　　　D. 其他

【3】如果流转宅基地，以下情形您的担忧有哪些？（　　）【可多选】

A. 担心农业生产不方便　　B. 担心生活水平下降

C. 担心旧房补偿太低　　　D. 担心新房获取成本太高

【4】对于您退出旧的宅基地因素有（　　）【可多选】

A. 原宅基地区位不行，存在地质灾害或自然灾害

B. 原宅基地周围道路等基础设施缺乏或太差

275

C. 原宅基地位置离村中心太远，出行上学不便

D. 原房屋年久失修，有迁新房的需求

E. 其他方面，如与邻居等交流太少

【5】促使您愿意退出宅基地到别的地方集中居住（　　）

A. 集中区有学校、卫生院、超市等，生活更方便

B. 集中区的道路、给排水管道等基础设施更完善

C. 集中区常有舞蹈广场、电影放映等文娱活动，业余生活更丰富

D. 集中区交通方便，出行更便捷

E. 集中区里，亲戚朋友住的更密集了，交流更融洽

F. 其他原因

### 第八部分　影响农户宅基地流转意愿因素调查

**总体影响：**

【1】宅基地流转后，搬到新居，村内或居民区内以下哪些公共服务得到改善（　　）【可多选】

A. 城镇燃气　B. 用水　C. 有线电视　D. 医疗或养老保险

E. 教育　F. 道路交通　G. 没有改善

【2】宅基地流转后，您家庭生活水平总体上是（　　）

A. 提高了很多　B. 提高了一点　C. 没有变化　D. 降低了一点

E. 降低了很多

【3】流转后，您家的幸福感有什么变化（　　）

A. 提高了很多　B. 提高了一点　C. 没有变化　D. 降低了一点

E. 降低了很多

### 第九部分　宅基地流转对家庭的影响（要根据经济发达程度区分地区）

**经济方面**

【1】您家庭的主要收入来源：流转前是（　　），流转后是（　　）

A. 种地　B. 外出打工　C. 本地经商　D. 兼营（种地与打工）

【2】流转前，您家庭月生活支出估计为（　　），其中食物支出为（　　）；流转后，您家庭月生活支出估计为（　　），其中食物支出为（　　）

A. 300以下　B. 300—500　C. 500—600

D. 600—800　E. 800 以上

【3】流转后，如果您有开支增加了，主要增加在（　　）

A. 吃　　B. 穿　　C. 住　　D. 娱乐　　E. 其他

【4】流转对您家庭收入的影响（　　）

A. 增加了很多　B. 增加了一点　C. 没变　D. 变差了一点

E. 变差了很多

【5】总体而言，宅基地流转对您家的经济状况产生影响（　　）

A. 变好了很多　B. 变好了一点　C. 没变　D. 变差了一点

E. 变差了很多


**社会保障方面**

【1】您家有哪些人参加保险（　　）

A. 自己　B. 夫妻　C. 全家都参加了　D. 没有保险

【2】您家拥有哪些社会保障措施？宅基地流转前（　　）；宅基地流转后（　　）

A. 农村社会养老保险　B. 医疗保险　C. 最低生活保障制度

D. 其他商业保险　E. 没有保险

【3】您认为下列保险的重要程度如何（　　）（按重要顺序排列）

A. 医疗保险　B. 养老保险　C. 最低生活保障　D. 失业保险

【4】您满意当前政府对您的医疗问题解决吗（　　）

A. 很满意　B. 比较满意　C. 满意　D. 比较不满意　E. 很不满意

【5】您是否愿意自己拿出一部分资金，由政府统一办理医疗保险（　　）

A. 愿意　B. 钱多不愿意，钱少愿意　C. 不愿意

【6】您对当前解决医疗保障有哪些好的建议和措施（　　）

A. 高缴费，大小病都保，保障水平高　B. 低缴费，大保病

C. 低缴费，只保小病　D. 低缴费，大小病都保，但水平低

【7】您希望参加的医疗保障方式（　　）

A. 政府统一进行　　B. 自愿选择进行

【8】您家成年劳动力办理的养老保险形式，流转前（　　），流转后（　　）

A. 新型农村社会养老保险　　B. 商业保险　　C. 没办　　D. 其他

【9】目前您家的养老保险情况，流转前每月可以领（　　），流转后可以领（　　）

A. 100 元以下　　　　B. 100—300 元

C. 300—500 元　　　　D. 500—1000 元

E. 没有

【10】您觉得宅基地流转后对您的养老保险有影响吗（　　）

A. 有很大积极影响　　B. 有一点积极影响

C. 没有　　　　D. 有点消极　　E. 很大消极影响

【11】您满意当前政府解决您的养老问题吗（　　）

A. 很满意　B. 比较满意　C. 满意　D. 比较不满意　E. 很不满意

【12】流转后，您希望得到哪些社会保障（　　）

A. 农村社会养老保险　　B. 医疗保险

C. 最低生活保障制度　　D. 社会福利　　E. 其他

【13】总体而言，流转后您家社会保障情况变化（　　）

A. 好了很多　　B. 好了一点　　C. 没有变化

D. 差了一点　　E. 差了很多

【14】您对现行社会保障制度总体评价（　　）

A. 非常好　B. 较好　C. 一般满意　D. 比较不满意　E. 很不满意

**居住条件方面**

【1】流转前后，您家居住位置变化（　　）

A. 还住在原地，房子还是老样子

B. 还住在原地，房子重修了

C. 变了，搬到政府统一的楼房

D. 变了，另批了宅基地，新做房子

【2】流转前后，您家住房面积发生变化（　　）

A. 增加了　　B. 减少了　　C. 没有变化

【3】流转前后，您家住房结果发生变化（　　）

A. 变成砖木结构　　B. 变成砖混结构

C. 变成框架结构　　D. 没有变化

【4】流转后，室内变化情况（　　）

A. 变好多了　　　B. 变好了一点

C. 没有变化　　　D. 变差了一点　　　E. 变很差

【5】总体而言，宅基地流转对您家庭居住条件的影响（　　）

A. 变好了很多　　　B. 变好了一点　　　C. 没变

D. 变差了一点　　　E. 变差了很多

【6】总体而言，您对目前家庭居住条件满意吗（　　）

A. 满意　B. 比较满意　C. 一般　D. 不满意　E. 很不满意

**社区环境方面**

【1】您认为宅基地流转后，公共服务设施与流转之前比较（　　）

A. 变好了很多　　　B. 变好一点　　　C. 一样

D. 变差了一点　　　E. 变差了很多

【2】您认为宅基地流转后，社区治安状况与流转之前比较（　　）

A. 变好了很多　　　B. 变好一点　　　C. 一样

D. 变差了一点　　　E. 变差了很多

【3】宅基地流转前后环境状况变化（　　）

A. 变好了很多　　　B. 变好了一点　　　C. 一样

D. 变差了一点　　　E. 变差了很多

a. 自然景观破坏程度（　　）　b. 空气质量（　　）　c. 噪音情况（　　）　d. 治安状况（　　）

【4】总体而言，宅基地流转对您家庭生活环境的影响（　　）

A. 变好了很多　B. 变好了一点　C. 没变

D. 变差了一点　E. 变差了很多

【5】总体而言，您对目前家庭生活环境满意吗（　　）

A. 满意　B. 比较满意　C. 一般　D. 不满意　E. 很不满意

**家庭发展机会和就业环境方面**

【1】您家外出务工人数，宅基地流转前（　　）人，流转后（　　）人

【2】您家外出务工地点情况：流转前（　　），流转后（　　）

A. 本市镇　　　B. 外省

【3】外出务工平均每年工作时间：流转前（　　），流转后（　　）

A. 3个月以下　　B. 3—6个月　　C. 7—9个月

D. 10个月以上

【4】您所在地方政府是否制定了相应的就业、创业政策（　　）

A. 有，您对这些满意吗（a. 满意　b. 基本满意　c. 不满意）

B. 没有　　C. 不了解

【5】总体而言，流转后对您就业状况变好或变坏的看法（　　）

A. 变好很多　　B. 变好了一点　　C. 没变化

D. 变差了一点　　E. 差了很多

【6】流转前，您家获取工作的途径（　　），流转后（　　）

A. 自己找或熟人介绍　　B. 职业中介

C. 地方政府组织劳务输出　　D. 培训机构　　E. 其他

【7】您认为流转后影响就业的因素是（　　）

A. 学历　　B. 家庭条件　　C. 工作经验　　D. 人际关系

E. 年龄　　G. 其他

【8】您愿意参加政府组织的免费就业培训吗（　　）

A. 愿意

B. 不愿意（没有时间或自己学不来或培训没有用）

【9】流转后，政府组织过就业培训吗（　　）

A. 有（您参加过几次　对您就业起到的作用　a. 没用　b. 有一点　c. 有用）

B. 没有

【10】总体而言，流转后您认为找工作（　　），原因呢？

A. 更容易　　B. 没变化　　C. 更困难

【11】您认为流转后，对当地自主创业的环境产生的影响是（　　）

A. 没有影响　　B. 有很大的正面影响　　C. 有一些正面影响

D. 有一些负面影响　　E. 有很大的负面影响　　F. 不清楚

【12】您家投资或预计筹集资金来源于（　　）【可多选】

A. 自有资金　　B. 银行或金融机构

C. 亲朋好友借款　　D. 高利贷

【13】流转后，对您家创业的影响是（　　）【可多选】

A. 有影响，资金宽裕了

B. 有影响，参加了培训，有了创业的知识

C. 有影响，政府提供很多优惠政策

D. 没有

E. 不知道

【14】总体而言您对目前的发展机会满意吗（　　）

A. 满意　B. 比较满意　C. 一般　D. 不满意　E. 很不满意

【15】总体而言，流转后对本村发展机遇变好或变坏的看法（　　）

A. 变好很多　　B. 变好了一点　　C. 没变化　　D. 变差了一点

E. 差了很多

**家庭健康与和谐方面**

【1】您觉得宅基地流转后，影响到您与邻居或亲朋好友的交往吗（　　）

A. 有更多交往　　B. 和以前一样　　C. 交往减少了

【2】流转前，您交往的对象是（　　），流转后（　　）

A. 本家族或同村人　　B. 同事或雇主　　C. 城里人

D. 基本没有　　E. 其他

【3】您交往的目的是：流转前（　　），流转后（　　）

A. 打发时间　　B. 增进感情和亲情　　C. 找门路，拉关系

D. 谋发展　　E. 其他

【4】您对目前家庭社会交往满意吗（　　）

A. 很满意　　B. 比较满意　　C. 一般

D. 不满意　　E. 很不满意

【5】您认为宅基地流转后，邻里关系与流转之前比较（　　）

A. 变好了很多　　B. 变好了一点　　C. 差不多　　D. 变差了一点

E. 变差了很多

【6】与流转前相比较，您认为现在您的休闲时间是（　　）

A. 增加了很多　　B. 增加了一点　　C. 一样　　D. 减少了一点

E. 减少了很多

【7】宅基地流转是否对您家人健康造成影响（　　）

A. 有　　B. 没有　　C. 不知道

【8】如果对家人健康有影响，造成了什么影响（　　）

A. 变好了很多　　B. 变好一点　　C. 差不多　　D. 变差了一点

E. 变差了很多

**心理因素方面**

【1】宅基地流转后您及家人是否对现状满足（　　）

A. 很满足　　B. 满足一点　　C. 不满足　　D. 变差了一点

【2】宅基地流转后您及家人是否对身份认同（　　）

A. 很认同　　B. 认同一点　　C. 不认同　　D. 根本不认同

【3】您及家人是否对宅基地流转相关政策知晓（　　）

A. 非常了解　　B. 了解一点　　C. 不了解　　D. 根本不了解

## 第十部分　感知风险与收益方面

【1】您认为农民集中居住有没有风险（　　）

A. 有　　B. 没有　　C. 不知道

【2】如果只有一处宅基地，在家庭极端不好的状况下您会出售您的宅基地和房屋吗（　　）

A. 会　　B. 不会　　C. 不知道

【3】如果政府因征地而实施宅基地流转，您的态度是（　　）

A. 支持政府政策，按照政府要求统一实施

B. 政府满足自己要求，可以同意流转

C. 要先建安置点，并有相应的社会保障，同意流转

D. 无论怎么补偿都不愿流转

【4】宅基地流转后，对您存在的风险依次排序为（　　）

A. 生活与居住　　B. 就业　　C. 医疗　　D. 养老　　E. 其他

【5】宅基地流转后，您担心您或你子孙后代的生活吗（　　）

A. 担心　　B. 不担心　　C. 不知道

【6】宅基地流转后，您的就业方式是（　　）

A. 农业（没有变）　　B. 兼业　　C. 外出打工　　D. 自己经商

【7】许多城里人在农村购买宅基地建房，您认为这样下去，会危及您的生活和农业耕地吗（　　）

A. 会　　B. 不会　　C. 不知道

【8】从感知价值权衡角度，请您从感知价值维度认为宅基地退出获得的利得有哪些？（请详细点）

　　A. 经济利益，有_____；
　　B. 社会利益，有_____；
　　C. 心理利益，有_____；
　　D. 其他方面，有_____。

【9】从感知价值权衡角度，请您从感知价值维度认为宅基地退出风险有哪些？

　　A. 经济风险，有_____；
　　B. 社会风险，有_____；
　　C. 心理风险，有_____；
　　D. 其他方面，有_____。

**感谢您的支持。**